경제 시그널

경제 시그널

초판 1쇄 인쇄 2020년 7월 16일
초판 1쇄 발행 2020년 7월 27일

지은이 경제브리핑 불편한진실
펴낸이 유정연

책임편집 신성식 **기획편집** 장보금 조현주 김수진 김경애 백지선 **디자인** 안수진 김소진
마케팅 임충진 임우열 이다영 박중혁 **제작** 임정호 **경영지원** 박소영 **교정교열** 허지혜

펴낸곳 흐름출판(주) **출판등록** 제313-2003-199호(2003년 5월 28일)
주소 서울시 마포구 월드컵북로5길 48-9(서교동)
전화 (02)325-4944 **팩스** (02)325-4945 **이메일** book@hbooks.co.kr
홈페이지 http://www.hbooks.co.kr **블로그** blog.naver.com/nextwave7
출력·인쇄·제본 (주)현문 **용지** 월드페이퍼(주) **후가공** (주)이지앤비(특허 제10-1081185호.)

ISBN 978-89-6596-389-9 03320

이 도서의 국립중앙도서관 출판예정도서목록(CIP)은 서지정보유통지원시스템 홈페이지(http://seoji.nl.go.kr)와 국가자료
공동목록시스템(http://www.nl.go.kr/kolisnet)에서 이용하실 수 있습니다.(CIP제어번호: CIP2020028010)

경제 시그널

돈의 현재와 미래를 읽는 10가지 신호

경제브리핑 불편한진실 지음

흐름출판

독자 여러분에게

이피디, 박피디 안녕하세요, 환영합니다.

독자 정말 반갑습니다. 제가 좋아하는 팟캐스트 '경불진(경제
브리핑 불편한진실)'의 두 피디님의 책을 읽게 되다니 기
대가 엄청 큽니다.

이피디 실망했다는 눈빛이 역력한데요.

박피디 셀럽파이브가 부른 '안 본 눈 삽니다'라는 노래가 떠오
르지 않나요?

독자 시작부터 경불진의 트레이드마크인 아재 개그가 빵빵
터지는데요. 그런데 우리가 이렇게 웃고 있을 때가 아
니잖아요. 경불진의 새 책《경제 시그널》에 대해 애청자
대표로 질문해달라고 부르셨잖아요.

박피디 아직 안 본 눈을 산 것이죠.

독자 앗, 어떻게 아셨죠. 섭외를 받고 급하게 오다 보니 책을
미처 다 읽지 못했는데요.

이피디 그래도 경불진을 빠짐없이 들어왔던 애청자이시니 질
문을 잘해주시리라 믿습니다.

독자   그렇다면 두 분을 만나면 꼭 하고 싶었던 질문을 하겠습니다. 경불진의 모토가 '경제뉴스가 연예뉴스처럼'이잖아요. 어려운 경제뉴스가 연예뉴스처럼 정말 쉬울 수 있을까요?

이피디   경제, 하면 복잡한 수식, 도표나 숫자를 떠올리시는 분들이 많으실 겁니다. 수포자(수학 포기자)를 양산했던 미적분만큼 어려운 내용을 나열해야 소위 전문가 대접을 받기도 하고요. 실은 기자 생활을 할 때는 저도 그런 줄 알았습니다.

박피디   맞아요. 일부러 더 어렵게, 더 복잡하게 설명하는 기자나 전문가들도 있죠. 자신의 지식을 자랑하면서 말이죠.

이피디   그런데 스스로 이해하고 그런 이야기를 하는지 정말 의문입니다.

박피디   그러니까요. 어차피 독자들도 모르기 때문에 상관없다고 생각하는 것이겠죠.

이피디   하지만 팟캐스트 세계는 다르더군요. 일단 모든 것을 말로만 풀어야 하잖아요. 복잡한 수식이나 도표는 아예 사용할 수 없고 숫자도 최소한으로 언급해야 하고요.

박피디   게다가 방송 후 애청자들이 날카롭게 질문하기 때문에 모르는 것을 잘못 이야기했다가는 큰일나죠!

이피디   덕분에 기자 생활할 때보다 더 많이 공부하고, 자료도 더 많이 찾고, 이해한 후에 설명하다 보니 내용이 점점 쉬워지더라고요.

박피디 좀 지루할 때는 아재 개그도 섞고요.

독자 아재 개그가 압권이죠. 경불진만의 트레이드마크이기도 하고요. 그런데 다른 경제 팟캐스트와는 달리 재테크는 거의 다루지 않잖아요. 혹시 두 분은 돈 버는 것에는 관심이 없나요?

박피디 그럴 리가 있나요. 저희도 돈 좋아합니다. 집도 사고 애들 대학도 보내야 하고 돈 들어갈 곳이 너무나 많아요.

이피디 맞아요. 경불진을 5년 넘게 운영하는 동안에도 많은 돈이 필요했죠. 애청자 여러분과 경불진을 도와주시는 착한 기업들 덕분에 버틸 수 있었습니다. 이런 착한 마음이 경불진을 지켜준다고 생각하기 때문에 돈을 벌더라도 착하게 벌고 싶어요.

박피디 우리 스스로가 확신하지도 못하면서 팟캐스트에서 '갭투자하라' '어떤 주식이 오른다' '재테크는 이렇게 하라'고 말하고 싶지 않고요.

독자 그래서인지 이번 책도 차례를 봐선 재테크 이야기가 없어 보입니다.

이피디 역시 책을 아직 안 본 눈이 맞군요.

독자 앗 죄송합니다. 그런데 차례를 훑어보면 재테크와 관련

된 것이 별로 없어 보이는데요. 부동산이나 주식도 배신당한다는 이야기만 있고요.

이피디 거기에 반전이 있습니다. 일반적인 전문가들이나 언론에서는 부동산이든 주식이든 오를 곳을 찍고는 투자를 부추깁니다. 그런데 왜 오르는지에 대해서는 잘 다루지 않아요.

박피디 게다가 투자의 탈을 쓴 투기로 인한 손해를 볼 가능성도 언급하지 않죠.

이피디 더 큰 문제는 '혼자'만 돈을 버는 비법을 알려준다고 속삭이지요.

독자 그럼 이 책에서는 모두 같이 잘살 수 있는 비법이 담겨져 있나요?

박피디 맞아요. 저희가 팟캐스트에서 항상 강조한 것처럼 모두가 서로 돕고 상생할 수 있는 경제적 해법을 담았습니다.

이피디 은행과 밀당하고, 정부의 정책을 적절히 활용하는 법부터 일코노미, 중고 시장 등 앞으로 뜰 트렌드에 대해서 소개하며 이를 통해 다 같이 잘 살 수 있는 방법을 모색합니다.

박피디 경제기사에 속지 않는 법, 인구 감소를 새로운 시각으로 바라보는 것, 공정한 플랫폼을 고민하고, 인공지능에

쫄지 마라는 내용도 따지고 보면 모두가 함께 잘살기 위한 고민이죠.

독자 《경제 시그널》을 읽으면 나는 물론 우리 이웃도 함께 잘살 수 있다는 뜻이로군요. 그런데 책 제목이 어울리지 않아요. 말대로라면 '다함께 경제학'쯤 되야 할텐데 왜 '경제 시그널'이죠?

이피디 코로나19의 영향으로 많은 것이 급변하고 있잖아요. 마치 롤러코스터를 탄 것처럼 말이죠.

박피디 이럴 때는 소위 전문가들의 궤변이나 언론의 호들갑에 넘어가기 쉬워요. 지치고 힘들 때 주변의 경고음이 들리지 않는 것처럼 말이죠.

이피디 따라서 이런 경고를 놓치지 않는 장치가 필요한 것 같아요. 그래서 현재와 미래의 경제 흐름을 미리 감지할 수 있는 10가지 신호를 중심으로 책을 집필했습니다.

박피디 돈의 현재를 읽어내는 5가지 신호인 통계, 금리, 부동산, 재정, 인구와 돈의 미래를 결정할 5가지 신호인 일코노미, 중고 시장, 제로 금리, 인공지능AI, 비즈니스 플랫폼만 잘 파악한다면 아무리 거센 위기의 풍랑 속에서도 나를 지키고, 새로운 투자 기회를 잡을 수 있을 겁니다.

독자 10가지 시그널이라, 마치 하늘에서 내려주는 동아줄 같아요. 그럼 10가지 시그널만 달달 외우면 되나요?

이피디 그렇게 이해하시면 절대 안 됩니다. 경제는 암기 과목이 아닙니다. 이론대로, 수학공식처럼 움직이는 경우는 거의 없습니다.

박피디 효율성을 따지고 비용편익분석을 하고 수익률만 검토하는 것은 경제학의 일부에 불과하죠. 차가운 숫자와 공식에만 매몰되지 말고 그 속에서 살아가는 인간을 살펴야 합니다.

이피디 인간의 이기심을 강조했다고 잘못 알려진 경제학의 아버지 애덤 스미스도 《도덕 감정론》이란 책에서 "왜 부자가 되려 하는가?"라는 질문부터 던지죠. "주변사람들이 불행한데 혼자만 행복해질 수 있을까?"라고 묻는 것입니다.

박피디 '우리를 움직이게 하는 것은 질문이야'라는 멋진 말이 있잖아요. 이번 책에서 저희는 그동안 당연하다고 여겨왔던 경제 상식과 규칙에 대해 불편한 질문들을 던지고 새로운 관점에서 경제를 보려고 했습니다. 이런 시도가 독자 여러분에게 경제를 주체적으로 보는 기회가 된다면 더없이 좋겠습니다.

이피디 혹시 책에 미처 담지 못한 더 날카로운 질문들이 있다면 독자 여러분이 던져주시길 바랍니다.

독자　　책을 읽기도 전에 숙제부터 받은 기분이네요. 그래도 기대가 정말 큽니다. 그럼 빨리 책을 읽어봐야겠네요.

이피디　북유럽 사람들처럼 읽어주셨으면 좋겠어요. 'Book you love(북유럽)'. ^^;

차례
contents

3장

돈의 현재와 미래를 읽는 10가지 신호와 질문

2부 | 돈의 현재를 읽는 신호 5

4장

통계 | 숫자는 진실할까

8장

인구 | 인구는 꼭 늘어야 할까

3부 | 돈의 미래가 보이는 신호 5

9장

일코노미 | 뭉치면 망하고 흩어져야 성공한다

10장
비즈니스 플랫폼 | 성공하는 플랫폼의 조건

11장
중고 시장 | 중고라고 무시마라

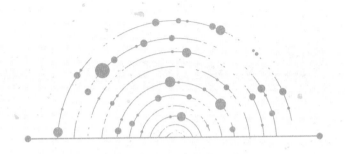

1부

어제의 상식으로는
내일을 예측할 수 없다

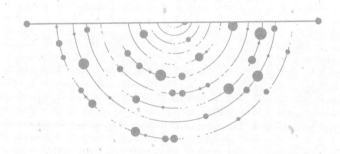

1장

오래된 거짓말,
만들어진 진실

여자는 남자보다 열등하다?

"여성의 치아 개수는 남성보다 적다."

'진짜?' 설마 이렇게 착각하지 않길 바란다. 긴가민가하다고 옆에 있는 이성의 입안을 들여다볼 생각은 마시라. 까딱하다가는 추행범으로 몰릴 수도 있다. 팩트fact는 이렇다. 성인 남녀는 일반적으로 위아래에 있는 사랑니 4개를 포함해 모두 32개의 치아를 가지고 있다. 간혹 사고나 충치 등으로 한두 개가 없어질 수는 있지만 성별 때문에 차이가 생기는 것은 결코 아니다.

그런데 서양에서는 무려 2000여 년 동안이나 '남녀의 치아 개수는 다르다'고 믿어왔다. 그냥 숫자를 세보기만 하면 들통날 '가짜 뉴스'가 어떻게 그 오랜 세월 동안 살아남았을까?

가장 유력한 원인은 처음 이런 주장을 펼친 것으로 알려진 인물 때문이다. 바로 서양 학문의 아버지로 불리는 아리스토텔레스가 그 주인공이다. 소크라테스, 플라톤으로 이어지는 고대 그리스 사상을 집대성한 것으로 유명한 아리스토텔레스는 자신이 쓴《동물의 발생에 대하여》에서 충격적인 주장을 했다. '여성은 손상된(불구가 된) 남성'이라고 묘사한 것이다. 남성은 완벽한 존재이며 여성은 남성에 비해 뭔가 부족한 존재라며 그 증거로 치아 숫자도 여성이 남성보다 적다고 주장했다(아리스토텔레스가 현대에 살았다면 분노한 사람들에 의해 '손상된 남성'이 되지 않았을까?).

아리스토텔레스가 이런 주장을 한 데는 그가 살았던 시대적 배경의 영향이 적지 않다. 고대 그리스는 민주주의의 발상지로 불리지만 인종과 여성, 노예 차별이 심각했던 곳이기도 하다. 그리스 출신 성인 남성을 제외하고는 독립된 인격으로 취급하지 않는 것이 당시 사회 분위기였다. 아리스토텔레스는 제자인 알렉산더 대왕에게도 "여자는 남자보다 치아 숫자가 적을 정도로 열등하다"고 가르쳤다. 위인전의 단골 멤버인 아리스토텔레스가 남녀차별의 원조였던 셈이다(이쯤 되면 서양 학문의 아버지가 아니라 '꼰대 학문의 아버지'라고 불러야 하지 않을까?).

가부장적인 아버지의 말에 감히 토를 달 생각을 하지 못하듯 아리스토텔레스의 엽기적인 남녀차별 주장에 대해서 수세기 동안 그 누구도 이의를 제기하지 않았다. 서양 학문의 아버지, 인류의 스승으로 존경받는 아리스토텔레스가 남긴 '말씀'이니 틀릴 리 없다고 믿었기 때문이다. 그래서 16세기 중엽 이탈리아의 의사이자 교수인 안드레아스 베살리우스가 《인체의 구조에 관하여》에서 그 오류를 지적하기 전까지 그 누구도 직접 남성과 여성의 치아 개수를 세어볼 생각을 하지 않았던 것이다.

정말 황당하지 않은가. 인류의 위대한 스승이라는 권위에 눌려 2000년 동안이나 잘못된 정보를 철석같이 믿고 있었다니. 가짜 정보에 철저히 속아온 서양 중세인들이 안쓰럽고 한심하다. 그런데 이런 잘못된 믿음이 과거의 이야기일 뿐일까?

보이지 않는 손은 《국부론》에 몇 번이나 나올까

우리가 저녁을 먹을 수 있는 것은 푸줏간 주인, 양조장 주인, 혹은 빵집 주인의 자비심 덕분이 아니라 자신의 이익을 추구하려는 그들의 욕구 때문이다.

경제학을 잘 모르는 '경알못'도 이 문장은 어디선가 한 번쯤 들어봤을 것이다. 푸줏간 주인은 물론 양조장 주인이나 빵집 주인이 열심히 일하는 이유가 친절을 베풀기 위해서라기보다는 돈을 벌기 위해서라는 설명도 다들 익숙할 것이다. 고등학교 수업

시간에 졸지 않은 독자라면 이 문장을 쓴 사람이 '경제학의 아버지'로 불리는 애덤 스미스라는 것도 떠오를지 모른다. 애덤 스미스는 1776년 자신의 책《국부론》에서 경제학에서 가장 유명한 단어를 창조했다.

보이지 않는 손.

우리는 애덤 스미스가 생산자와 수요자의 이기심이 만들어내는 '보이지 않는 손'이 시장을 자율적이고 효율적으로 움직여 시장 참여자 모두의 이익을 극대화한다고 주장했다고 배워왔다. '보이지 않는 손'이 모두가 만족할 만한 가격을 제시해 모두에게 이익과 행복을 가져다준다는 주장은 애덤 스미스 사후에 등장한 많은 경제학자들의 동조를 얻으며 경제학의 주류가 됐다. 주류 경제학자들은 한발 더 나아가 정부가 임의적으로 시장을 통제하면 '보이지 않는 손'이 제대로 작동할 수 없다고 경고했다. 대신 인간의 이기심이 무한경쟁하도록 내버려둔다면 시장은 알아서 굴러가고 성장할 것이라고 설파했다. 간단히 말해, 남을 돕는데 괜한 힘을 '낭비'하기보다 자신의 이익을 위해 행동하는 것이 더 합리적이고 효율적이라고 강조했다.

'보이지 않는 손'의 효용성은 여러 복잡한 이론과 수식을 통해 논증되어왔다. 대표적으로 로잔학파는 '일반균형이론'을 통해

'보이지 않는 손'의 이론적 토대를 세웠고, 노벨 경제학상에 빛나는 밀턴 프리드먼은 복잡한 그래프로 완벽하게 작동하는 시장 경제에 대한 신화를 널리 설파했다. 그래서 한동안 '보이지 않는 손'의 존재를 부정하는 사람의 목소리는 주목받지 못했다. 그 누구도 실체를 본 적 없지만 '보이지 않는 손'이 자본주의 경제를 알아서 굴러가게 한다고 굳게 믿어왔다.

여기서 잠깐. 이렇게 중요한 개념인 '보이지 않는 손'은《국부론》에 몇 번이나 등장할까? 경제학에서 가장 유명한 말인 만큼 최소한 수십 번은 나오지 않을까? 참고로《국부론》은 총 5편 32장, 1000페이지가 넘는 방대한 분량이다. 국내에 소개된《국부론》은 대부분 요약본이다. 완역본은 2015년 타계한 김수행 성공회대 석좌교수의《국부론》이 거의 유일하다. 총 두 권으로 구성된 이 책은 무려 1242쪽 분량이다. 그런데 이 방대한 분량의 책에서 '보이지 않는 손'은 100번은커녕 많이 양보해서 열 번도 아니고 달랑 딱 한 번 나온다. 바로 다음 문장이다.

'보이지 않는 손'의 인도를 받아서 원래 의도하지 않았던 목표를 달성할 수 있게 된다. 이같이 사람들은 자신의 이익을 열심히 추구하는 가운데 사회나 국가 전체의 이익을 증대시킨다.

《국부론》에서 '보이지 않는 손'이 나온 부분은 이걸로 끝이다. 주류 경제학에서 그렇게 신봉하는 '보이지 않는 손'이 《국부론》에 달랑 한 번만 언급됐다니 도저히 믿기 어렵다. 인류의 스승인 줄 알았던 아리스토텔레스가 사실 '꼰대의 원조'라는 것보다 더 충격적이다. 그런데 여기서 의문이 생긴다. 애덤 스미스는 '보이지 않는 손'을 어떤 의미로 사용했을까? 김수행 교수는 옮긴이 서문에서 이렇게 설명했다.

> 국부론이 강조하는 자유경쟁은 주류 경제학에서 예찬하는 시장과는 전혀 다르다. '보이지 않는 손'에 의해 스미스가 우리에게 제시하는 사회철학은, (개인의 자유를 무제한적으로 보장한다는 데 있다기보다) 사회적 이익을 증진시키는 한도 안에서 개인에게 사적 이익을 추구하게 하는 것이 옳다는 것이다. 예컨대 독점자가 자기 이익을 추구하는 자연적 자유는 제한돼야 하고, 독점자의 사적 이익은 사회의 이익을 증진시키지 않기 때문에 '보이지 않는 손'은 작동하지 않게 된다.

한마디로 애덤 스미스는 '보이지 않는 손'의 신통방통한 능력을 예찬하지 않았다. 오히려 부작용을 경고했다. '보이지 않는 손' 의 과도한 개입이 사회 전체에 크나큰 해악을 끼칠 수 있다고 지적했다. 따라서 김수행 교수는 "주류 경제학자들이 입맛에 맞게 '보이지 않는 손'이라는 신화를 만들어냈다"며 "모든 것을 시장에 맡겨야 한다고 강변하는 것은 오히려 스미스를 모독하는 행위"라고 결론 내렸다.

황당하지 않은가? 중세인들이 아리스토텔레스의 권위에 눌려 2000여 년 동안 남녀의 치아 개수가 다르다고 믿어온 것을 실컷 비상식적이라고 비웃었는데 우리가 학교에서 배운 경제 상식도 이와 크게 다르지 않다니!

애덤 스미스가 1776년에 《국부론》을 출간했으니 거의 250년이 되어간다. 김수행 교수가 《국부론》 완역본을 펴낸 해가 2003년이니 우리나라에서만 따져도 17년이 넘는 세월이 흘렀다. 그런데도 필자들을 포함한 많은 사람들이 애덤 스미스가 '보이지 않는 손'을 찬양했다는 주류 경제학자들의 주장을 아무런 의심 없이 '사실'로 믿어왔다. 《국부론》을 한 번만 완독했으면 충분히 알 수 있는 사실인데도 말이다. 물론 1000페이지가 넘는 방대한 책을 읽는 것은 쉽지 않은 일이지만…….

질문하는 자가 살아남는다

한 번 굳어진 믿음은 그 진위 여부와 상관없이 쉽게 깨지지 않는다. 오히려 세월이 흐를수록 견고함이 더해진다. 하지만 영원한 것은 없는 법이다. 2000년이나 굳건히 생명력을 유지했던 아리스토텔레스의 주장은 어떻게 무너졌을까?

아리스토텔레스의 주장이 정설로 통하던 11~13세기 유럽을 휩쓴 십자군 전쟁은 기독교 세력의 완패로 끝났고 유럽인들에게 엄청난 정신적 충격을 남겼다. 수세기 동안 자신들이 가장 뛰어난 문명의 소유자라고 믿어왔는데 이슬람 세력과 전쟁을 하며 마주친 그들의 높은 과학, 문화, 생활 수준에 눈이 돌아갈 지경이었던 것이다. 이런 충격 속에 탄생한 새로운 흐름이 바로 르네상스다.

그 어원에 학문이나 예술의 부활·재생이라는 뜻을 담고 있는 르네상스는 이슬람에 뒤쳐졌다는 반성에서 출발했다. 이슬람에 대한 반감 또는 열등감 때문에 겉으로는 그리스·로마의 문화적 전통을 되살린다는 명분을 댔지만 실상은 '이슬람 배우기', 더 정확히는 '이슬람 베끼기'였다. 이슬람의 뛰어난 과학, 문화, 생활 수준을 하루 빨리 따라잡으려는 몸부림이었던 셈이다.

남녀의 치아 개수가 동일하다는 사실을 지적한 베살리우스가 시체를 통해 인체의 신비를 연구하게 된 계기도 이슬람 지역에서 수입된 해부학 책 덕분이었다. 이슬람 지역에서는 중세부터 신의 전지전능함을 증명하기 위한 수단으로 해부학 연구를 장려했다. 대표적으로 바그다드 출신 이집트 학자인 아브델라티프는 사람의 뼈대 등 인체에 관한 다양한 저작을 남겼다. 아브델라티프 외에도 수많은 이슬람 학자들이 고대 그리스·로마의 의학 지식을 직접 실증한 다양한 책들을 펴냈다. 따라서 남녀의 치아 개수가 같다는 것은 이슬람 학자들에게 상식이었다.

십자군 전쟁으로 수많은 이슬람 서적이 유럽으로 쏟아져 들어오면서 베살리우스는 이슬람 해부학 책들을 접하게 됐고 아리스토텔레스를 감히(?) 의심하게 됐다. 그리고 직접 남녀의 치아 개수를 세어보게 된다(아리스토텔레스가 무덤에서 벌떡 일어나 '이제야 세볼 생각하다니 정말 징하다'라고 할 만하지 않은가?).

베살리우스처럼 이슬람의 뛰어난 과학 수준에 충격 받은 서유럽 학자들은 그동안의 정체된 사고방식에서 벗어나 '질문'을 던지기 시작했다. 그리고 자신들의 질문을 하나하나 검증해 나갔다. 이런 반성과 검증의 흐름은 과학 혁명으로 이어졌다. 십자군 전쟁에서 받은 충격에서 나온 의심과 질문이 없었다면 현재의 유럽은 존재하지 않을지도 모른다.

'보이지 않는 손'의 신화도 이와 유사한 과정을 거쳤다. 애덤 스미스의 《국부론》이 쓰인 1776년부터 경제학은 하나의 독립된 학문으로 인정받기 시작했다. 이후 경제학자들은 '보이지 않는 손' 신화를 만들어냈고, 이는 한동안 아무런 의심 없이 받아들여졌다. 인간의 이기심을 한껏 드러내도 '보이지 않는 손'이 알아서 조율할 것이란 믿음을 무기로 무한경쟁, 무한자유 신화는 세력을 넓혀갔다. 역사상 가장 빠르고 눈부신 성장도 이뤄냈다. '보이지 않는 손'이 인류를 가난에서 구원할 메시아로 여겨진 것은

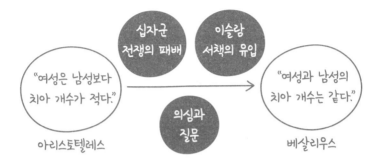

"여성은 남성보다
치아 개수가 적다."
아리스토텔레스

십자군
전쟁의 패배

이슬람
서책의 유입

의심과
질문

"여성과 남성의
치아 개수는 같다."
베살리우스

당연한 수순이었다.

하지만 그 이면에는 고약한 진실이 숨겨져 있었다. 승자가 환호할 때 누군가는 패배의 눈물을 흘려야 했다. 의자 뺏기 놀이처럼 말이다. 처음에는 여유 있어 보이던 의자가 한 개씩 줄 때마다 낙오자가 될지도 모른다는 불안감에 시달리는 사람들이 늘어만 갔다. 찰스 디킨스의 소설 《올리버 트위스트》에 등장하는, 하루 열다섯 시간의 중노동을 10세 이하 어린아이들에게 시키는 끔찍함은 꾸며낸 이야기가 아니라 당시 자본주의가 가장 발달했던 영국의 현실이었다.

이 같은 비극은 결국 1930년대 대공황을 낳았다. 물건을 만드는 족족 재고로 쌓여갔고, 기업들은 도산했고, 실업자는 넘쳐났다. '보이지 않는 손'에 의해 가격이 저절로 결정되기 때문에 만들어낸 물건이 알아서 팔릴 것이란 신화는 무너져 내렸다. 무한경쟁, 무한자유가 경제를 저절로 성장시킬 것이란 믿음과 달리

'보이지 않는 손'이 작동하지 않을 수도 있다는 사실을 사람들은 처음 깨달았다. 사람들은 또 다시 이슬람 문명을 접했을 때와 비슷한 정신적 충격에 빠져들었다. 그리고 질문했다.

'보이지 않는 손이 왜 제대로 작동하지 않을까?'

'아니, 보이지 않는 손이 과연 존재하는 걸까?'

보이는 손, 미국의 황금기를 이끌다

이런 '질문' 덕분에 경제학자들은 각성하기 시작했다. 르네상스 시대 과학자들이 신화를 하나하나 검증했던 것처럼 이들은 그동안 철석같이 믿어왔던 경제이론을 다시 따져보기 시작했다. 대표적인 학자가 영국 출신 경제학자인 존 메이너드 케인스.

케인스는 왜 물건이 팔리지 않는지에 주목했다. 기존 주장처럼 신통방통한 '보이지 않는 손'이 있다면 재고라는 것은 존재할 수 없다. '보이지 않는 손'이 가격을 팔릴 수 있는 수준으로 알아서 조정해줄 것이기 때문이다. 베살리우스가 남녀의 치아 개수를 직접 세어보고 각성한 것처럼 케인스도 쌓여가는 재고를 보고 깨달았다. '보이지 않는 손'이 존재하지 않는다는 사실을.

케인스는 이를 구체적으로 증명하기 위해 '유효수요이론'을 내놓았다. 기업들이 아무리 좋은 물건을 만들어도 소비자들이

애덤 스미스 ──→ 보이지 않는 손 ──→ 독점자의 과도한 이익 추가 경계

왜곡

  ⤷ 시장의 효율성 ---→ 신자유주의
       맹신   경제관

존 케인스 ──→ 보이는 손 ──→ 정부의 역할 강조(뉴딜 정책, 복지 확대)

이를 살 돈이 없다면 재고가 쌓일 수밖에 없는 현실을 지적한 것이다. 소비자가 물건을 살 수 있는, 즉 구매력을 수반하는 수요인 유효수요가 부족하면 재고가 쌓이고 경제는 공황에 빠져든다고 주장했다. '보이지 않는 손'이 진짜 있다면 절대 발생하지 않을 현상을 직시하고 이젠 '보이는 손'이 필요하다고 강조한 것이다.

그럼 케인스가 주장한 '보이는 손'의 정체는 도대체 뭘까? 바로 정부다. '보이지 않는 손' 신화에 눌려 초라한 신세로 전락했던 정부를 다시 경제 전반에 내세우자고 케인스는 제안했다. 국민들이 바로 확인할 수 있는 정부의 '보이는 손'을 통해 경제를 되살릴 수 있다고 자신했다. 이런 주장에 호응한 사람이 미국의 루스벨트 대통령이다. 루스벨트는 케인스의 이론을 토대로 뉴딜 정책을 적극 추진했다. 대규모 토목공사를 통해 일자리를 만들고 이를 통해 소득을 얻은 노동자들이 소비에 나서게 한다는 것이 뉴딜 정책의 핵심이다. 그런데 대부분의 사람들이 알고 있는 뉴딜 정책은 딱 여기까지다.

이런 이유로 다음과 같은 질문을 하는 사람들도 있다. 이명박 전 대통령의 4대강 사업도 뉴딜 정책 아니냐고. 둘 다 대규모 토목공사를 통해 일자리와 유효수요를 늘리려고 한 것은 맞다. 하지만 여기에는 큰 차이가 있다. 이명박은 사리사욕으로 땅을 팠다면, 루스벨트는 국민을 위해 땅을 팠다.

이게 무슨 뜻이냐고? 이명박 정부는 4대강 사업을 벌이면서 복지예산 비중을 대폭 줄인 반면 루스벨트 정부는 경제가 파탄난 대공황 시기인데도 오히려 정부 재정을 들여서 실업보험, 노령자 부양보험, 극빈자와 장애인에 대한 부조제도 도입 등을 위한 사회보장법을 도입했다. 대규모 토목공사를 통해 노동자들에게 일자리만 제공한 것이 아니라 안정적으로 생활할 수 있는 사회안전망을 구축한 것이다. 이를 통해 국민들이 최악의 상황에 빠져도 국가가 도와줄 것이란 믿음을 가지고 소비할 수 있도록 했다. 이것이 진정한 유효수요로 이어졌고 미국 경제는 대공황의 깊은 구렁텅이에서 빠져나올 수 있었다.

국민들이 직접 확인할 수 있는 정부의 '보이는 손' 덕분에 미국은 이후 1950~1970년대 소위 '자본주의 황금기'를 구가했다. 다른 나라들도 미국의 '보이는 손'을 따라한 덕분에 전 세계 경제는 눈부신 동반 성장을 했다.

보이지 않는 손의 역습, 그러나

안타깝게도 황금기는 오래가지 못했다. 1970년대 중반 이후 석유 파동으로 전 세계 경제가 다시 휘청거리자 한동안 잊혔던 '보이지 않는 손' 신화가 고개를 들기 시작한다.

당시 경기 침체를 일으킨 스태그플레이션의 원인을 일부 경제학자들은 '보이지 않는 손'의 존재를 감히 의심한 불손함(?) 때문이라고 지적했다. '보이지 않는 손'을 무력화한 정부의 개입이 정책 실패를 낳았고, 이는 곧 '불황 속에서도 물가가 상승'하는 스태그플레이션이라는 기현상으로 이어졌다고 주장한 것이다.

이 같은 주장에 정부는 물론 국민들이 설득당하기 시작하자 경제학자들은 다시 '보이지 않는 손'의 존재를 믿으라고 설파했다. '보이지 않는 손'의 영험함이 경제 위기를 해결할 수 있다고 강조한 것이다. 실제로 이들의 주장을 반영한 정책으로 경제 위기가 극복되는 듯하자 이들은 신자유주의라는 그럴싸한 이름으로 옷을 갈아입었고, 지금까지도 학계의 주류로 자리 잡고 있다. 미국의 레이건 대통령과 영국의 대처 총리 등 신자유주의를 대표하는 스타(?) 정치인이 등장하면서 신자유주의는 정치계에서도 막강한 영향력을 누리게 됐다.

우리나라 상황도 크게 다르지 않다. 빈부 격차, 일부 기업의 도덕적 해이 등 신자유주의식 경제 발전 정책의 문제점이 지적

되고 있는데도 지금도 걸핏하면 규제 완화를 외치고 낙수 효과를 신봉하며 기업하기 좋은 나라를 만들자는 주장이 넘쳐난다. '보이지 않는 손'이 알아서 경제를 잘 이끌고 있는데 왜 정부가 보이는 손 역할을 하면서 훼방을 놓느냐는 핀잔과 함께 말이다. 이들은 정부가 공공 복지를 확대하면 국민들의 노동 의욕을 감퇴시키고 재정을 악화시키는 이른바 '복지병'을 야기한다는 주장도 편다. 나아가 정부나 관료, 공무원 조직은 비효율적이기 때문에 철도, 전기, 수도, 우편, 의료 등 공공 부문을 민영화해야 한다고 강조한다(한 번쯤 들어보았을 작은 정부론이 이 주장이다). '세계화' '글로벌화' 등 그럴싸한 용어로 글로벌 기업들이 국경의 제약을 받지 않고 자유롭게 비즈니스를 할 수 있도록 해줘야 경제가 발전한다고 목소리를 높인다. 간단히 말해 '보이지 않는 손'이 활약할 수 있는 영역을 최대한 넓혀줘야 경제가 살아난다고 주장하는 것이다.

그러나 신자유주의 경제학자들이 아무리 '보이지 않는 손'의 영험함을 믿으라고 강요해도 의심은 점점 쌓이고 있다. 그도 그럴 것이 신자유주의가 득세한 이후 사라질 줄 알았던 경제 위기가 심심하면 반복되고 있기 때문이다. 1997년 우리나라를 비롯한 아시아 경제를 초토화시킨 외환 위기를 비롯해 2008년 미국발 글로벌 금융 위기, 2010년 남유럽의 재정 위기 등 전 세계에 크고 작은 경제 위기가 끊이지 않고 있다. 물론 각각의 경제 위기가 발생한 원인은 다양하다. 하지만 너무나 이상하다. '보이지 않는 손'이 알아서 조율한다더니 신자유주의는 위기를 왜 막지 못할까? 이쯤 되면 이런 질문을 다시 꺼내야 하지 않을까? '보이지 않는 손'이 정말 존재하는 걸까?

이 같은 질문의 해답이 되어줄 사건이 2020년 일어났다. 진짜 '보이지 않는 손'이 나타난 것이다.

 함께 들으면 좋은 경불진 에피소드

 헝가리 참사·민경욱 망언도 경제학 때문?

 24세기에는 월급이 사라진다?

2장

상식이 더 이상
상식이 아닌 시대가 온다

코로나19로 드러난 민낯들

2020년 전 세계는 '보이지 않는 손'의 공포에 빠져들었다. 제2차 세계대전 이후 가장 큰 상흔을 남긴 바로 그놈. 수백만 명을 고통에 몰아 넣고 수십만 명의 목숨을 앗아간 신종 코로나 바이러스 감염증(코로나19)이 그 주인공이다(안타깝게도 이 글을 쓰고 있는 현재도 코로나19가 촉발한 세계적 위기는 진행형이다).

코로나19는 그동안 겪었던 위기와는 차원이 다르다. 1930년대 대공황과 1997년 외환 위기, 2008년 미국발 글로벌 금융 위기, 2010년 남유럽의 재정 위기 등 각종 경제 위기들이 남긴 상처는 대부분 일정 지역에 국한됐다.

일례로 우리가 IMF(국제통화기금)에 손을 벌리는 굴욕을 당했던 외환 위기가 발생한 바로 다음 해인 1998년, 우리나라의 GDP(국내총생산) 성장률은 −5.1퍼센트를 기록했다. 일본(−1.1퍼센트), 태국(−7.6퍼센트), 말레이시아(−7.4퍼센트), 인도네시아(−13.1퍼센트), 홍콩(−5.9퍼센트) 등 아시아 주요 국가들의 성장률도 줄줄이 마이너스로 추락했다. 하지만 미국이나 영국, 독일, 프랑스, 이탈리아 등은 각각 4.5퍼센트, 3.3퍼센트, 2퍼센트, 3.6퍼센트, 1.6퍼센트라는 준수한 GDP 성장률을 기록했다. 외환 위기의 타격은 아시아 국가들만의 몫이었다.

하지만 이번 코로나19는 완전히 다른 양상으로 전개되고 있다. 대표적으로 국경 폐쇄를 들 수 있다. 전염병에 취약한 아프리카, 동남아시아의 개발도상국은 물론이고 의료 시스템과 사회 체계가 갖춰졌다는 선진국들도 코로나19가 퍼져 나가자 이전에는 상상도 할 수 없던, 국경 폐쇄를 선택했다.

개발도상국들에 자유무역이 최고의 성장 동력이라며 관세 장벽을 철폐하고 국경을 열라고 그렇게 외쳐왔던 선진국들이 코로나19가 확산되자 발빠르게 자국의 공항과 항구를 닫아버렸다. 그동안 '글로벌화' '세계화'만이 자본주의 세계에서 살아남을 수 있는 유일한 길이라고 설파하더니 정작 위기가 닥치자 자신들이 먼저 봉쇄 조치에 나서는 이중성을 드러낸 것이다(그동안 글로벌화를 외쳤던 전문가들에게 반성문을 쓰라고 해야 하지 않을까? '글로 벌'을 주기 위해).

국경 폐쇄는 그나마 온건한 편이다. 르네상스의 본고장 이탈리아에서는 넘쳐나는 환자를 감당하지 못한 의료진이 80세 이상 고령 환자의 치료를 포기하는 반문명적인 선택을 강요당했다. 재난 예방 선진국으로 불리던 일본은 집단 감염이 발생한 대형 크루즈선 '다이아몬드 프린세스'호를 한 달 가까이 방치하는 비도덕성을 전 세계에 홍보(?)하고 말았다. 대항해 시대 때 지구의 절반을 지배했던 스페인에서는 양로원에 방치된 채 죽어간 환자들이 무더기로 발견돼 충격을 줬다.

가장 적나라하게 민낯을 보여준 나라는 미국이다. 코로나19 사태 초기만 해도 미국은 자신만만했다. 중국에서 시작된 코로나19 위기가 미국 본토를 결코 위협하지 못할 것이라 호언장담했다. 2009년 6월 이후 2019년 12월까지 126개월 동안 이어진 역대 최장의 경제 호황도 미국의 자신감에 힘을 보탰다. 하지만 미국의 자신감이 허세에 지나지 않는다는 것이 드러나는데는 오랜 시간이 걸리지 않았다.

세계 최고의 의료 선진국에서 도저히 믿기 힘든 일들이 일어나기 시작했다. 방호복이 없어 쓰레기봉투를 뒤집어쓴 의사, 인공호흡기를 나눠 쓰는 환자의 참담한 광경은 미국을 다시 보게 만들었다. 이는 시작에 불과했다. 미국이 자랑하는 세계 최고 도시인 뉴욕에서는 내전이 한창인 아프리카나 남아시아 국가들에서도 이제는 찾아보기 힘든 끔찍한 일들이 벌어졌다. 정부가 손을 쓸 수 없을 정도로 사망자가 급증하자 외딴 섬에 시신을 가매장하는 충격적인 장면이 언론에 포착된 것이다.

한때 세계 경찰로 불렸던 위상도 철저히 무너져내렸다. 일례로 미국 내 마스크 부족 사태가 심각해지자 프랑스, 독일이 주문한 수백만 장의 마스크를 미국이 공항에서 웃돈을 주고 가로챈 사건이 일어나기도 했다. 무너진 자존심은 경제에 바로 영향을 줬다. 역대 최장 호황을 자랑하던 미국 경제는 2020년 2차 세계대전 직후인 1946년(-11.6퍼센트) 이후 가장 큰 폭의 하락(-5.9퍼센트)을 기록할 것으로 예상된다.

코로나19로 고통받는 사람들을 생각하면 안타까운 일이 아닐 수 없다. 그러나 이런 충격은 우리에게 뜻밖의 선물이기도 하다. 이슬람의 과학 수준에 충격을 받고 르네상스를 일으킨 유럽처럼 코로나19로 인한 충격은 그동안 '상식'으로 떠받들여졌던 신화들을 새로운 눈으로 보게 해주고 있다.

특히 '위대한 경제학자' 케인스가 나섰는데도 완전히 무너뜨리지 못한 '보이지 않는 손'의 신화가 진짜 보이지 않는 바이러스에 의해 붕괴될 조짐이다. 사람들은 의심하고 질문하기 시작했다. '보이지 않는 손이 있기나 한 것일까?'

'보이지 않는 손'의 대표적인 주장인 시장이 수요와 공급을 자율적으로 결정한다는 신화를 마스크 대란을 통해 짚어보자.

마스크, 갭 투자, 감염병 전문가

코로나19 위기 초반, 소위 '마스크 대란'이 벌어지자 많은 언론과 전문가들은 정부의 무능을 일제히 질타했다. 마스크 가격이 천정부지로 뛰고 있는데도 정부가 수수방관했다는 것이다.

그런데 정말 이상하다. 마스크 가격 급등은 '보이지 않는 손'이 만들어낸 자연스러운 결과물이다. 수요가 증가하면 가격이 오른다는 수요·공급 법칙은 고등학교 경제 교과서에도 나온다. '보이지 않는 손'이 수요·공급 법칙이라는 무기를 가지고 가격을 알아서 조율하다 보니 생산량에 비해 수요가 높아져 마스크 가격이 급등한 것인데 무엇이 문제란 걸까?

물론 이렇게 반문할 수 있다. '마스크 사재기는 정부가 나서서 단속해야 하는 것 아니냐?' 100퍼센트 동의한다. 그런데 마스크 사재기가 진짜 문제의 원인일까?

문재인 정부 들어 이어진 강력한 부동산 정책에 많은 보수 언론들과 전문가들은 '시장을 이기는 정부는 없다'고 비아냥댔다. 정부가 아무리 규제해도 강남 아파트 수요는 줄어들지 않기 때문에 부동산 불패 신화는 결코 무너지지 않을 것이라며 자신만만했다. 위대한(?) '보이지 않는 손'이 수요·공급 법칙에 따라 가격을 잘 조율하고 있는데 정부가 왜 나서냐는 것이다. 그런데 '보이지 않는 손'이라는 신화 뒤에 숨어 부동산 가격을 급등시킨

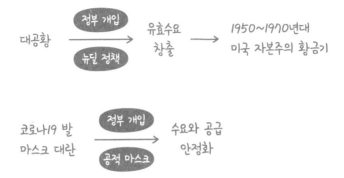

가장 큰 원인이 무엇인지 다들 알고 있지 않은가? '갭 투자'라는 화려함으로 추악한 모습을 가린 사재기 세력이 장난친 것이란 사실을 삼척동자도 모르지 않는다.

그런데도 언론과 이에 편승한 전문가들은 정부가 시장을 왜곡하면서까지 부동산 사재기를 단속하려 든다고 난리를 쳤다. 심지어 서민들이 돈 벌 수 있는 마지막 희망을 정부가 빼앗아가고 있다고 선동하기까지 했다. 다시 질문해보자. 겨우 수천 원 하는 마스크 사재기는 단속하고 수십억 원을 호가하는 아파트 사재기는 단속하지 말라는 말인가? 차라리 '부동산 불패 신화'처럼 '마스크 불패 신화'를 떠벌리는 것이 맞지 않을까?

수요·공급 법칙으로 설명할 수 있는 사례는 마스크 대란뿐만 아니다. 스페인의 한 생물학자가 자신의 SNS에 남긴 글이 화제가 된 적이 있다. 코로나19 확산으로 스페인 전체가 봉쇄됐을 때 올라온 글이다.

> 당신들은 축구 선수에겐 매달 수십억 원의 월급을 주면서 생물학자에겐 몇백만 원도 안 되는 돈을 주죠. 그러더니 이제 우리에게 와서 치료제를 달라고 하네요? 호날두나 메시에게 가서 치료제 좀 만들어달라고 하세요.

이 메시지를 올린 사람이 실제로 생물학자인가에 대해서는 논란의 여지가 있지만, 전 세계 네티즌들의 '좋아요'가 쏟아졌다. 코로나19가 전 세계적으로 확산되자 가장 주목받은 의료 인력은 당연히 감염병 전문가들이었다. 하지만 전 세계 대부분의 국가, 심지어 선진국들조차 감염병 전문 인력이 부족했다. 이유는 간단하다. 평상시에는 이들이 그다지 필요 없기 때문이다. 자본주의 논리에 따르면 충분히 수익이 나는 곳에 투자가 이뤄지는데 감염병 전문가 양성은 여기에 해당되지 않는다. 하지만 이번 사태를 겪으면서 전 세계 사람들은 깨닫기 시작했다. 당장 돈이 되지 않는 곳에도, '보이지 않는 손'이 작동하는 않는 곳에도 투자가 필요하다는 사실을(참고로 말하자면 두 필자가 운영하는 경불진도 투자가 필요하다).

각자도생하다 혼자 죽는다

코로나19는 시장 만능설뿐만 아니라 각자도생으로 대표되는 무한경쟁, 무한자유에 대한 믿음에도 금을 내고 있다.

우리 사회에는 누구도 함부로 입밖으로 뱉지 않지만 '어떻게든 남보다 앞서야 한다'는 각자도생의 사고가 팽배해 있다. 이런 인식이 퍼진 데는 여러 이유가 있겠지만 '1등이 아니면 살아남지 못한다'는 신자유주의의 속삭임에 두려움을 느낀 탓이 크다.

"나만 아니면 돼!" 공중파의 한 예능 프로그램에서 복불복 게임을 하던 중 한 출연자가 외친 이 한마디를 기억하는가. 남들이 배고프건 말건 고통을 당하건 말건 나만 괜찮으면 만사 오케이라는 말이다. 그래서 비정규직 노동자가 사고로 죽어도, 기초생활수급대상자가 쓸쓸이 죽음을 맞이해도, 택배·배달 노동자가 과로에 쓰러져도, 이웃집에 가정 폭력이 난무해도 '나만 아니면 돼'라는 생각에 눈과 귀를 가리기 바쁘다. 특히 '나는, 내 가족은 저런 고통을 당하면 절대 안 돼'라는 두려움에 넘어가 부정과 유혹에 빠지기도 한다. '일단 나부터 살아야 하는 것 아니냐'는 각자도생의 논리로 스스로를 위로하면서 말이다.

그런데 세계적인 감염병 유행 상황에서 '정말 나만 아니면 될까?' 감염병 전문가들의 말 중에 인상적인 것이 있다. '바이러스는 의외로 공평하다.' 이게 무슨 의미일까? 바이러스는 부자와 가난한 사람을 가리지 않는다는 뜻이다. 돈이 많다고 코로나19에서 안전하고 빈곤하다고 바이러스에 취약한 것은 아니다.

물론 이렇게 주장할 수도 있다. 정말 부자라면 바이러스로부터 안전한 곳으로 피할 수 있지 않나? 가능한 방법이다. 하지만 그건 스스로 유배되는 것이지 제대로 된 삶이라 할 수 없다.

아이러니하게도 코로나19는 상생이라는, 혼자가 아니라 함께 위기를 극복해야 한다는 깨달음을 주고 있다. 이에 대해《신성한 경제학의 시대》의 저자 찰스 아이젠스타인은 이렇게 설명했다.

'나는 네가 필요하지 않다'는 느낌은 환상에서 비롯된 착각이며, 사실 우리는 서로를 필요로 한다. 돈과 시장은 거주할 집에 대한 욕구는 채워주지만, 나 자신과 유기적으로 연결된 가정에 대한 욕구는 채워줄 수 없다.

'21세기 르네상스 맨'으로 불리는 프랑스 경제학자 자크 아탈리도 2007년 국내 언론과의 인터뷰에서 이렇게 강조한 바 있다.

고급 자동차는 혼자 소유하고 있는 것이 좋았지만, 좋은 스마트폰은 혼자 갖고 있어도 아무 소용이 없다.

스스로 행복해지려면 다른 사람도 행복하게 만들어야 한다. 형용모순 같은 말이지만 '이기적 이타주의'가 돼야 한다. 그동안 공허하게 들렸던 '상생'이란 말이 코로나19 위기를 겪으면서 되살아나고 있다.

지금까지 마스크 착용과 손 씻기만큼 코로나19 바이러스 감염을 예방하는 데 중요한 수칙은 없다고 알려져 있다. 그런데 안전하려면 스스로 마스크 쓰는 것도 중요하지만 내가 만나는 사람들이 마스크를 쓰고 있는지가 더 중요하다. 코로나19 바이러스는 사람을 숙주로 확산되기 때문에 감염 위험이 있는 사람이 마스크를 써야 내가 안전해진다. 그래서일까? 소위 '마스크 대란'이 벌어졌다고 언론들이 난리를 치고 있을 때 인터넷에서는 재미난 움직임이 벌어졌다. 더 급한 사람에게 마스크를 양보하자는 운동이 일어난 것이다. SNS에 '#나는_면마스크를_착용합니다 #KF94를_양보해주세요 #마스크_사재기에_반대합니다' 등의 해시태그 달기도 확산됐다. 무한경쟁, 무한자유가 코로나19 바이러스로 치유되는 아이러니한 상황이 벌어지고 있는 것이다.

잘 먹고 잘 놀아야 성공한다

우리 사회를 지배하고 있는 '근면성실' 신화도 살펴보자.

누구나 한 번쯤 '개미와 베짱이' 우화를 들어봤을 것이다. 개미처럼 땀 흘리며 열심히 일해야 잘살 수 있지 베짱이처럼 놀다가는 겨울에 비참한 최후를 맞게 된다는 내용이다. 어린 시절부터 귀에 못이 박히도록 들은 이야기다. 그래서 그런지 가훈이나 교훈 중에 가장 흔한 표어가 '근면'과 '성실'이었다.

사실 우리 국민들에게 근면과 성실은 굳이 강조하지 않아도 되는 미덕이다. 우리 국민 대부분은 '일중독'이란 말이 일상화될 정도로 장시간 노동을 기본으로 탑재하고 있다. 2019년 경제협력개발기구ᴼᴱᶜᴰ 최장 노동시간 1위 자리를 멕시코에 놓친 것이 아쉬울(?) 정도다.

장시간 노동에 대한 문제 제기가 이어지고, 독일 노동자보다 1년에 넉 달이나 더 일한다는 끔찍한 통계 자료가 나와도 일부 정치인과 전문가들은 우리 사회는 아직 더 일해야 한다고 강변한다. 문재인 정부 들어서 '워라밸(일과 삶의 균형)' 바람이 불기도 했지만 대부분의 기업은 전가의 보도처럼 '경제 위기 극복을 위해' 야근할 권리(사실은 야근시킬 권리)를 달라고 주장하고 있다.

여기서 문제 하나. 우리나라의 법정 노동 시간은 얼마일까? 많은 이가 '주 52시간'이라고 답할 것이다. 언론이나 정치인들이 걸핏하면 주 52시간 노동제를 이야기하기 때문이다. 그런데 정답은, 주 40시간이다.

하루 8시간, 주 5일 노동을 초과할 수 없다고 법에 분명히 나와 있다. 그러면 주 52시간이라는 숫자는 어디서 나온 걸까? 우리나라 법은 취업 규칙이나 서면 합의에 의해 주당 12시간의 연장 노동을 '예외로' 인정한다. 그런데 노동 현장에서는 이 예외가 관행처럼 굳어져 '주 52시간 노동제'가 마치 기준인 양 여겨지고 있다. 한마디로 예외 조항을 가지고 노동자들에게 장시간 노동을 강요하는 것이다.

그런데 코로나19로 인해 어쩔 수 없이 도입된 재택근무가 우리의 인식을 바꿔놓고 있다. 업무가 제대로 이뤄지지 않을 것이란 우려와는 달리 많은 업체들이 효율이 높아졌다는 평가를 내놓고 있는 것이다. 만원 지하철, 버스를 타고 출퇴근하느라 받던 스트레스가 없어지는 데다 쓸데없는 회의나 회식 등이 사라졌기 때문이다. 상사 눈치 보느라 바빴던 회사에 있을 때보다 업무 집중도가 올라가 적은 시간에 업무를 끝낼 수 있었다는 직장인들도 많다. 더 놀라운 변화도 생겼다. 카카오와 SK텔레콤 등 대기업들은 사회적 거리 두기 차원에서 도입한 재택근무를 아예 상설화하고 집에서 10~20분 위치의 사무실로 출근하는 '거점 오피스'를 도입했다.

한번 불기 시작한 바람은 태풍으로 변할 조짐이다. 외국 기업에서나 볼 수 있었던 주 4일제 논의가 본격적으로 시작되고 있다. 우리나라에서도 주 4일제를 도입한 기업이 있지만, 대부분의 노동자들에게 딴 나라 이야기였다. '국내 실정에 가당키나 하냐'는 분위기 탓에 거의 모든 기업들이 외면해온 것도 사실이다.

하지만 이제 상황이 달라졌다. 업계를 대표하는 기업들이 주 4일제를 시범 도입하고 있다. 엔씨소프트는 코로나19로 재택근무가 한창이던 2020년 4월 주 4일제를 본격 실시했다. 4000여 명에 달하는 전 직원이 매주 1일 더 유급 휴가를 즐긴 것이다. 삼성전자도 주 40시간을 채운 노동자에게 주 4일제를 선물했다. 부서장의 승인을 받으면 금요일에 쉴 수 있도록 한 것이다. 물론 시범 실시라는 단서가 붙었지만 일단 물꼬가 트였다는 데 의의가 있다. 주 4일만 일해도 충분히 업무를 처리할 수 있고, 회사가 생각보다 잘 돌아간다는 것이 어느 정도 증명됐기 때문이다. 이런 사실은 이 책을 쓰고 있는 두 피디가 이미 입증해 보였다. 2015년 팟캐스트를 처음 시작하면서부터 주 4일제를 실시했지만 5년 넘는 기간 동안 방송을 펑크 낸 적이 단 한 번도 없다.

기성 세대에게 익숙한 '개미와 베짱이' 이야기는 초등학교 교과서에서 이미 퇴출됐다. 창의력이 중요한 시대에 개미처럼 일만 해서는 안 된다는 사실을 이미 잘 알고 있으면서도 그동안 관성처럼 '근면, 성실' 신화를 따라왔던 건 아닐까? 그래서일까. 요즘 직장인들이 이야기하는 개미와 베짱이는 동화와 딴판이다. 더운 여름날에도 땀을 뻘뻘 흘리며 한 푼 두 푼 모았던 개미는 티끌은 아무리 모아봐야 티끌이라는 사실을 절감하며 결국 파산한 반면 여름날 기타 치고 노래만 불렀던 베짱이는 오디션 프로그램에 출연해 아이돌 스타가 됐다고 한다.

돈의 관점을 다시 세울 때

코로나19는 그동안 신주 단지처럼 떠받들던 '보이지 않는 손' 신화를 극적으로 무너뜨리고 있다. 익숙한 패러다임을 새로운 눈으로 바라보게 했다.

물론 너무나 갑작스러운 변화에 두려운 마음이 들기도 한다. 코로나19 위기가 어느 정도 정리되면 원래 자리로 돌아가 '뼈 빠지게 열심히 살다 보면 어떻게 되겠지'라는 안일함에 빠질 수도 있다(그러다간 진짜 뼈만 빠진다). 이런 변화를 위기에 따른 순간적인 대응 정도로 애써 축소하려는 시각도 있다.

하지만 외환 위기 당시 우리는 똑똑히 목격했다. 변화에 저항하고 거부하던 사람들이 어떤 처지가 됐는지. 반면 흐름을 빠르게 읽고 위기 속에서 뜻밖의 기회를 잡은 사람들도 있었다. 위기를 도약의 기회로 삼은 인물의 사례를 하나 소개한다.

문제. 사과 하면 생각나는 사람은? 애플 창업자인 스티브 잡스라는 대답이 가장 많을 듯하다. 하지만 여기서 원하는 정답은 다른 인물이다. 바로 만유인력의 법칙을 발견한 아이작 뉴턴.

영국의 물리학자이자 천문학자, 수학자, 근대 이론과학의 선구자인 뉴턴은 천재로도 유명하다. 뉴턴이 나무에서 사과가 떨어지는 것을 보고 만유인력의 법칙을 떠올렸다는 에피소드는 그의 천재성을 보여주는 사건으로 자주 소개된다. 그런데 아무리 천재라도 사과가 떨어지는 장면을 보고 불현듯 누구도 생각하지 못한 법칙을 발견했다는 것이 말이 될까?

뉴턴이 만유인력의 법칙을 발견한 데는 숨겨진 이야기가 있다. 뉴턴은 만유인력의 법칙을 비롯해 물리학 체계를 집대성해서 1684년 《자연철학의 수학적 원리》라는 명저를 펴냈다. 그런데 이 책의 기본적인 내용은 20년 전인 1664년에 완성됐다고 한다. 1664년 뉴턴은 교수는 물론 박사도 아니고 그저 학생 신분이었다. 케임브리지대학을 아직 졸업하지 못하고 고향에 내려가 2년 넘게 머물고 있었던 때였다. 뉴턴이 학업도 포기한 채 고향에서 2년이나 머문 이유가 뭘까?

흑사병(페스트) 때문이었다. 인류 최초의 '팬데믹pandemic(세계적 대유행)' 흑사병으로 인해 당시 유럽 전체에 비상이 걸렸다. 도시가 멈춘 것은 물론이고 케임브리지대학을 비롯한 대학들도 모두 문을 닫았다. 뉴턴을 비롯한 대부분의 학생들은 어쩔 수 없이 귀향해야 했다.

공부를 다 마치지 못했는데 감염병이 퍼졌으니 좌절할 만도 했다. '하나님은 나한테 왜 이런 시련을 주는 거지?' 하며 화를 내고 술만 퍼마실 수도 있었다. 하지만 뉴턴은 달랐다. 케임브리지대학에서는 그동안 시간에 쫓겨 하지 못했던 사색과 연구에 집중했다. 평소 같으면 그냥 지나쳤을 사과가 떨어지는 모습에 의문을 품고 '질문'을 던지며 깊이 연구를 시작한 것도 이런 맥

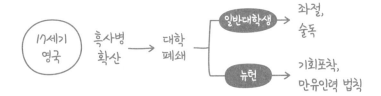

락이었다. 그리고 마침내 위대한 법칙을 발견했다. 흑사병이 없었다면 인류는 만유인력의 법칙을 한참 후에야 발견했을지도 모른다.

너무 거창한 이야기라고? 코로나19 팬데믹도 우리에게 이런 기회가 될 수 있다. 그동안 너무나 당연히 여겨왔던 경제 상식을 새로운 눈으로 볼 기회, 나 혼자 뒤처질지 모른다는 두려움 때문에 보지 못했던 많은 것들을 볼 기회 말이다. 물론 기회를 잡으려면 제대로 된 질문을 하고 해답을 찾아야 한다.

 함께 들으면 좋은 경불진 에피소드

 플로이드 사건으로 본
미국 민낯과 그 해결책

 '영미' 왜 이러나?…
코로나19 전세계 백태

3장

돈의 현재와 미래를 읽는 10가지 신호와 질문

"우리를 움직이는 건 바로 질문이야"

개인적으로 영화에서 코로나19와 맞먹는 충격을 받은 적이 있다. 1999년 개봉한 영화 〈매트릭스〉가 바로 그것이다. 인류가 인공지능AI과의 전쟁에서 패한 미래 세계, 가상현실 공간인 매트릭스에서 AI와 이에 대항하는 인간들 사이의 대결을 그린 이 영화의 주인공 네오는 영화 초반, 선택의 순간에 놓인다. '파란 약'을 먹고 가상 세계에 계속 머무를지, 아니면 '빨간 약'을 삼키고 매트릭스에서 깨어나 현실을 직시할지.

네오는 빨간 약을 선택한다. 영화를 보면서 나라도 당연히 빨간 약을 선택했을 거라고 생각했지만 영화가 진행될수록 차라리 파란 약을 먹었더라면 하는 생각이 머릿속을 떠나지 않았다. 빨간 약을 선택한 네오가 맞닥뜨린 현실은 필자가 지금까지 상상하지 못했던 충격을 줬기 때문이다. 찬란하고 풍요로운 문명의 혜택을 한껏 누리며 살고 있는 줄 알았던 인류가 알고 보니 기계를 움직이기 위한 배터리에 불과하고, 매트릭스는 이를 가리기 위한 가짜 세상이었다니……(홍진영이 부른 〈사랑의 배터리〉도 아니고).

매트릭스에 깨어나 진실을 마주한 네오는 먹은 것을 다 게워내며 기절하고 만다. '내가 왜 빨간 약을 먹었을까'라는 자책에 사로잡히기도 한다. 한동안 아무것도 하지 못한다. 이런 네오에게 트리니트가 속삭인다.

"우리를 움직이는 건 바로 질문이야It's the question that drives us."

그 순간, 네오의 눈빛이 달라지기 시작한다. 매트릭스는 물론 자신의 존재 이유에 대해 끊임없이 질문을 던진다. 그러고는 기계와 맞설 힘을 기르기 시작한다. 코로나 팬데믹을 맞이한 지금 우리도 어쩌면 네오와 비슷한 선택의 순간에 놓여 있는 것은 아닐까? 현실에 안주하거나 두려움에 빠진 사람이 질문하는 경우는 드물다. 대신 언론이나 전문가들이 늘어놓는 이야기만 쫓아다닌다. 질문은 미숙한 사람들이나 하는 것으로 깎아내리기도 한다(그래서 질문하는 것을 직업으로 하는 기자들조차 질문에 익숙하지 않은 것일까?).

그런데 앞에서도 살펴보았듯이 가짜 신화에서 벗어나는 가장 좋은 방법은 바로 '질문하기'다. 언론에 언급되거나 교과서에 나왔다고 무작정 받아들이지 말고 실체를 확인해야 한다. 뭔가 이상한 신호가 감지되면 의심하고 질문해야 한다. 아리스토텔레스에게 도전해 질문을 던진 베살리우스처럼, '보이지 않는 손'의 존재를 의심한 케인스처럼 말이다.

혹시 '위대한 과학자나 경제학자니까 날카로운 질문을 할 수 있는 거지'라고 반문할지도 모르겠다. 매트릭스가 노리는 것이 바로 이런 머뭇거림이다. 새로운 시대를 여는 것은 한두 사람의 영웅이 아니다. 작은 촛불들이 모여 위대한 혁명을 만들어내는 것처럼 한 명 한 명의 질문이 모여 새로운 변화를 만들어낸다. 우리 가정에서, 회사에서, 지역사회에서 우리 한 명 한 명이 베살리우스가 되고, 케인스가 되고, 뉴턴이 돼야 한다.

돈의 흐름이 담긴 신호와 질문들

코로나 팬데믹으로 경제의 지각변동은 더욱 가속화되고 있다. 변화에 대응하기 위해서는 질문부터 달라야 한다. '어디에, 어떤 것에 투자하면 돈을 벌 수 있냐'는 단편적이고 뻔한 질문에서 벗어나자. 대신 돈의 흐름을 파악하고 돈의 길목을 지킬 수 있는 강력한 질문들을 던져보자. 필자들은 지난 5년 동안 우리 경제의 불편한 진실을 파헤치며 경제의 흐름을 보여주는 10가지 신호를 찾아냈다. 이 신호들을 분석하며 새로운 관점에서 질문을 던지고 나름의 경제적 해법을 모색했다. 2부와 3부에서 이에 대해 살펴볼 것이다.

먼저 2부에서는 돈의 현재를 이해하기 위해 필수적으로 알아야 할 통계, 금리, 부동산, 재정, 인구 등 5가지 신호를 소개한다.

먼저 **통계**. 하루에도 수십 개씩 각종 통계를 인용한 뉴스가 쏟아진다. 정부는 물론 각종 기관과 연구소, 심지어 기업에서도 통계 자료를 배포한다. 명확한 수치와 이에 대한 해설이 붙어 있으니 이보다 좋은 뉴스거리도 없다. 그런데 재미난 것은 이 같은 통계 기사를 읽는 독자들의 행동이다. 거의 모든 독자들이 언론에서 제시하는 숫자는 그냥 건너뛴다. '권위 있는 언론, 기관에서 발표한 것이니 틀릴 턱이 없다'는 생각에서다. 전문가나 언론들이 통계 수치를 비교하며 제시하는 분석도 그냥 받아들인다. '똑똑한 사람들이 알아서 따져봤겠지'란 믿음에서다.

하지만 이런 막연한 믿음을 배신하는 사례는 너무나 많다. 우리의 눈과 귀를 가리고 자신들의 입맛과 목적에 맞게 소위 '마사지'한 통계 기사가 넘쳐난다. 교활한 여우가 사람들을 속이는 '폭스 팩터fox factor'가 우리를 최면에 빠뜨려버린다. 이런 최면에서 깨어나 통계의 실체를 제대로 살펴보고 던져야 할 질문을 살펴볼 것이다.

경제 공부의 절반이라고 불리는 것이 있다. 바로 **금리**다. 경제 전문가들 사이에서 금리는 '고구마'라고도 불린다. 얼마 되지 않아 보이는 줄기를 파헤치다 보면 엄청난 양의 고구마가 줄줄이 딸려 나오는 것처럼 금리만 제대로 알면 환율, 주식, 채권, 물가, 부동산의 현재와 미래를 파악할 수 있다. 그래서 금리가 오르고 내릴 때 경기 흐름이 어떻게 바뀌고 다른 지표들이 어떻게 변하는지, 재테크는 어떻게 해야 하는지 등을 자세히 알려주는 책들이 수두룩하다.

하지만 정작 금리가 어떻게 결정되는지를 질문하는 경우는 드물다. 구체적으로 예금 금리보다 대출 금리가 왜 항상 높은지에 대한 해답을 찾기 힘들다. '서민의 친구'라고 광고하는 은행에서 라임 사태나 해외 금리 연계 파생결합펀드DLF 사태 등이 왜 끊이지 않고 발생하는지 설명해주지 않는다.

우리 국민들을 가장 많이 울리고 웃기는 것이 무엇일까? 바로 **부동산**이다. 우리나라 부동산 시장을 두고 '서울에서 부동산으로 돈 잃으면 등신'이라고 대놓고 떠드는 언론도 있다. 정부가 아무리 규제해도 결국 오를 것이란 '부동산 불패 신화'도 굳건하다. 하지만 부동산으로 돈을 버는 것이 정말 가능할까? 자고 나면 1억 원이 올랐다는 아파트에 사는 사람들이 종부세(종합부동산세) 등 세금이 많다고 난리 치는 진짜 이유는 뭘까? 6장에서는 우리사회를 짓누르고 있는 부동산 신화의 실체를 살펴본다.

코로나19가 확산된 이후 정부가 **재정**을 투입하는데 불만인 사람들이 많다. 정부가 너무 많은 돈을 낭비해 나라 곳간이 텅텅 빌 것이라는 지적이다. 코로나19 사태가 잠잠해지면 정부의 엄청난 빚을 메우기 위해 국민들에게 또 다시 세금을 뜯어갈 것이라고 확신도 한다. 하지만 정부가 빚을 내는 것이 과연 잘못된 결정일까? 대한민국 정부의 빚은 정말 위험한 수준일까? 이에 대한 궁금증은 7장에 담겨 있다. 국민들의 복지 수준을 획기적으로 높일 수 있는 세금과 재정에 대한 '코페르니쿠스적 전환'도 살펴본다. 그리고 복지를 보다 현명하게 이용할 수 있는 재테크 꿀팁을 통해 능동적 인간으로의 변신도 꾀해본다.

코로나19 공포만큼으로 우리를 두렵게 하는 것이 바로 **인구 감소**다. 2019년부터 줄어들기 시작한 인구는 우리 경제에 큰 위협으로 다가오고 있다. 세계 유일의 '0명대' 출산율은 재앙처럼 여겨지기도 한다. 인구 감소 때문에 GDP를 비롯한 각종 경제지표가 급락할 것이라고 많은 전문가들이 호들갑을 떤다.

그런데 인구 감소가 과연 재앙일까? 매일같이 교통 체증 때문에 짜증을 내고 사람은 넘치는데 일자리는 없다는 한탄이 쏟아지는데도 말이다. 8장에서는 인구 감소 신화의 불편한 진실을 따져본다. 이를 통해 인구 감소가 재앙이 아닌 축복이 될 수 있는 이유도 알아본다. 더 나아가 포스트 코로나 시대에 우리가 갖춰야 할 대안도 알아본다.

3부에서는 본격적으로 돈의 길목을 지키게 해줄 5가지 신호(일코노미, 비즈니스 플랫폼, 중고 시장, AI, 제로 금리)들을 살펴본다.

첫 번째, **일코노미**. 최근 일코노미를 언급하는 언론과 전문가들이 늘어나고 있다. 현재 가구 비중 가운데 가장 큰 것이 1인 가구다. 기존의 4인 가구 중심의 가족 구조가 빠른 속도로 바뀌고 있다는 의미다. 이는 경제 구조의 변화로 이어질 조짐이다. 특히 포스트 코로나 시대에는 변화가 더 빨라질 수도 있다. 혼자 사는 사람, 특히 혼자 지내는 방식을 오래 유지하는 사람이 잘 이해되지 않는다고 생각한다면 지금이라도 이들을 유심히 관찰해야 한다.

10장에서는 거의 모든 기업들이 목을 매고 있는 **비즈니스 플랫폼**을 살펴본다. 스마트폰을 쓰고 있는 우리에게 비즈니스 플랫폼은 이젠 필수다. 한 달에 한두 번은 쓰는 배달 앱, 쇼핑 앱은 물론 집이나 데이트 상대도 앱에서, 즉 비즈니스 플랫폼을 거쳐서 구하는 세상이다. 현재도 그렇고 미래에도 비즈니스 플랫폼은 공기나 물 같은 존재로 남아 있을 것이다. 이런 비즈니스 플랫폼의 미래를 선도할 수 있는 비법을 자세히 알아본다.

'중고나라, 당근마켓에는 왜 이렇게 살 것이 많을까?' 11장에서 살펴볼 신호는 **중고 시장**이다. 우리나라처럼 고도 성장기를 지나서 선진국에 접어든 경우, 중고 시장의 규모와 영향력은 커질 수밖에 없다. 하지만 아직도 중고에 대해 편견을 가진 사람들이 많다. 이런 편견에서 벗어나지 못한다면 돈의 미래를 제대로 읽을 수 없다.

12장에서는 **인공지능**과 일자리와의 관계를 따져본다. 그동안 인류를 도왔던 소, 기계, 컴퓨터의 역할을 AI가 할 수 있을까? 그런데 알고 있는가? AI는 이미 알게 모르게 우리를 돕고 있다. 'AI가 우리의 일자리를 빼앗아 간다던데……'라는 두려움을 느끼는 분들도 있다. 이런 두려움에서 벗어나는데도 12장은 매우 유용할 것이다. 늘 그래 왔듯이 우리는 또 해결책을 만들 테니 말이다.

마지막 질문은 '**제로 금리** 시대에도 재테크가 가능할까?'다. 경제 관련 서적을 집어든 사람 치고 투자에 관심 없는 경우는 거의 없다. 특히 앞서 네 장에 걸쳐 살펴본 새로운 경제 테마에 따라 투자 환경도 당연히 변할 수밖에 없을 터. 13장에서는 기존과는 완전히 다른 투자 철학과 방식만이 유의미하다는 '진실'에 대한 공감대를 만들어보고자 한다.

질문을 던지는 순간, 경제가 보인다

곰곰이 생각해보면 우리는 영화에서처럼 정말 매트릭스 안에서 살고 있었는지도 모른다. 남녀의 치아 개수가 다르다고 생각했던 것이나 한 번도 본 적 없는 '보이지 않는 손'의 존재를 믿었던 것이 매트릭스의 장난일 수도 있다. 그래서 의심 없이 언론이나 소위 전문가들의 주장을 그냥 믿어왔던 것인지도 모른다. 믿음의 대가는 참혹했다. 반복되는 경제 위기 속에 빈익빈부익부는 심화되고 서민들은 점점 가난해져만 갔다. 기업은 살찌는데 국민들은 일자리 부족과 빚의 고통에서 헤어나지 못하고 있다. 그런데도 아직 믿음을 버리지 못하는 사람들이 많다.

불행 중 다행으로 조금씩 매트릭스가 모습을 드러내고 있다. 하지만 정체를 들킬 위기에 놓인 매트릭스는 더욱더 두려움을 조장할 것이다. 모든 것을 전문가에게 맡기고 더 노력하라고 강조할 것이다. 각자도생의 두려움에 다시 매트릭스로 돌아가고 싶은 충동에 빠질 수도 있다. 하지만 그건 진짜 삶이 아니며 삶을 지키는 방편도 되지 못한다.

앞으로 살펴볼 10가지 신호와 거기에 담긴 질문들은 세상에 맞설 기본적인 경쟁력이 되어줄 것이다. 이를 토대로 더 많은 강력한 질문들을 생각해내야 한다. 베살리우스가 아리스토텔레스의 권위에 굴복하지 않은 것처럼, 케인스가 '보이지 않는 손'의 실체를 밝혀낸 것처럼, 뉴턴이 만유인력의 법칙을 발견한 것처럼, 당연하다고 받아들여왔던 그동안의 경제 체제에 대해 끊임없이 질문을 던져야 한다. 그래야 매트릭스의 장난에서 벗어날 수 있다. 포스트 코로나 시대는 대공황, 외환 위기, 글로벌 금융 위기를 겪은 이후와는 전혀 다른 새로운 세상이 될 수도 있다.

트리니티의 속삭임에 모든 것에 의문을 품고 질문을 시작한 네오처럼 우리도 그동안 옥죄어온 두려움을 멀리 날려버릴 질문을 찾는 여행에 이제 나서보자.

 함께 들으면 좋은 경불진 에피소드

 뉴턴이 흑사병 두려움
이겨내고 발견한 것은?

 초자본주의 시대에
살아남으려면

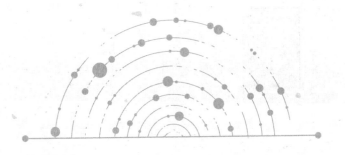

·2부·

돈의 현재를 읽는
신호 5

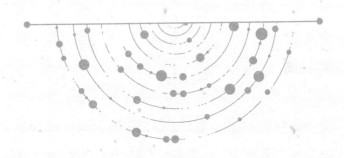

4장

숫자는 진실할까

'우우 그대 말을 철석같이 믿었었는데 거짓말 거짓말 거짓말.'(이적 〈거짓말 거짓말 거짓말〉 중에서) 가수 이적의 노랫말이 자신의 일인 양 느껴지는 경우가 너무나 많다. 전에도 속았는데 또 속았다고 하소연도 해본다. '통계는 새빨간 거짓말'이라는 말도 있는데 우리는 왜 매번 속는 걸까? 그 이유를 지금부터 알아보자.

숫자의 마술

각종 언론에서 자주 인용하는 통계는 듣기만 해도 머리 아픈 경우가 많다. 복잡한 숫자와 도표가 등장하면 어렵고 귀찮아져서 대충 넘어가기 마련이다. 어차피 전문가들이 조사하고 검토해서 내놓은 숫자인데 틀릴 까닭이 없을 것이라는 생각에서다. 과연 그럴까?

자영업 경기와 직결된다고 알려진 1톤 트럭 포터에 관련된 뉴스 2가지를 살펴보자.

◆ '불황의 역설' 생계형 1톤 트럭도 안 팔린다(아시아경제)

'경기가 나쁠수록 잘 팔린다.' 국내 1톤 트럭 시장을 관통하던 공식이 흔들리고 있다. 경기가 부진한 가운데 지난해 1톤 트럭 판매는 오히려 줄어들었다. 불황이 장기화되면서 생계형 차량의 교체마저 늦추거나 중고차로 눈길을 돌리는 등 기존 공식에 변화가 나타나는 모습이다.

한국자동차산업협회에 따르면 지난해 현대자동차 포터의 판매량은 9만 5,697대로 전년 대비 5.6퍼센트 감소했다. 같은 기간 기아자동차 봉고는 4.3퍼센트 줄어든 5만 297대가 팔렸다. 지난해 국내 전체 자동차 시장은 0.2퍼센트 역성장했는데 그보다 더 큰 감소세를 보인 것이다.

◆ '최후의 생계수단' 포터·봉고 판매 증가…일자리 붕괴 영향(조선비즈)

영세 자영업자들의 생계수단으로 이용되는 1톤 트럭인 현대자동차 포터와 기아자동차 봉고의 판매량이 올해 들어 증가하고 있다. 최근 일자리 수 감소와 자영업 붕괴로 인해 벼랑 끝에 내몰린 서민들이 1톤 트럭을 이용한 창업에 뛰어들고 있기 때문으로 풀이된다.

21일 현대차그룹에 따르면 올해 들어 4월까지 포터의 누적 판매량은 3만 4,662대로 지난해 같은 기간보다 9.1퍼센트 증가했다. 월평균 8,666대씩 판매된 셈이다. 4월까지 이 추세대로 간다면 올해 포터의 판매량은 10만 3,986대로 역대 최대 판매 실적을 기록한 2017년(10만 1,423대)을 넘어서게 된다.

두 기사 모두 불황, 일자리 수 감소, 자영업 붕괴 등 경제가 좋지 않은 상황을 전제로 하고 있다. 하지만 앞의 뉴스는 포터마저 잘 안 팔린다고 하고 뒤의 뉴스는 불황이어서 포터가 잘 팔린다고 한다. 혹시 포터에 대한 자영업자의 선호가 바뀔 정도로 시차가 나는 기사일까?

놀랍게도 두 뉴스의 시차는 겨우 5일이다. 앞의 뉴스는 2019년 5월 16일자이고 뒤의 뉴스는 같은 해 같은 달 21일자다. 이 짧은 기간에 트렌드가 바뀌었다고 이야기하긴 힘들다. 그런데도 불황 때문에 한쪽에서는 포터가 안 팔린다고 하고, 다른 쪽에서는 포터가 잘 팔린다고 한다.

그러면 혹시 한쪽이 통계를 소위 '마사지'한 것일까? 그건 아니다. 둘 다 통계를 제대로 인용했다. 조작은 결코 아니다. 하지만 차이가 있다. 앞의 뉴스는 2018년 전체 포터 판매량을 전년과 비교했고, 뒤의 뉴스는 2019년 4월까지 판매량을 전년 같은 기간과 비교했다. 즉, 비교 시점이 다르다. 이처럼 통계를 조작하지 않고도 특정 시기를 선택해서 특정 목적으로 기사를 쓰는 사례가 의외로 많다. 우리가 이를 눈치채지 못할 뿐이다.

'전국 10대 맛집'은 누가 선정했을까

왜 이런 일이 반복될까? 각종 통계 자료를 인용하면서 여러 숫자가 난무하는 뉴스를 보면 우린 보통 어떻게 하는가? 일반적으로 숫자 자체는 그냥 지나친다. 숫자가 맞는지 틀리는지 잘 따져 보지 않는다. 오류가 없을 것이라는 가정하에 세계 몇 위인지, 늘었는지 줄었는지 등에만 관심을 갖곤 한다. 특히 권위 있는 기관이나 언론사에서 발표한 경우에는 통계에도 권위가 실린다. '똑똑한 사람들이, 믿을 만한 곳에서 제시한 숫자인데 계산이 틀릴 리 있겠어?'라고 순진(?)하게 받아들인다. 가뜩이나 머리도 복잡한데 계산하기 귀찮은 것이다.

복잡한 계산이 필요 없는 숫자도 마찬가지다. 예를 들어, '부산 3대 짬뽕집' '서울 5대 빵집' '전국 10대 한정식집' 등 맛집 순위를 매긴 뉴스나 정보가 TV나 신문에 자주 등장한다. 그런데 여기서 3대, 5대, 10대란 순위는 도대체 누가 정한 것일까? 전문가들의 의견이나 설문조사를 통해 결정된 것일까? 솔직히 아무런 근거가 없다. 누가, 어떻게, 어떤 방식으로 선정했는지에 대한 설명은 거의 없이 일방적으로 주장하는 경우가 대부분이다. 하지만 우리는 그냥 받아들인다. 'TV나 신문이 알아서 확인했겠거니' 여긴다. 막상 이 정보들을 믿고 '전국 ○○ 맛집'이라는 곳을 찾아가보면 생각보다 별로인 경우가 꽤 있다.

많은 언론들이 이런 점을 악용한다. 3대, 5대, 10대란 숫자를 내밀면 마치 최면에 걸린 것처럼 그냥 믿어버리기 때문이다. 이를 일컫는 용어도 있다. 대중의 의심을 여우(?)처럼 잠재우는 힘을 뜻하는 '폭스 팩터'다. 지금부터 여우처럼 교활한 폭스 팩터의 실체를 하나하나 파헤쳐보자(폭스 팩터의 유래에 대해서는 4장 끝에 따로 소개한다).

메이저리그의 평균 싸움

통계가 인용되는 기사에 가장 많이 등장하는 것이 '평균'이다. 평균 소득, 평균 나이, 평균 점수, 평균 경쟁률 등 '평균'이라는 키워드로 검색하면 수많은 기사가 쏟아진다. 언론이나 전문가들은 평균이 올랐느니 내렸느니 하면서 각종 해석을 갖다 붙인다.

우리도 마찬가지다. 이런 보도나 해석과 자신을 비교하면서 적어도 평균은 해야 한다는 강박에 빠진다. 연봉이나 점수 등이 평균에 미치지 못하면 마치 낙오자가 된 듯한 기분이 들기도 한다. 키나 몸무게가 평균에 못 미치면 뭔가 부족한 것처럼 불안해진다. '평균=정상'은 진리처럼 여겨진다.

그런데 평균에 대한 이런 욕구가 교묘한 함정을 만드는 경우가 상당히 많다. 이 때문에 낭패를 보기도 한다. 알짜 중소기업으로 알려진 회사의 신입사원 면접을 봤다고 가정해보자. 면접관이 이렇게 이야기한다. "우리 회사의 평균 월급은 550만 원입니다." 웬만한 대기업 뺨치는 수준이다. '알짜라고 하더니 진짜네'라고 생각하며 선뜻 입사를 결정한다. 그런데 첫 월급을 받고 깜짝 놀란다. 월급 명세서에 찍힌 숫자는 겨우 150만 원. 도대체 어찌된 것일까? 알고 봤더니 사장과 사장의 아들인 부사장이 월급으로 2000만 원, 1500만 원씩 챙겨가고 나머지 노동자 여섯 명에게는 150만 원씩 준 것이다. '[(2000만 원+1500만 원)+(150만 원×6)]÷8 = 550만 원'이었던 것이다.

너무 꾸며낸 이야기 같다고? 평균 월급 때문에 프로야구 선수들이 파업한 일도 있었다. 우리나라는 아니고 미국의 사례다.

2020년부터 국내 프로야구 KIA 타이거즈의 감독이 된 매트 윌리엄스는 샌프란시스코 자이언츠에서 선수로 뛰던 때인 1994년 무려 43홈런을 기록했다. 커리어 하이 기록이었지만 아쉬운 점이 있다. 당시 선수 파업으로 팀당 무려 52경기가 축소된 110 경기만 치렀기 때문이다. 제대로 경기가 열렸다면 60홈런을 넘겼을 것이란 주장도 있었다.

그런데 메이저리그 선수들은 왜 파업을 했을까? 당시 구단들은 빅 마켓 팀과 스몰 마켓 팀 사이의 전력 차를 줄이기 위해 팀의 총연봉을 제한하는 '샐러리캡'을 도입하려고 했다. 선수 노조는 이를 연봉 협상에서 유리한 위치를 차지하려는 구단들의 꼼수라고 반발했다. 협상을 했지만 양측의 간극이 줄어들지 않아 결국 8월 12일부터 이듬해 4월 2일까지 232일이나 '야구의 나라' 미국에서 메이저리그가 열리지 못했다.

재미나게도 당시 구단과 선수 노조는 협상만 하지 않았다. 야구 팬들을 자신의 편으로 끌어들이기 위해 여론전을 치열하게 전개했다. 그런데 이 싸움에서 구단들이 완승을 거뒀다. 언뜻 생각해보면 팬들과 좀 더 가까운 선수들이 유리했을 것 같은데, 구단은 어떤 비책으로 유리한 여론을 형성했던 것일까? 바로 평균의 함정을 이용했다.

구단은 언론을 향해 "평균 연봉이 120만 달러(약 13억 원)나 되는 선수들이 파업을 하다니"라고 떠벌렸다. 엄청난 소득을 올리는 선수들이 과도하게 돈 욕심을 부린다고 지적한 것이다. 국내에서 대기업 노조가 파업하면 '귀족 노조'란 비난이 쏟아지는 것과 비슷한 맥락이다.

언론 플레이는 큰 성공을 거뒀다. 어른들은 물론 어린 팬들까지 '아이들은 야구를 좋아해요. 제발 파업하지 마세요' '돈을 더원하면 내 용돈을 가져가라'라고 쓴 피켓을 들고 선수 노조에 항의했다. 팬들 눈에는 선수 노조가 돈만 밝히는 집단으로 보였던것이다. 이는 여론조사에서도 드러났다. 미국 CBS 방송이 파업에 대해 의견을 물은 결과, 구단을 지지한다는 의견(43퍼센트)이 선수 노조를 지지한다는 의견(22퍼센트)보다 2배 가까이 많았다. 선수 노조는 참패했다. 하지만 1995년이 돼서도 파업이 철회될기미가 보이지 않자 수입 급감을 우려한 구단들이 먼저 샐러리캡 철회를 선언했다. 결과적으로 둘 다 패한 셈이다.

그런데 가만히 따져보면 선수 노조는 손쉽게 구단을 무릎 꿇릴 방법이 있었다. 평균이 하나가 아니라는 사실만 알았다면 말이다. 평균이 하나가 아니라니 무슨 이야기일까?

보통 평균이라고 하면 '산술평균'을 뜻한다. 자료 값의 합을자료의 개수로 나눈 값으로 계산하면 산술평균이 나온다. 구단들이 주장한 평균 연봉 120만 달러는 바로 산술평균으로 나온값이었다. 이렇게 도출된 '평균 연봉'이 일반 노동자의 몇 배에달하니 여론이 나빠진 것이다.

그런데 평균은 가운데를 뜻하기도 한다. 그렇다면 연봉 순으로 따져서 가장 가운데 있는 선수의 연봉도 산술평균으로 나온120만 달러 정도 될까? 이는 '중간에 있는 값이란 뜻의 또 다른 평균인 중앙값이 산술평균이랑 같을까'라는 질문으로 바꿔볼 수 있다. 당시 메이저리그 선수들이 받는 연봉은 500만 달러 이상에서 최저임금에 불과한 10만 달러까지 다양하게 분포했다. 이를 순서대로 세워서 가장 가운데 값을 찾으니 겨우 40만 달러였다. 산술평균의 3분의 1에 불과한 수치다. 소수의 고액 연봉자들이 너무 많이 받았고 대부분의 선수들이 저임금에 시달렸기 때문이다.

가장 많은 선수들이 받은 연봉도 중요하다. 빈도가 가장 많은 최빈값도 평균이라 할 수 있다. 따져보니 당시 메이저리그에서 가장 흔한 연봉은 30만 달러였다. 이는 산술평균의 4분의 1에 불과했다.

따라서 선수 노조가 이렇게 설명했으면 어땠을까?

고액 연봉을 받는 일부 스타 선수들이 있기는 하지만 중간에 해당하는 선수가 40만 달러를 받고 가장 많은 선수들의 연봉은 30만 달러에 불과합니다. 특히 월 1000달러 정도의, 그것도 야구 시즌인 8개월 동안만 지불되는 저임금에 혹사당하고 있는 마이너리그 선수들까지 합하면 선수들의 평균 연봉은 1만 달러 정도밖에 되지 않습니다. 일반 노동자들에 비해 선수 수명이 절반 이하로 짧은 것을 감안하면 결코 많은 금액이 아닙니다. 게다가 선수 노조는 스타 선수들의 연봉 일부를 저연봉 선수들의

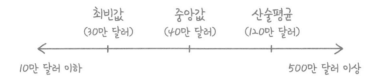

〈미국 프로야구 선수 임금 평균의 비밀〉

최빈값   중앙값   산술평균
(30만 달러) (40만 달러) (120만 달러)

10만 달러 이하   500만 달러 이상

복지 향상을 위해 쓰고 있습니다. 그런데도 구단들이 선수들에게 돌아가는 몫을 줄이려는 것은 부당합니다.

산술평균을 들고 나온 구단보다 더 설득력 있지 않나? 산술평균의 함정에 빠지지 않으려면 중앙값과 최빈값을 반드시 따져봐야 한다. 똑같은 자료에서 나온 평균이지만 차이가 클 수 있기 때문이다.

실제로 2020년 국세청이 밝힌 '2018년 우리나라 노동자의 산술평균 연소득(근로+종합)'은 3545만 원이다. 생각보다 많다. 그도 그럴 것이 중위소득은 2411만 원에 불과하다. 이것이 우리의 평균에 더 가깝다. 그런데 이렇게 차이 나는 이유가 뭘까? 상위 0.1퍼센트가 14억 7132만 원씩 벌기 때문이다. 산술평균이 극심한 빈부격차를 가리고 있는 셈이다.

그럼 최빈소득은 얼마일까? 더 심각하다. 납세자연맹에 따르면, 2014년 국세청 자료를 보면 우리나라 노동자들이 가장 많이 받는 연봉은 1322만 4220원에 불과했다. 월급으로 계산하면 110만 2018원이다. 최저임금도 받지 못하는 노동자가 우리 주변에 가장 흔하다는 뜻이다(참고로 통계청이 발표한 2018년 노동자 소득 분포에서도 27.5퍼센트의 노동자가 150만 원 미만의 월급을 받고 있었고, 가장 많은 비율인 28.9퍼센트의 월급은 150만~250만 원에 불과했다).

이처럼 월급만 보더라도 산술평균과 중위소득, 최빈소득의 차이는 생각보다 크다. 평균을 이야기하려면 귀찮고 불편하지만 중위값이나 최빈값을 따져보는 꼼꼼함을 항상 발휘해야 한다.

슬픈 통계, 웃긴 통계, 이상한 통계

확률 때문에 자녀 살인범으로 몰린 엄마

1999년 영국 사회를 뒤집어놓은 사건이 일어났다. 샐리 클라크라는 젊은 여성 변호사가 자신의 아이를 둘이나 살해한 혐의로 구속된 사건이다. 첫째 아이는 생후 11주 만에, 1년 후 둘째 아이도 생후 8주 만에 잠자던 중 사망했다. 샐리 클라크는 아이들의 죽음을 영아돌연사증후군SIDS 때문이라고 항변했다. 영아돌연사증후군은 평소 건강에 이상이 없던 생후 12개월 미만 영아가 갑작스럽게 죽는 증상을 말한다. 주로 엎드려 재우기, 푹신한 침구 사용, 두껍게 입힌 옷, 모유 수유 부족 등이 원인으로 추정되지만 정확한 원인은 아직 밝혀지지 않았다.

하지만 한 명도 아니고 두 명이 잇따라 영아돌연사증후군으로 죽었으니 당연히 의심을 받았다. 그래서 영국 검찰은 전문가를 찾았다. 소아과 전문의인 로이 메도 교수는 "하나가 죽으면 비극이고, 둘이 죽으면 의심스럽고, 셋이 죽으면 달리 반증할 수 없을 경우 살인"이라며 "영아 둘이 연속해서 죽을 확률은 7300만 분의 1이므로, 샐리가 무죄일 확률도 7300만 분의 1"이라고 증언했다. 결국 샐리는 유죄 판결을 받고 종신형에 처해졌다.

그런데 그녀는 2003년 돌연 석방됐다. 이유가 뭘까? 로이 메도 교수가 주장한 7300만 분의 1의 확률 계산에 큰 문제가 있다는 사실이 드러났기 때문이다. 통계 전문가가 아닌 로이 메도 교수는 각종 자료를 통해 한 아기에게 영아돌연사증후군이 발생할 확률을 8543분의 1로 추정했다. 따라서 한 가정에서 영아돌연사증후군이 두 번 발생할 확률은 $\frac{1}{8543} \times \frac{1}{8543} = \frac{1}{72982849}$, 대략 7300만 분의 1로 계산했다. 그런데 여기서 놓친 것이 있다. 한 아기가 영아돌연사증후군으로 사망할 경우, 그 동생이 같은 이유로 죽을 확률이 10배나 높다는 사실이다. 즉, 단순 곱셈으로 계산한 것보다 확률이 크게 올라간다.

영국 샐퍼드대학교의 레이 힐 교수는 올바르게 판단하기 위해서는 두 아기가 영아돌연사증후군으로 죽을 확률과 살해됐을 확률을 비교해야 한다고 주장했다. 모든 가능성을 포함해 다시 계산해보니 '엄마가 두 아이를 연속으로 살해할 확률'은 '두 아이가 연속적으로 갑자기 급사할 확률'보다 9배 정도 낮다는 결론이 나왔다. 실제로 한 가정에서 영아돌연사증후군이 두 차례 발생한 사례가 1년 사이에 네 건이나 된 반면 두 아기가 모두 살해된 사례는 없었다.

확률 때문에 감옥에 갇혔던 샐리는 확률 덕분에 비정한 엄마라는 누명을 벗었다. 하지만 시련의 충격을 이기지 못하고 출소한 지 4년 만인 2007년 알코올 과다 섭취로 생을 마감했다. 로이 메도 교수가 고의적으로 통계를 조작한 것은 물론 아니다. 하지만 '선무당이 사람 잡은 꼴'이 된 셈이다.

이 같은 실수는 우리 주변에서도 흔히 볼 수 있다. 2003년 국내 언론들이 대대적으로 보도한 뉴스가 있다. '이혼율 세계 1위 눈앞' '국내 부부 두 쌍 중 한 쌍은 이혼' '백년해로는 옛말' 등 자극적인 제목과 함께 2002년 국내 이혼율이 무려 47.4퍼센트나 된다는 기사가 쏟아졌다. 기사의 근거는 모 대학교 보고서에 실린 내용이었다. 조만간 세계 최고 수준인 미국의 이혼율 51퍼센트를 넘어설 가능성이 크다며 외환 위기로 촉발된 경제적 위기가 가족 해체 양상을 가속화시켰다는 해석까지 덧붙였다.

그런데 좀 이상하지 않나? 이혼율이 47.4퍼센트면 결혼하는 두 쌍 가운데 한 쌍은 헤어졌다는 이야기다. 이혼이 늘어나긴 했지만 우리나라에 이혼한 부부가 이렇게 많을까? 설마 이혼하고도 다들 숨기고 있어서 몰랐던 것일까?(그래서 서울 가정법원 근처 양재역에는 이혼 전문 변호사들이 많나?)

얼마 지나지 않아 궁금증이 풀렸다. 통계청에서 보고서의 실수를 지적한 것이다. 보고서는 2002년도에 이혼한 부부의 수(14만 5300쌍)를 혼인한 부부의 수(30만 6600쌍)로 단순히 나눠서 이혼율을 계산했다. 이게 뭐가 문제냐고? 2002년에 이혼한 부부 모두가 2002년에 결혼했을까? 대부분은 그 이전 수십 년 사이에 결혼했을 것이다. 따라서 연도별 혼인건수와 이혼건수를 단순 비교하는 것은 통계학적으로 의미가 없다.

아직 이해되지 않는다면 다소 극단적인 사례를 들어보자. 특정한 해에 결혼을 기피하는 현상이 극심해서 1만 쌍만 결혼했을 때 그해에 이미 결혼해 있던 2만 쌍이 이혼해버리면 이혼율은 얼마일까? 앞서 계산한 대로라면 무려 200퍼센트라는 얼토당토 않은 숫자가 나온다.

그럼 제대로 된 이혼율은 어떻게 계산해야 할까? 특정 시점의 총 이혼 횟수를 총 결혼 횟수로 나누면 된다. 2002년도의 총 결혼 횟수가 2815만 6405건, 총 이혼 횟수가 262만 3659건이었기 때문에 이혼율은 9.3퍼센트(2815만 6405건÷262만 3659건)가 된다. 부부 열한 쌍 중 한 쌍꼴이다. 앞선 수치에 비해 5분의 1로 줄었다. 직감적으로도 이 수치가 더 믿을 만하지 않나? 이혼율을 47.4퍼센트로 잘못 계산한 대학교 연구진의 실수 때문에 우리나라가 잠시 '이혼천국'이라는 오해를 받은 것이다.

그런데 비슷한 실수가 또 반복됐다. 요즘도 '폐업률 90퍼센트'라는 통계를 인용한 기사나 발표가 심심치 않게 보인다. 언론이나 정치권은 물론 심지어 숫자에 능한 경제학자들도 이 수치를 언급하곤 한다. 국내 경기가 침체되면서 자영업자들이 몰락하고 있다면서 말이다. 그런데 상식적으로 생각해도 신규 창업자 10명 중 9명이 문을 닫는다는 게 말이 될까?

'폐업률 90퍼센트'는 2017년 국세청 자료를 인용한 통계다. 국세청에서 자영업 폐업률을 발표한 것이 아니라 한 언론이 통계청의 자료를 '잘못' 분석해 낸 기사를 다른 언론들이 받아쓰면서 생긴 오해. 그 언론사는 폐업률을 어떻게 계산했을까? 국세청 자료에 따르면 4대 자영업종(도매업·소매업·음식점업·숙박업) 개인사업자의 2017년 신규 창업자 수는 모두 43만 9000명이고 폐업자 수는 39만 5000명이다. 이 둘을 나눠 100을 곱하면 89.9퍼센트가 나온다. 이를 근거로 새로 문을 여는 자영업자 10명 중 9명이 망한다고 주장했다. 패턴이 이혼율의 오류와 똑같다. 39만 5000명에 달하는 폐업자가 2017년 창업하자마자 1년 내에 망한 것은 아니지 않은가.

그럼 진짜 폐업률은 어떻게 구해야 할까? 폐업자 수를 총 가동 사업자 수에 폐업자 수를 더한 것으로 나눠야 한다. 폐업자 수가 39만 5000명, 당해연도에 존재한 전체 사업자는 245만

2000명(205만 7000명+39만 5000명)이니까 백분율을 구하면 16.1 퍼센트가 나온다. 기존 90퍼센트에 비해 5분의 1 가까이 수치가 감소했다. 이처럼 실수보다는 고의성이 다분히 담겨 과도하게 부풀려진 통계인데도 '폐업률 90퍼센트'로 검색하면 아직도 관련 내용이 인터넷에 돌아다닌다.

원본 자료를 바탕으로 언론이나 비전문가들이 계산할 경우 실수가 섞여들 가능성이 많다. 때론 고의적으로 이런 일이 벌어지는 경우도 있다. 따라서 엄마가 자신의 아이를 둘이나 죽였다거나, 이혼율 47.4퍼센트, 폐업율 90퍼센트처럼 상식적으로 이해할 수 없는 수치가 제시되면 일단 의심해보는 것이 좋다. 원본 자료를 찾아보고 관련 내용을 다양하게 검색해 오류가 없는지 확인해야 속지 않는다.

초콜릿과 노벨상

"노벨상을 받고 싶으면 초콜릿을 많이 먹어라."

초콜릿 회사의 홍보 문구 같은 내용이 2012년 의학 분야의 저명한 학술지인 〈뉴잉글랜드 의학저널NEJM〉에 실렸다. 초콜릿에 관한 흥미로운 주제를 연구한 미국 컬럼비아대학교 프란츠 메저리 박사의 논문을 인용한 것이다. 이 연구에 따르면 1명당 1년 초콜릿 소비량이 0.4킬로그램 증가할수록 인구 100만 명당 노벨상 수상자가 1명씩 늘어났다. 실제로 노벨상 수상자를 많이 배출한 스위스·스웨덴·덴마크·오스트리아 등은 초콜릿 소비량이 상대적으로 많았다. 이 내용을 미국의 유명 잡지 〈타임〉이 보도했고 이를 국내 언론들이 인용했다.

그런데 좀 궁금해진다. 우리나라가 김대중 전 대통령의 노벨 평화상 말고는 노벨상과 인연이 없었던 이유가 초콜릿을 먹지 않았기 때문일까? 노벨상을 위해 아이들에게 우유 급식 하듯이 1인당 연간 1킬로그램씩 초콜릿 급식이라도 해야 하는 것일까?

그런데 얼마 지나지 않아 어이없는 진실이 밝혀졌다. 이 논문은 '가짜 논문'이었다. 학계에서 상관관계와 인과관계를 구분하지 않는 문제를 지적하려는 취지로 의도적으로 이 가짜 논문을 만들었다고 한다. 이를 눈치채지 못한 언론들이 걸려들었던 것이다.

따지고 보면 가짜를 눈치채지 못한 언론들의 잘못이 크다. 조금만 생각해보면 말이 되지 않는다는 것을 알 수 있기 때문이다. 노벨상 수상자를 많이 배출한 스위스·스웨덴·덴마크·오스트리아는 어떤 나라인가? 부자 나라다. 당연히 초콜릿 구매력이 높다. 또 부자 나라이기 때문에 연구 환경이 좋아 노벨상 수상자를 많이 배출할 수 있다. 그렇다고 초콜릿을 많이 먹기 때문에 노벨상을 많이 받았다고 할 수 있나?

이 논리가 성립하려면 A➡B이고 A➡C라면 B➡C라는 인과관계가 생겨야 한다. B와 C가 전혀 별개의 사항이라면 B➡C는 성립할 수 없다. 예를 들어, 한국 사람들은 김치를 많이 먹는다. 그리고 한국 사람들은 수학을 잘한다. 그러면 김치를 먹기 때문에 수학을 잘한다고 할 수 있을까? 이건 전혀 무관한 것이다(김치에 들어 있는 유산균이 뇌를 활성화한다고 주장하면 할 말이 없긴 하다).

이렇듯 서로 인과관계가 성립하지 않는 사실을 억지로 끼워 맞추려는 경향을 우리 주변에서 쉽게 찾아볼 수 있다. 'A형은 소심해. O형이 대담하지. AB형은 미쳤어. B형은 최악이야' 같은 '혈액형별 성격'도 마찬가지다. 워낙 광범위하게 퍼져 있어 맹신하는 사람이 여전히 많다. 믿지 않는다면서 막상 A형인 사람이 소심한 행동을 보이거나 B형인 사람이 괴팍하게 행동하면 "거봐, 그럴 줄 알았어"라고 말하기도 한다.

혈액형과 성격 간 상관관계는 과학적 근거가 전혀 없다는 게 정설이다. 오히려 여기에는 '우성학'을 확산시키려는 나쁜 음모가 담겨 있다. 제2차 세계대전 당시 히틀러가 지배했던 독일에서는 A형이 다른 혈액형보다 뛰어나다는 인식이 지배적이었다. 이유는 아시아, 아프리카에 비해 유럽에는 A형이 많았기 때문이다. 이것 역시 과학적 근거가 전혀 없는 억지 끼워 맞추기였다.

한 가지 예를 더 들어보자. '스마트폰을 많이 봐서 젊은이들 머리에 뿔이 난다.' 이런 충격적인 내용이 외신을 타고 들어왔다. 호주 선샤인코스트대학교 데이비드 샤하와 마크 세이어스 교수가 2018년 논문을 통해 이같이 주장했다. 이 논문은 '가짜 논문'

이 아니다. 당시 언론 보도를 잠시 살펴보자.

18세에서 86세 사이의 성인 1,200명을 대상으로 조사한 결과, 뒤통수와 목이 만나는 부분에 튀어나온 뼈인 돌출된 외후두골 융기EEOP; enlarged EOP, 즉 뿔이 20대가 40대에 비해 7.2배, 남성이 여성에 비해 5.48배 더 많이 발생했다. 기형적인 자세가 지속되는 경향이 많기 때문으로 추측된다.

그런데 우리가 기형적인 자세를 지속하는 경우는 언제일까? 바로 스마트폰을 볼 때다. 스마트폰을 사용할 때 목을 쭉 내미는 거북목이 되기 때문이다. 그래서 이 논문을 보고 BBC는 '현대 삶은 인간 두개골을 어떻게 변화시키나'란 제목으로 보도했다. 이 보도를 받아 〈워싱턴포스트〉를 비롯해 국내외 언론들이 잇따라 기사를 실었다. 하나같이 이 논문을 인용해 스마트폰을 사용할수록 두개골의 뒤통수와 목이 만나는 부분이 소위 '뿔'처럼 튀어나온다고 강조했다. 호주 연구팀이 제시한 엑스레이 사진도 덧붙였다. 28살 청년의 머리 뒤쪽 뼈 길이는 2.78센티미터인 반면 58살 중년은 2.45센티미터인 사진이었다. 청년의 뼈가 0.33센티미터 더 길었는데, 이것이 뿔의 증거로 제시됐다. 숫자와 구체적인 사례가 있으니 믿지 않을 이유가 없었다.

문제는 해당 논문에 스마트폰 사용 여부에 대한 내용이 전혀 없다는 점이다. 특히 20대가 40대에 비해 7.2배, 남성이 여성보다 5.48배 더 많이 발생한다는 내용은 아예 들어 있지 않다. 특히 스마트폰 때문에 이런 현상이 나타났다는 점을 증명하기 위해서는 스마트폰을 사용하는 사람과 사용하지 않는 사람의 뒤통수 뼈 돌출 빈도를 비교해야 하는데 이 논문은 단순히 연령별, 성별 뿔의 빈도만 조사했을 뿐이다. 따라서 스마트폰 사용 여부와 뒤통수 뼈 돌출의 인과관계는 알 수 없다는 것이 정답이다. 게다가 언론들이 강조한 '뿔'이라는 용어도 문제다. 일반적으로 뿔이라고 하면 염소나 황소의 뿔처럼 뾰족 튀어나온 것을 떠올린다. 하지만 논문에서는 뿔이란 표현 대신 돌출이라고 표현했다.

이유는 간단하다. 모든 인간에게 퇴화한 꼬리뼈가 남아 있듯 뒤통수에도 작은 돌출부가 있다. 그런데 이 돌출부의 길이는 고개를 얼마나 숙이느냐에 따라 달라진다. 엑스레이를 찍을 때 대상자가 고개를 많이 숙이면 돌출부가 두드러지고 뻣뻣하게 들면 돌출부가 줄어든다. 엑스레이를 촬영한 각도에 따라 착시가 발생할 수 있는 것이다.

실제로 해당 논문은 이런 허점이 있다는 것을 논문에 이미 공개했다. 그런데도 자극적인 기사를 원하는 언론들은 이를 깡그리 무시했다. 대신 논문에 실린 숫자까지 거론하면서 '뿔'이란 표현까지 만들어 대대적으로 보도하는 뻔뻔함을 보였다.

소위 '치마 길이 이론'도 이와 비슷한 사례다. 경기가 나쁘다는 것을 강조하기 위해 언론이나 전문가들이 자주 인용하는 말 중 하나로, 미니스커트를 입는 여성이 증가하는 것은 불황의 징표라고 주장하는 내용이다. 불황기에는 주머니가 가벼워지기 때문에 여성들이 원단을 적게 써서 가격이 상대적으로 저렴한 미니스커트를 선호하게 된다는 설명도 붙인다. 이 이론은 1971년 경제학자 메리 앤 마브리가 미국 주가와 치마 길이의 상관관계를 연구해 내린 결론이라고 강조한다.

그런데 반전이 있다. 마브리 박사가 논문에서 주장한 내용은 정확히 정반대다. 1920년대, 1960년대 미국에서 짧은 치마가 유행했을 때는 주가가 좋았고 1930년대 대공황 때나 1970년대 오일 쇼크 때는 되레 치마가 길어졌다고 마브리 박사는 결론 내렸다. 그래서 관련 언론 기사나 전문가들의 주장을 보면 헛웃음이 나온다. '거리에 미니스커트가 자주 보이니 불황' '여성들이 미니스커트를 입으니 호황'이라는 정반대 주장을 아무렇지도 않게 번갈아 사용하고 있기 때문이다. 귀에 걸면 귀걸이, 코에 걸면 코걸이 식으로 자신들이 원하는 대로 해석하는 것이다.

'경기가 나쁘면 립스틱 판매량이 늘어난다'는 '립스틱 효과'나 '남성 정장 매출이 줄면 불황'이라는 이야기도 만들어진 속설에 지나지 않는다. 자신들이 원하는 대로 여론을 이끌고 싶어서 소위 전문가와 복잡한 숫자 등을 이용해 인과관계나 상관관계를 과장한 것이다.

이런 함정에 빠지지 않으려면 어떻게 해야 할까? 단정적으로 결론을 내리는 말들은 일단 의심부터 해야 한다. 초콜릿만 많이 먹어도 노벨상을 받을 수 있다면 '초콜릿의 나라' 가나에서 노벨상 수상자가 쏟아져야 하지 않을까(가나 청년 샘 오취리도 초콜릿을 많이 먹었다고 하던데)? 젊은이들이 스마트폰을 많이 봤기 때문에 뿔이 났다면 요즘 유튜브에 빠져 계신 어르신들은 어떻게 될까? 치마 길이가 짧아졌다고 불황이라면 종교적으로 아예 짧은 치마를 못 입게 하는 이슬람 국가는 항상 호황인가? 수학처럼 A 때문에 B라는 인과관계나 상관관계가 뚜렷한 경우는 현실 속에 거의 없다는 사실을 명심해야 한다.

휴가철마다 바가지요금 기사가 쏟아지는 이유

1936년 미국의 대통령 선거를 앞두고 루스벨트의 민주당과 랜던의 공화당이 치열한 접전을 펼치고 있었다. 누가 이길지 알 수 없는 혼전이었다. 이 때문에 당시 가장 영향력 있는 잡지 중 하나였던 〈리터러리 다이제스트〉가 구독자 명부, 전화번호부, 자동차 등록 명부에서 유권자 1000만 명을 표본 추출해 여론을 조사했다. 요즘 일반적인 여론조사의 표본 규모인 1000명보다 무려 1만 배나 많은 수를 조사한 것이다. 통계는 일반적으로 표본의 크기가 클수록 정확도가 높아진다. 따라서 이 여론조사는 틀림 리 없다고 여겼다. 게다가 그 이전 다섯 번의 대선에서 모두 높은 정확도로 당선자를 맞혔기 때문에 〈리터러리 다이제스트〉의 자신감은 대단했다.

여론조사 결과는 어땠을까? 랜던 후보가 루스벨트 후보를 57퍼센트 대 43퍼센트로 이길 것으로 예측됐다. 이를 바탕으로 일부 언론사는 개표 결과가 나오기도 전에 '랜던 당선'이라고 보도하기도 했다. 그런데 잘 알다시피 미국 역사에는 랜던 대통령이 존재하지 않는다. 막상 투표함을 개봉하자 루스벨트는 62.5퍼센트라는 압도적인 득표율을 올렸다. 48개 주 중 46곳의 선거인단을 싹쓸이했다. 도대체 어떻게 된 것일까?

문제는 편향된 표본 선정 방식에 있었다. 앞서 〈리터러리 다이제스트〉는 1000만 명의 표본을 구독자 명부, 전화번호부, 자동차 등록 명부에서 얻었다고 했다. 당시는 대공황이 미국을 휩쓴 시절이었다. 잡지 구독을 끊지 않은 사람들은 어떤 계층일까? 전화나 자동차를 직접 본 사람조차 드물던 1936년에 전화나 자동차를 보유한 사람은 어떤 부류일까? 아무래도 돈이 많거나 교육 수준이 높은 계층에 속할 가능성이 크다. 이런 사람들이 미국 국민 전체를 대표할 수 있을까? 아무리 무작위라지만 이런 계층만 조사했으니 서민층은 조사에서 제외된 셈이다. 이 때문에 '공화당이 압도적으로 이길 것'이라고 편향된 예측이 나온 것이다.

신뢰성에 큰 타격을 입은 〈리터러리 다이제스트〉는 폐간되는 운명에 처했다. 반면 젊은 저널리스트였던 조지 갤럽이 세운 여론조사연구소는 단 5만 명을 조사해 루스벨트의 당선을 굉장히 근사하게 예측했다. 덕분에 지금까지 세계적인 명성을 얻고 있다.

갤럽의 등장 이후, 여론조사 방법은 발전을 거듭했다. 전체 국민들의 의견을 대변할 수 있는 대표성 있는 소수의 표본을 뽑기 위해 다양한 방법들이 등장한 것이다. 지역번호와 국번을 제외한 나머지 4자리 번호를 컴퓨터로 무작위 추출해 사용하는 방법도 그중 하나다. 이것이 요즘 여론조사의 대세인 임의 번호 전화 걸기RDD; Random Digit Dialing다. 이는 전화가 생활필수품이 된 요즘에나 가능한 방법이다. 1936년에 이런 방법을 썼다면 앞서 언급한 것 같은 왜곡이 발생했을 것이다. 〈리터러리 다이제스트〉처럼 표본을 왜곡한 사례는 생각보다 흔하다.

해군 전사자 수는 1000명당 9명으로 뉴욕 사망자 수인 1000명당 16명보다 훨씬 적다.

제2차 세계대전 당시 미 해군은 신병 모집을 위해 이렇게 광고했다. 숫자를 왜곡한 것은 아니지만 어째 좀 이상하다. 어떻게 뉴욕의 평범한 시민으로 사는 것보다 총알이 난무하는 전쟁터에 있는 해군이 더 안전할까? 이 또한 표본을 잘못 비교한 것이다. 해군에 근무하는 젊은 20대와 노약자, 영아까지 포함된 뉴욕 시민은 애초부터 동일 선상에서 비교할 수 없다.

휴가철마다 국내 언론에는 표본을 왜곡한 기사가 단골로 등장한다. 바로 바가지요금 보도다. '1박에 41만 원, 다신 안 온다' '피서지 바가지요금 극성' '국내 여행 증가에도 바가지요금 여전' '다시 오면 성을 갈겠다' 등 자극적인 제목의 기사가 휴가철만 되면 쏟아진다. 바가지요금을 받는 상인들을 매국노라고 비난하는 관광객들의 불만도 함께 전한다. 문제는 이런 기사들이 전형적인 패턴을 따른다는 점이다. 숙박 예약 사이트나 지자체 게시판, 아니며 주변 사람의 제보를 바탕으로 작성된다. 직접 해당 지역을 방문해 현장 취재한 기사는 거의 없다.

이게 왜 문제가 될까? 앞서 언급한 표본의 오류가 생길 수 있기 때문이다. 불만의 말이 칭찬의 말보다 빠르게 퍼진다는 이야기가 있다. 실제로 미국 펜실베이니아대학교 경영대학원 와튼스쿨은 2005년 크리스마스 전후 쇼핑을 한 소비자 1186명을 대상으로 설문 조사를 실시해 '불만 고객 연구보고서'를 발표했다.

이 보고서에 따르면 조사 대상 가운데 불만을 느낀 고객 중 직접 항의한 경우는 6퍼센트에 불과했다. 그럼 94퍼센트는 불만을 그냥 삭혔을까? 그렇지 않았다. 그들은 주변 동료, 가족, 친구들에게 불만을 털어놓는 쪽을 택했다. 불만 고객 10명 중 3명이 이러한 불만 표출 방법을 사용했다. 특히 나쁜 입소문을 내는 고객들 중 80퍼센트 이상은 3명 이상의 주변 사람에게 자신의 불쾌한 경험을 알렸다. 결국 불만 고객 100명 가운데 31명이 무려 90여 명에게 불만을 전파한 셈이다. 반면 만족감을 소문낸 사람은 거의 없었다.

2009년 MBC TV 다큐멘터리 프로그램 〈MBC 스페셜〉에서도 비슷한 실험을 했다. 성인 200명을 대상으로 소문 전파 과정을 실험한 결과, '어느 연예인이 아이를 입양했다'는 긍정적인 소문을 전달한 경우는 10퍼센트에 불과했다. 반면 '어느 연예인이 자살했다'는 부정적인 소문은 무려 85퍼센트가 다른 사람에게 전했다. 나쁜 소문이 좋은 소문보다 8배 이상 많이 전달된 셈이다.

이처럼 불만 같은 나쁜 소문이 더 빨리 퍼지는 현상을 '부정편향'이라고 한다. 이는 사람들이 긍정적인 얘기보다는 부정적인 얘기에 더 민감하게 반응하기 때문에 일어난다. 이런 현상을 부정적으로만 볼 필요는 없다.

진화론적으로 인류가 살아남기 위해 필연적으로 습득한 특성 중 하나이기 때문이다. 과거 수렵채집 시절 주변에 과일 등 먹을 것이 많다는 소식과 곰이나 사자 등 천적들이 있다는 소식 중 어느 것을 더 중요했을까? 아무래도 위험한 소식에 더 주목했을 것이다. 위험한 소식을 무시하고 먹을 것만 찾아다니다가는 죽을 수도 있기 때문이다. 인터넷상에 불만의 댓글이 많은 것도 어찌 보면 당연한 일이다. 그게 지나쳐 혐오로 흐르는 것은 문제이지만.

앞서 언급한 휴가철 바가지요금 보도도 마찬가지다. 휴가지에서 만족감을 느낀 사람보다는 불만을 경험한 사람이 적극적으로 댓글을 남길 가능성이 매우 크다. 이 때문에 숙박 예약 사이트나 지자체 게시판에 비율적으로 비난의 댓글이 많은 것이다. 이를 뒤져보면 당연히 불만의 목소리만 과표집되기 마련이다. 따라서 이것만으로는 현실을 제대로 반영하기가 불가능하다.

이를 모를 리 없을 텐데 언론들은 왜 매년 거의 비슷한 실수를 반복하는 걸까? 그런데 이런 기사 뒤에 따라 붙는 내용이 있다. '바가지요금에 고생하지 말고 서울 인근에서 즐길 수 있는 호캉스(호텔+바캉스)를 즐겨라.' 이유를 충분히 짐작할 수 있지 않은가.

표본을 바탕으로 한 발표 자료는 표본이 어떻게 수집됐는지 반드시 살펴야 한다. 무리하게 비교한 것은 아닌지도 꼼꼼히 따져야 한다.

50 + 20 = 60

'50퍼센트+20퍼센트 할인.'

대형 마트에 가면 흔히 접할 수 있는 광고다. 이런 문구를 접하면 70퍼센트 할인해준다고 여기게 된다. 그런데 실제 할인율은 60퍼센트다. 50퍼센트 할인한 다음에 추가로 20퍼센트 할인한다는 의미이기 때문이다.

"누가 이런 실수를 한다고"라며 혀를 끌끌 차는 독자들이 있다면 2015년 대학수학능력시험장으로 가보자. 2015학년도 대학수학능력시험에서 수능 영어 25번은 미국 청소년의 소셜미디어 이용 실태에 관한 도표 자료를 보고 틀린 보기를 찾는 문제였다. 수능 출제를 담당한 한국교육과정평가원이 제시한 정답은 '2012년 e메일 주소 공개 비율은 2006년의 3배 정도'라고 설명한 4번 보기였다. 그러나 5번 보기도 내용이 틀렸다는 주장이 제기됐다. 통계 가운데 '휴대전화번호 공개 증가율' 그래프를 보면 2006년은 2퍼센트, 2012년은 20퍼센트인데, 5번 보기는 이 차이를 '18퍼센트'라고 설명했기 때문이다.

이게 왜 틀린 것일까? 많은 이가 깜빡하기 쉬운 퍼센트(%)와 퍼센트포인트(%p)의 차이 때문이다. 퍼센트는 전체 수량을 100으로 두고 그것에 대한 비교값을 백분율로 나타낸 수치다. 이에 비해 퍼센트포인트(%p)는 백분율로 나타낸 수치가 이전 수치에 비해 증가하거나 감소한 양을 뜻한다. 즉, 퍼센트 값 사이의 차이를 계산한 것이다.

따라서 앞서 수능 문제에서 2퍼센트에서 20퍼센트로 늘어났다고 하는 말에서 증가율은 몇 퍼센트일까? 18퍼센트라고 생각했다면 틀렸다. 정답은 900퍼센트. 증가율은 $\frac{20-2}{2} \times 100$으로 계산한다. 반면 20%-2%로 계산한 것은 18%p라고 해야 한다.

다음 문제를 풀어보자.

Q. 우리 회사 여자 직원의 비율이 지난해 40%에서 올해 60%
로 늘어났다. 이를 바르게 설명한 것은 몇 번일까?

1. 우리 회사 여자 직원의 비율은 전년 대비 20%p 늘어났다.

2. 우리 회사 여자 직원의 비율은 전년 대비 20% 늘어났다.

3. 우리 회사 여자 직원의 비율은 전년 대비 50% 늘어났다.

정답은 1, 3

당시 수능 시험 문제는 오류 논란이 일며 결과적으로 복수 정답
으로 처리됐다. 수능 출제 위원들마저 이런 실수를 하다니 놀랍
지 않은가.

그런데 이를 교묘하게 이용하는 경우도 있다. 2011년 전 세
계적으로 상어에 대한 공포가 극대화됐다. 식인 상어의 공포를
그린 영화 〈죠스〉의 새로운 시리즈가 나온 것도 아닌데 왜 그랬
을까? 당시 독일의 뉴스 포털 '포쿠스 온라인'에서 상어 공격이
2010년에 비해 2배나 급증했다고 보도한 것이다. 이 뉴스는 전
세계로 확산됐다. 멋진 해변에서 수영과 서핑을 즐기려던 사람
들은 큰 충격에 빠졌다. 바닷가에 위치한 유명 리조트의 매출에
영향을 줄 정도였다.

이 뉴스는 사실일까? 가짜 뉴스는 아니었다. 전 세계적으로 2011년에 상어에게 공격 당해 사망한 사람 숫자는 분명히 2010년에 비해 갑절로 늘었다. 하지만 통계를 좀 더 들여다보자. 2011년 전 세계에서 상어에게 공격을 당해 목숨을 잃은 사망자는 12명이었다. 2배나 급증했다는데 이게 무슨 소리일까? 2010년 사망자는 6명에 불과했다. 전 세계 70억 명이 넘는 인구 중 상어의 공격으로 죽은 사람이 6명에서 12명으로 증가했다는 통계에서 공포가 느껴지나? 당연히 아니다. 하지만 당시 언론들은 이런 구체적인 숫자는 감추고 제목에서 사망자가 2배나 급증했다고 떠벌렸다. 사실은 맞지만 왜곡에 가까운 뉴스라 하겠다.

이런 사례는 얼마든지 찾을 수 있다. 2018년 2분기 우리나라 경제 성장률이 0.7퍼센트에 그쳐 미국의 4.3퍼센트에 비해 5배 이상 떨어진다는 주장이 제기됐다. 우리보다 경제 규모가 12배나 큰 미국보다 경제 성장이 이렇게 뒤처졌다면 정말 문제가 있다.

하지만 이는 전형적인 통계 왜곡이라는 사실이 곧 드러났다. 미국의 경제 성장률 4.3퍼센트는 연율 기준이다. 연율 기준은 이번 분기 성장률대로 1년간 성장할 경우를 예측한 것이다. 즉, 1분기에 1퍼센트씩 계속 성장한다면 연율 기준으로 4퍼센트 성장률이라 내다보는 것이다. 따라서 단순 계산은 무리이긴 하지만 미국의 2분기 성장률만 제대로 따지려면 4.3퍼센트를 4로 나

뭐야 한다.

반면 우리나라의 2분기 성장률은 0.7퍼센트는 그냥 전기 대비 성장률이다. 이를 미국처럼 연율로 바꾸면 2.8퍼센트다. 물론 이것도 미국보다는 낮은 수치이긴 하지만 격차가 절반 이상으로 줄어든다. 이처럼 숫자의 착시 현상을 이용해 현실을 왜곡하는 보도는 종종 있다.

이런 주장과 보도에 속지 않으려면 숫자의 기준이 같은지, 구체적인 수치가 얼마인지 꼭 확인해야 한다. 특히 기사의 경우, 제목의 자극적인 내용을 액면 그대로 받아들이면 안된다.

통계를 검증하는 5가지 체크 리스트

지금까지 우리가 깜빡하면 속아 넘어갈 수 있는 통계 장난에 대해 살펴봤다. 믿을 만한 언론과 전문가들까지 공범이라니, 두려워지기도 한다. 그렇다고 이대로 당할 수만은 없다. 우리 스스로 폭스 팩터의 여우 같은 통계 공격을 막아낼 수 있는 비장의 아이템은 없을까?

1. **숫자를 검증하라.** 가짜 뉴스는 대부분 숫자를 나열하며 그럴듯하게 포장한다. 하지만 간단한 산수만 해도 금방 오류를 찾아

낼 수 있다. 힘들고 귀찮고 짜증 나지만 숫자로 덧칠된 기사를 읽을 때는 스마트폰 계산기로 맞는지 검증해보길 권한다. 또한 평균의 함정에 주의하면서 표본이나 규모가 왜곡되지 않았는지도 반드시 살펴본다.

2. **관계자의 말에 현혹되지 마라.** 교수나 업계 관계자 등 화려한 경력을 자랑하는 사람의 발언을 인용하는 뉴스가 의외로 많다. 이런 기사는 신뢰를 얻는 게 쉽기 때문이다. 그런데 상반되는 주장을 함께 다루는 경우는 드물다. 이유가 뭘까? 기사를 작성하는 것도 확증편향식으로 이뤄지는 경우가 많기 때문이다. 즉, 기사를 어떻게 쓸지 결론을 정해놓고 그에 맞는 통계나 전문가의 발언을 끼워 넣는 것이다. 특히 '업계의 한 관계자'라는 식으로 관련자의 이름과 직함이 명시돼 있지 않다면 함부로 신뢰해서는 안 된다. 정확하게 이름과 소속이 밝혀지지 않은 채 의견이 게재된 경우 해당 기자가 임의로 쓴 기사일 가능성이 크다. 물론 내부고발이라든지 외교, 안보 분야 등 특수한 경우는 예외다.

3. **인용 기관 홈페이지를 확인하라.** 언론들은 기사의 신빙성을 더하기 위해 유명 연구소나 기관의 자료를 종종 인용한다. 이런 경우, 해당 기관의 홈페이지에만 가도 관련 자료의 원문을 대부분 쉽게 찾을 수 있다. 경제연구소라면 관련 보고서를 쓴 연구원

의 연락처도 알려준다. 궁금하면 500원이 아니라 전화해서 물어보면 된다. 웬만하면 친절하게 다 대답해준다.

4. **외신을 뒤져보자.** 국내 언론들이 인용하는 외신을 무조건 받아들여서는 안 된다. 의심스러우면 구글 등에서 진짜 해당 외신이 있는지 쉽게 찾아볼 수 있다. 일본이나 독일 언론은 물론 아랍 언론도 상관없다. 요즘은 인터넷 번역 서비스를 활용하면 해당 언어를 몰라도 충분히 그 뜻을 파악할 수 있다. 물론 번역이 매끄럽진 않지만 의미를 파악하는 데는 큰 어려움이 없다.

5. **인과관계와 상관관계를 구분하라.** 추리소설이나 영화를 보면 너무 완벽한 알리바이를 가진 사람이 범인인 경우가 많다. 이는 소설이나 영화 속만의 일이 아니다. 사실이라기엔 너무 좋아 보이는 수치는 사실이 아닌 경우가 많다. 초콜릿 소비를 1년 동안 몇 킬로그램 늘리면 인구 100만 명당 노벨상 수상자가 1명씩 늘어난다는 것처럼 딱 떨어지는 완벽한 수치는 인과관계나 상관관계를 왜곡한 가짜일 가능성이 크다. '과학적으로' 또는 '유의미한'이라는 형용사를 남발하는 경우는 더욱 의심해야 한다. 자료에 문제가 있다는 사실을 숨기기 위한 꼼수일 수 있기 때문이다.

'세상에는 3가지 거짓말이 있다. 거짓말, 새빨간 거짓말, 그리고 통계다.' 19세기 후반 통계에 일가견 있던 영국의 벤저민 디즈레일리 총리가 남긴 명언이다. 그만큼 통계를 믿지 말란 소리다. 정확한 원칙과 기준에 따라 작성돼 과학적이라고 인정 받는 통계가 왜 이렇게 비난 받는 처지에 빠졌을까?

이유는 간단하다. 통계란 것이 워낙 어려운 학문이다 보니 계산 과정을 상세히 이해하는 사람은 소수에 불과하다. 수많은 데이터를 변수에 맞춰 계산해야 하는데, 이를 일일이 검증하는 것은 사실상 힘들다. 따라서 작성자가 원하는 방향으로 통계 수치를 조작하는 것이 얼마든지 가능하다. 하지만 여기서 정확히 짚고 넘어가야 할 사실은 통계를 조작하는 경우보다는 통계를 해석하는 과정에서 문제가 발생하는 경우가 훨씬 많다는 점이다.

지금까지 우리는 같은 수치를 놓고도 자신들이 원하는 방향으로 해석을 비트는 경우를 확인했다. 이런 면모는 통계의 어원에도 그대로 담겨 있다. 통계statistics는 라틴어 '정치가statista'에서 유래한 말이다. 정치적 목적으로 사용됐다는 이야기다. 한마디로 예로부터 정치가들이 '우민'을 속이기 위해 자주 사용한 방법이 바로 통계다.

통계에 담겨진 수치를 그대로 받아들이지 말고 그 내용과 맥락을 찬찬히 따져봐야 한다. 아무 자료나 들이대며 황당한 주장을 하는 것은 아닌지 경계해야 한다. '한 번 속으면 속인 놈이 나쁜 놈이고, 두 번 속으면 속은 사람이 바보고, 세 번 속으면 그때

는 공범'이라는 말도 있지 않은가? 공범이 되지 않기 위해서는
우리 스스로 강력한 '의심'과 '질문'으로 무장해야 한다.

 함께 들으면 좋은 경불진 에피소드

 '폭스 팩터'의 장난
아시나요?

 홍석천과 퀴노아 농가를
눈물 흘리게 한 것은?

폭스 팩터의 장난

1972년 11월 미국 플로리다 주 마이애미 해변에서 미의과대학 협회 학술대회가 열렸다. 강사로 나선 사람은 유명 대학 교수인 마이런 폭스 박사. 폭스 박사는 쉽지 않은 주제인데도 명쾌한 설명과 열정적인 태도, 풍부한 지식과 유머로 청중을 완전히 사로잡았다. 강연이 끝난 후 이어진 평가 설문에서 매우 탁월하다는 극찬도 받았다.

그런데 얼마 지나지 않아 모두 깜짝 놀랐다. 마이런 폭스 박사가 배우였다는 사실이 공개된 것이다. 한마디로 강연은 폭스 팩터의 위력을 알아보기 위한 실험이었다. 더 놀라운 것은 강연 내용도 완전 엉터리였다는 점이다. 교수 역할을 한 배우는 강연 내내 과장되게 횡설수설하거나, 전혀 새로운 단어를 만들어내거나, 모순된 진술을 하면서 중간중간 유머와 '의미 없는' 숫자를 강조하라는 지시를 받았다. 이를 충실히 수행했더니 똑똑한 것으로 둘째 가라면 서러울 의사들이 다들 속아 넘어갔다.

겨우 이런 조잡한 장난에 왜 이렇게 황당한 일이 벌어졌을까?

영국 행동심리학자인 앤디 하버마커는 "청중이 강연의 내용과 상관없이 사전에 소개된 폭스 박사의 배경과 외모에 매혹됐기 때문"이라고 설명했다. 유명 대학 교수라는 프로필 소개에 걸맞게 자신감 있는 태도와 열정을 보여주자 강연 내용과는 상관없이 믿어버렸다는 말이다. 특히 다소 복잡해 보이는 숫자까지 나열하니 의사들마저 무장해제됐다고 덧붙였다. 복잡한 계산을 싫어하는 우리의 뇌가 그냥 믿으라는 신호를 보냈다는 것이다.

숫자를 따지기 싫어 하는 것은 인류의 보편적인 심성이다. 진화론적으로 뇌는 계산하기보다는 무의식적으로 작동하기를 좋아한다. 능동적으로 사고하고 복잡하게 생각하는 것을 극도로 꺼린다. 이유가 뭘까? 우리의 뇌도 경제적으로 움직이기 때문이다. 복잡하게 계산하려면 아무래도 에너지 소모가 크다. 수렵채집 시대에 살았던 우리 조상들은 먹을 것도 찾아야 하고 적이 나타나면 빨리 도망도 쳐야 했다. 따라서 복잡한 계산에 에너지 쓰는 것을 비효율적으로 여겨왔다.

요즘도 마찬가지다. 일도 해야 하고, TV나 유튜브도 봐야 하고, 팟캐스트도 듣고, 게임도 해야 하니 기사나 강연에서 제시한 숫자를 하나하나 계산하며 검증하는 것은 엄청난 에너지 낭비라고 생각한다. '믿을 만한 언론이, 기관이 발표했는데 틀릴 리 있겠느냐'며 그냥 받아들인다. 그래서 매번 폭스 팩터에 당한다.

이는 기자들도 예외가 아니다. 2009년 2월 10일. 정확한 날짜도 기억한다. 이 피디의 기자 생활 중 가장 큰 오점을 남긴 날이기 때문이다. 당시 국제부에서 근무하고 있었는데 눈에 확 들어오는 기사 제목을 발견했다.

'대서양을 수영으로 건넌 최초의 여성.' 믿기 어려웠지만 믿지 않을 이유가 없었다. 외신의 출처가 다른 곳도 아닌 세계 최대의 통신사로 꼽히는 AP였기 때문이다. 내용도 놀라웠다. 당시 56살이던 미국의 노장 수영 선수 제니퍼 피기가 아프리카 서쪽에 있는 케이프베르데 군도를 출발해 3380킬로미터를 헤엄쳐 24일 만에 대서양 반대편인 카리브해의 트리니다드 해변에 도착했다는 것이다. AP 기사에 따르면 피기는 매일 오전 7시에 기상해 하루 최장 여덟 시간 동안 상어의 공격을 막기 위해 보호망 속에서 수영을 했다.

이런 놀라운 기사를 언론들이 놓칠 리 없었다. BBC, CNN, 뉴욕타임스, 워싱턴포스트 등 국내외 주요 외신들은 물론 필자도 국제면 톱 기사로 매우 비중 있게 다뤘다. 그런데 이 기사를 네이버나 다음, 구글 등 포털에서 검색해보면 현재는 거의 남아 있지 않다. 이유가 뭘까?

AP는 하루하고 반나절 뒤에 '바로잡습니다'를 내보내는 굴욕을 당했다. 피기가 전체 구간 중 일부만 수영했다는 사실이 들통났기 때문이다. AP 탓에 많은 언론들이 줄줄이 오보를 한 셈이다. 물론 제대로 취재도 하지 않고 기사를 쓴 AP가 원인을 제공했지만 이를 받아쓴 기자들도 비난을 피하기 힘들다.

이 경우 역시 초등학생들도 할 수 있는 간단한 산수로 확인하는 작업을 거쳤으면 뼈아픈 실수를 피할 수 있었을 것이다. AP가 보도한 오보 기사에서 피기가 수영한 거리는 3380킬로미터였다. 이를 24일 만에 도달했다고 주장했다. 그러면 하루 몇 킬로미터를 수영한 것일까? 잠시 계산기를 두드려보자. 하루 140.8킬로미터를 수영해야 한다. 서울에서 대전 정도의 엄청난 거리다.

감이 잡히지 않는가? 걸어가는 것도 힘든 140.8킬로미터를 여덟 시간 동안 수영만으로 주파하려면 시속 17.6킬로미터로 물살을 헤쳐야 한다. 브라질 선수인 세자르 시엘루 필류가 2009년 세계선수권대회에서 세운 자유형 100미터 세계 신기록이 46초 91이다. 이 속도로 여덟 시간 동안 1초도 쉬지 않고 수영한다고 해도 최대 61.39킬로미터를 가는데 그친다. 따라서 기사에서 보도한 것처럼 하루 140.8킬로미터를 수영하려면 100미터 자유형 세계 신기록보다 최소 2.3배 이상 빠르게 수영해야 한다. 그것도 한 번도 쉬지 않고. 아무리 인어공주라고 해도 이것은 불가능하다.

암산하기 힘들면 스마트폰 계산기만 잠깐 두드려봐도 말이 되지 않는 것이 금방 드러난다. 이처럼 폭스 팩터의 장난을 물리치는 방법은 생각보다 쉽다. 간단한 산수만 해도 된다. 귀찮다고 이를 외면하면 영원히 폭스 팩터의 마법에서 벗어나지 못할 수도 있다(당연히 필자도 통렬히 반성한다).

5장

왜 대출 금리는
적금 이자보다 높을까

금리만 알면 경제의 절반을 파악할 수 있다고 한다. 하지만 당장 돈이 필요한 사람들은 왜 은행에서 외면 받는걸까? '서민의 친구'라는 은행이 부자보다는 서민에게 더 많은 대출이자를 뜯어간다는 사실을 알고 있는가? 전문가들이나 언론들은 금리를 낮춰야 경제가 살아난다고 하는데 정작 좀비 기업만 늘어나는 까닭은 뭘까? 장마철에 우산까지 빼앗는 은행에 대항할 방법은 있을까?

불황과 호황은 한국은행 총재 입에 달렸다?

금리는 현재 경제 상황을 가장 적나라하게 드러내는 '리트머스

시험지'로 불린다. 그래서 금리의 변동을 남보다 빨리 예측할 수만 있다면 경기를 한발 앞서 알 수 있다. 방법은 없을까? 다음 기사를 보자.

◆ **이주열 "상황 변화 적절히 대응"…금리 인하 가능성 시사**(연합뉴스, 2019. 06. 12.)

이주열 한국은행 총재가 12일 기준금리 인하 가능성을 시사했다. 내릴 경우 그 시점은 4분기가 유력해 보인다. 이주열 총재는 이날 한국은행 창립 69주년 기념사에서 향후 통화정책 방향에 대해 "경제 상황 변화에 따라 적절하게 대응해 나가겠다"고 밝혔다.

'상황 변화에 따른 적절한 대응'은 기존에 없던 표현이다. 상황이 더 나빠질 경우, 즉 경기 회복이 더딜 경우 금리를 내려 경기 부양에 나설 수 있다는 의미로 해석된다.

이는 "금리 인하를 검토해야 할 상황은 아니다"(4월 1일), "금리 인하로 대응할 상황은 아직 아니다"(5월 31일)라고 했던 최근까지의 입장과는 달라진 것이다.

'한국은행 총재의 입을 잘 봐야 한다.' 언론뿐만 아니라 증권가의 애널리스트부터 재테크 고수들까지 모두들 이렇게 충고한다. 한국은행 총재가 뭘 먹느냐를 보라는 말이 절대 아니다(한국은행 총재가 소위 '먹방'을 할 까닭이 없지 않은가. 물론 한다면 화제를 모으겠지만 인기를 끌 가능성은 제로다). 아무튼 한국은행 총재가 언론을 향해 어떤 발언을 하느냐에 주목하라는 뜻이다. 한국은행의 가장 강력한 무기인 금리 결정권을 앞으로 어떻게 휘두를지 한국은행 총재의 발언으로 알 수 있다는 설명이다.

그런데 재미난 점이 있다. 한국은행 총재가 앞으로의 금리를 어떻게 할지 직접적으로 밝히는 경우는 매우 드물다. 다음번에 내릴지, 올릴지, 아니면 동결할지 구체적으로 언급하지 않는다. 물론 이유는 있다. 한국은행 총재가 향후 금리 방향에 대해서 의도를 비추는 것만으로도 금융 시장은 물론 실물 시장까지 큰 영향을 받을 수 있기 때문이다.

어차피 구체적인 언급은 안 할 텐데 한국은행 총재의 입을 쳐다볼 필요가 없지 않을까? 하지만 전문가들이나 언론들의 주장은 다르다. 직접적인 언급이 아니더라도 발언의 뉘앙스로 금리의 방향을 예측할 수 있다고 강조한다. 후삼국 시대를 주름잡았던 궁예의 '관심법'처럼 한국은행 총재의 말에서 신호를 읽을 수 있다나.

앞의 기사에서도 한국은행 총재는 금리에 대한 구체적인 언급은 한마디도 없이 "경제 상황 변화에 따라 적절하게 대응하겠다"고 말했다. 하지만 언론들은 '상황이 더 나빠질 경우, 즉 경기 회복이 더딜 경우 금리를 내려 경기 부양에 나설 수 있다'는 의미로 해석했다. 특히 한국은행 총재의 과거 발언과 비교해가며 금리를 내릴 가능성이 높아졌다고 거의 모든 언론과 전문가들이 이구동성으로 전망했다. 관심법이 통했을까?

실제로 언론들의 전망은 틀리지 않았다. 한국은행은 2019년 7월에 기준금리를 연 1.75퍼센트에서 1.5퍼센트로 0.25퍼센트포인트 내렸다. 역시 전문가들은 뭔가 다르긴 한가 보다. 하지만 문제가 있다. 앞의 기사에서 보듯이 언론들은 금리가 4분기에 내릴 것이라고 예측했다. 하지만 한국은행이 금리를 내린 시기는 이보다 앞선 3분기였다.

따라서 전망이 정확히 맞았다고 말하기에는 애매하다. 겨우 한 분기 차이를 가지고 너무 인색한 평가 아니냐고 할 수 있다. 하지만 한 분기 동안에도 경제 흐름이 완전히 뒤바뀔 수 있다. 1997년 5월 8일자 〈매일경제신문〉에 "물가 2퍼센트선 안정 땐 금리 7~8퍼센트 가능"이란 제목의 기사가 실렸다. 당시 한국은행을 이끌던 이경식 총재가 "경제 기조를 안정 성장, 저물가 기조로 전환해 연간 성장률과 물가 상승률이 각각 5~6퍼센트대와 2퍼센트대로 안정되면 금리도 자연스럽게 연 7~8퍼센트대로 내려갈 것으로 기대한다"라고 발언한 것을 바탕으로 한 기사다.

2008년 3월 이전까지 기준금리 역할을 했던 실세 금리인 콜금리(1일물, 일시적으로 자금이 부족한 금융기관이 여유 자금을 가진 다른 곳에 빌려달라고 요청하는 콜에 대한 이자율)는 14퍼센트대였다. 이를 감안하면 이경식 총재의 입이 당분간 금리를 올리지 않을 것이라고 이야기했다고 해석해도 무리는 아니다. 대부분의 전문가들도 이경식 총재가 금리 인하에 방점을 찍었다고 강조했다.

그런데 이를 믿고 금리 인하에 배팅한 투자자들은 어떻게 됐을까? 줄어든 이자 부담을 이용한 지렛대 효과(레버리지)를 노리고 돈을 빌려 부동산 등에 투자한 사람들은 눈덩이처럼 불어나는 이자 부담을 견디지 못하고 무참히 쓰러졌다. 한국은행 총재도 예측하지 못했던 외환 위기 쓰나미가 7개월 후에 닥치면서 금리가 한때 30퍼센트대까지 치솟았기 때문이다.

반면 이경식 총재의 말과 달리 현금 보유를 늘리거나 은행에 돈을 그대로 둔 사람들은 더 없이 좋은 기회를 맞았다. 실물자산의 가치가 떨어질 때 현금을 보유한 이들은 이후 헐값으로 떨어진 주식과 부동산을 사 들여 새로운 부자 대열에 합류할 수 있었다.

이처럼 금리는 예측하기에 따라 부자가 될 수도, 쪽박을 찰 수도 있는 무서운 숫자다. 따라서 궁예가 된 기분으로 한국은행 총재의 입만 보면 안 된다. 더군다나 한국은행 총재 발언의 행간을 읽을 수 있다는 언론들의 말만 믿고 투자했다가는 큰 코 다칠 수 있다.

그럼 어떻게 해야 할까? 전문가들에게 의존하지 말고 스스로 금리가 어떻게 흘러갈지 예측할 수 있는 능력을 길러야 한다. 이런 이야기를 들으면 '어려운 경제학이나 금융 교과서를 공부해야 하는 것은 아닌지' 하는 걱정부터 생길 수도 있다. 물론 그렇게 한다면 최상이다. 하지만 전공자도 아닌데 현실적으로 쉽지 않은 일이다. 금리 관련 이론을 달달 외운다고 될 일도 아니다. 세상만사가 그렇듯 모든 것이 수학 공식처럼 들어맞지는 않기 때문이다. 그렇다고 지레 포기할 필요는 없다. 꼭 필요한 기초만 알면 금리 흐름을 읽을 수 있다. 지금부터 차근차근 알아보자.

금리와 경기는 밀당하는 사이

금리는 돈을 예금하거나 대출받을 때의 이자 또는 이자율을 뜻한다. 예금자 입장에선 지금 돈을 쓰지 않고 은행에 넣어두는 대가로 받는 것이 이자이고 그 비율이 이자율이다. 쉽게 이야기하면 돈의 값이다. 이는 돈도 일반 물건처럼 수요·공급 법칙이 적용된다는 말이다. 돈의 값인 금리 변동에 따라 돈의 수요와 공급도 변화한다.

'뭐 별거 아니잖아'라고 생각할지 몰라도 돈에도 수요·공급 법칙이 통한다는 점이 매우 중요하다. 여기에 통화 정책의 작동 원리가 숨어 있기 때문이다. 통화 정책은 금리를 움직여 과열된 경기를 안정시키거나 침체된 경기를 부양시키는 것을 뜻한다.

경기란 '경제의 상태'를 말한다. 경기가 좋다는 것은 생산과 소비, 투자 활동이 모두 활발히 움직인다는 뜻이다. 시장에 내놓은 상품이 잘 팔려 이익이 나면 기업은 상품을 더 많이 만들기 위해 투자를 늘린다. 따라서 일자리도 늘어난다. 이처럼 소비와 생산, 투자가 서로 부추기면서 활발해진 상태를 가리켜 '경기가 좋다(호황)'고 말한다. 반면 '경기가 나쁘다(불황)'는 말은 소비자들이 물건을 사지 않아 생산이 감소하고 일자리가 줄어드는 것을 뜻한다.

경기가 좋으면 기업은 장사가 잘되니까 투자를 늘려 더 많은 이익을 내고 싶어 한다. 그러려면 더 많은 돈을 빌려야 하고, 돈의 수요가 늘어난 만큼 금리는 올라간다. 반대로 경기가 좋지 않으면 돈을 빌리려는 수요가 줄어들어 금리가 떨어진다.

그런데 금리 조절로 어떻게 경기 흐름을 바꿀 수 있을까? 경기가 나쁘다고 판단한 한국은행이 금리를 낮춘 경우를 가정해 보자. 한국은행이 금리를 낮추면 은행에 돈을 넣어 얻을 수 있는 이자가 줄어들기 때문에 사람들은 주식이나 펀드, 부동산 등 다른 투자 수단이나 소비에 눈을 돌리게 된다. 이러면 시중에 돈이 풀려 통화량이 증가하고 돈의 가치는 떨어진다. 반면 비싼 가격 때문에 망설였던 고급 자동차나 가전을 사려는 사람은 늘어난다. 기업도 공장을 더 짓거나 고용을 늘리는 등 투자에 나선다. 이처럼 돈이 돌면 나빴던 경기가 살아나기 시작한다.

반면에 호황이 지나쳐 거품이 우려되면 한국은행은 금리를 올린다. 그러면 은행 예금이나 적금 등에 돈이 몰린다. 위험을 감수하면서까지 주식이나 펀드, 부동산 등에 투자하지 않고도 적절한 이자를 받을 수 있기 때문이다. 대신 시중 통화량은 감소하고 돈의 가치가 오른 탓에 투자와 소비는 위축된다. 좋았던 경기는 점점 하강하기 시작한다.

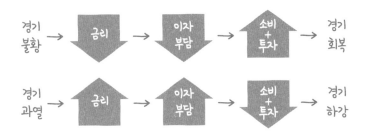

금리와 환율의 관계는 반비례일까, 비례일까?

금리는 환율에도 영향을 미칠까? 경제학 교과서는 금리를 알면 환율 변동을 예측할 수 있다고 설명한다. 일반적으로 금리와 환율은 반비례 관계에 있다.

앞의 예에서처럼 한국은행이 금리를 내린다면 어떻게 될까? 통화량이 늘어나고 돈의 가치는 내려간다. 그러면 상대국 통화와의 교환비율을 뜻하는 환율은 어떻게 될까? 우리나라 돈의 가치가 떨어졌기 때문에 외국 돈을 살 때 더 많은 우리나라 돈을 쥐야 한다. 즉, 환율은 올라간다.

　반대로 한국은행이 금리를 올린다면 통화의 공급이 줄어들고 돈의 가치는 올라가고 외국 돈을 살 때 부담이 줄어들어 환율이 내려간다.

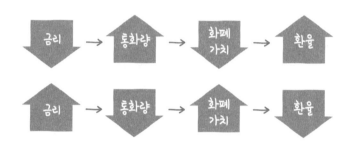

여기서 문제. 환율이 올라가면 금리는 어떻게 될까? 금리와 환율이 반비례 관계이니 이것도 반비례가 아닐까? 한번 따져보자.

　환율이 올라가면 해당국 통화의 상대적 가치가 내려간다. 이렇게만 따지면 앞에서와 같이 금리가 내려갈 것 같다. 하지만 장기적으로는 외국 돈의 상대적 가치가 상승하기 때문에 해외로 자본이 유출될 가능성이 커진다. 따라서 해당 국가의 통화량은 감소한다. 그러면 금리는 올라간다. 즉, 환율이 올라가면 장기적으로는 금리도 따라서 올라간다.

　반대로 환율이 내려가면 해당국 통화의 가치가 올라가 해외 자본이 유입될 가능성이 커진다. 그러면 시중에 돈이 풀리고 금리는 내려간다.

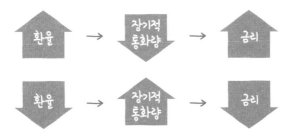

'금리와 환율 간의 관계'와 '환율과 금리 간의 관계'는 이처럼 서로 다르다. 따라서 어떤 변수가 먼저 움직이는지 파악해야 변화를 예측할 수 있다. 자칫 반대로 생각하기 쉽기 때문이다.

여기서 반드시 명심해야 할 것이 있다. 앞의 설명은 영화 〈매트릭스〉에서 봤던 비현실적인 가상 세계 속 이야기란 점이다. 즉, 금리와 물가, 환율이 현실에서는 수학 공식처럼 딱딱 움직이지 않는다.

실제로 경기가 좋지 않아 금리를 낮추고 경기가 과열돼 금리를 높였는데도 경제 위기는 주기적으로 반복되고 있다. 최근에는 금리를 인하하다 못해 마이너스로 추락한 나라들도 경기 침체에서 벗어나지 못하고 있다. 일본 등에서는 은행에 돈을 맡기면 이자를 받는 것이 아니라 보관료를 내야 하는데도 시중에 돈이 풀리기는커녕 은행에 돈이 몰리고 있다. 우리나라도 마찬가지다. 기업들이 줄기차게 요구하고 경제를 살리기 위해 금리를 내렸지만 투자는 늘어나지 않고 있다. 이유가 뭘까? 경제적 요인보다는 사회 시스템 변화가 주원인으로 지목되고 있다.

1997년 IMF 외환 위기 이전까지만 해도 위험에 과감히 도전하는 기업들이 많았다. 금리가 10퍼센트를 훌쩍 넘던 시절에는 공장을 세우고 투자를 하려면 모험이 필수였다. 10퍼센트가 넘는 수익을 올려야 회사가 살아남을 수 있는데 남들 하는 대로 해서는 불가능했기 때문이다. 한마디로 고위험 고수익이 일반적이었다.

하지만 외환 위기 이후 금리가 급격히 떨어지면서 우리 기업들은 모험에 나서기보다는 다른 곳에 눈을 돌렸다. GDP 대비 공공 연구·개발 투자는 세계 최고 수준이고 기술 개발 성공률도 90퍼센트에 육박하지만 이를 사업화하는 경우는 줄어들었다. 대신 돈을 버는 족족 부동산을 사 모으는데 혈안이 됐다. 금리가 낮아 위험을 감수할 필요가 없기 때문이다. 저수익이지만 저위험이라 문제가 없는 것이다.

그러나 진짜 문제가 없을 턱이 없다. 망해야 할 기업들이 망하지 않고 좀비처럼 버티는 경우가 늘어났다. 이자가 낮기 때문에 무리하게 돈을 빌려도 부담이 크지 않다. 기업 활동에서 보는 손해가 아무리 커도 빚으로 메우는 것이 가능할 정도다. 이 때문에 공포영화 속 좀비가 피 맛에 환장해 돌아다니는 것처럼 좀비 기업들도 사업보다는 빚을 내는 데 관심을 가지게 됐다. 좀비 기업들에는 미안한 이야기지만 망해야 할 기업은 망해야 국가 경제가 건강해질 텐데 좀비 기업들이 창궐하니 점점 병이 깊어지고 있는 셈이다.

따라서 우리 경제에 다시 활력을 불어넣으려면 금리를 올려야 한다는 주장이 설득력을 얻고 있다. 외환 위기 이전처럼 기업들이 모험을 할 수 있도록 고위험 고수익으로의 복귀가 필요하다는 말이다. 기회가 있을 때마다 기업들을 위해 금리를 낮춰야 한다고 강조하는 대부분의 언론들과는 너무나 다른 대책이다. 빨간 약을 먹고 바라본 현실은 경제의 절반이라는 금리에서조차 우리의 상식에 이처럼 하이킥을 날린다.

은행이 손해를 보지 않는 비결

지금까지 살펴본 기준금리보다 좀 더 생활과 밀접한 금리를 살펴보자. 금리 하면 무엇이 떠오를까? 아마 2가지일 것이다. 은행 대출이 있으면 대출 금리가 너무 높다고 투덜거릴 테고 예금이자로 생활한다면 예금 금리가 너무 낮다고 울상일 가능성이 높다. 기준금리의 변화와 상관없이 자신이 놓인 상황에 따라 금리를 바라보는 관점은 이처럼 달라진다.

그런데 왜 대출 금리가 높고 예금 금리가 낮은지에 대해 고민해본 적이 있는가? 주식은 어떤 종목이 싸고 어떤 종목이 비싼

지 차트에서 재무제표까지 살피면서 분석하지만 금리에 대해서는 그저 주어진 기준으로만 받아들인다. 이유를 제대로 모르니까 당연히 불만만 쌓인다.

2019년 11월 1일자 한국경제TV 기사를 보자. '역행하는 대출금리…은행 배만 불린다'라는 자극적인 제목이 붙어 있다.

기준금리가 사상 최저 수준까지 떨어졌지만 시중은행 대출 금리는 오히려 오름세로 돌아섰다. 우리 경제를 둘러싼 거시환경의 변화 때문이라지만, 예대금리 차이가 벌어지면서 은행 배만 불리고 있다는 지적이다. 정책 모기지인 보금자리론 금리가 이번 달부터 0.2퍼센트포인트 오른다. 한 달 전 역대 최저치를 기록한 주택담보대출 금리 역시 0.04퍼센트포인트 오른 2.51퍼센트를 기록하며 11개월 만에 반등세로 돌아섰다. 이처럼 대출 금리는 반등세를 보이고 있지만 현재 1퍼센트대인 예적금 금리는 조만간 평균 0퍼센트대로 떨어질 전망이다. 시중은행들이 기다렸다는 듯이 기준금리 인하를 핑계로 예적금 금리를 하향 조정에 나선 상황이다. 경기 부양을 위해 재정 당국과 통화 당국이 돈을 풀고 있지만, 예금과 대출 금리 차이가 벌어지면서 은행 배만 불려주고 있는 모양새다.

기사를 읽다 보면 이상하다는 생각이 저절로 든다. 상식적으로 보면 기준금리가 내리면 다른 금리들도 덩달아 내려야 하지 않을까? 학창시절 조회 시간에 기준이 조금만 움직여도 뒤에 있는 모든 학생들이 따라야 했던 것처럼 말이다. 그런데 기준금리는 내렸는데도 예금 금리만 내리고 대출 금리는 오히려 오르는 황당한 일이 벌어지고 있다. 예금 금리는 오르고 대출 금리가 내렸다면 이유 따윈 덮어두고 좋아하겠지만 상황은 정반대다. 고객은 손해 보고 은행만 배 불린다니 뭔가 부당해 보인다. 왜 이런 일이 벌어지는 걸까?

이를 이해하기 위해서는 금리 결정 구조에 대해 알아야 한다. 먼저 금리의 정의를 다시 확인해보자.

금리는 돈이 필요한 사람과 돈을 빌려주려는 사람들이 만나서 결정하는 가격이다.

앞에서 살펴봤듯이 금리는 거의 모든 가격이 결정되는 것처럼 수요·공급 법칙에 따라 정해진다고 믿어왔다. 하지만 수요·공급 법칙 외에 금리가 결정되는 데 더 많은 영향을 주는 것이 따로 있다. 바로 신용도다. 이게 무슨 이야기일까? 금융 회사의 이자 구조는 대부분 다음과 같다.

기준금리 + 가산금리 = 적용 금리

2020년 6월 현재 우리나라의 기준금리가 0.5퍼센트이니 앞의 식의 기준금리는 0.5퍼센트일까? 아니다. 여기서 말하는 기준금리는 금융사의 판매 원가로, 은행 등 금융기관이 돈을 조달할 때 들어가는 비용을 뜻한다. 이를 코픽스COFIX라 부른다. 풀어서 이야기하면 자금조달비용지수Cost of Fund Index다.

코픽스는 국내 8개 은행(NH농협·신한·우리·SC제일·KEB하나·IBK기업·KB국민·한국씨티은행)이 조달하는 주요 수신 상품의 가중평균금리다. 정기 예적금, 기업어음CP 등 8개 금융 상품의 평균 이자를 토대로 산정한다. 네이버나 다음에서 코픽스를 검색하면 바로 확인할 수 있다.

그런데 여기서 잠깐. 코픽스란 것이 왜 존재할까? 여기에는 은행은 절대 손해 보지 않겠다는 의지가 담겨 있다. 은행도 기업인데 설마 하는 생각이 들 수도 있다. TV나 신문에서 서민들을 위한 금융이라고 광고하기 때문에 못 믿겠다고 할 수도 있다. 하지만 정기 예적금 등에 가입하면 주는 이자를 기본으로 하고 가산 금리를 더한다니 손해를 보고 싶어도 시스템적으로 손해 보기 힘든 상황이다. 기업들은 재고가 쌓이거나 경기가 나쁘면 원가이하에 제품을 팔기도 하지만 은행은 그럴 일이 없다. 은행이 손해를 봤다는 뉴스를 찾아보기 힘든 이유가 여기에 있다. 물론 실제로는 빌려준 돈을 떼이는 경우가 있어 간혹 큰 손해를 보기도 한다. 그러나 이는 매우 드문 경우다. 친구인 줄 알았던 은행이 너무해 보인다(서민들만 코피 나게 픽스(고정)한다고 해서 코픽스란 이름이 붙었을까?).

그럼 가산금리는 어떻게 결정될까? 재테크 책 등에는 업무원가, 리스크 관리 비용, 각종 법적 비용, 은행의 목표 수익률 등에 따라 결정된다는 어려운 설명이 붙어 있다. 이를 이해하기 위해서 간단한 예를 들어보자.

신용도가 최상인 데다 자산도 많은 박 피디가 은행에서 돈을 빌리면 3퍼센트 초반의 금리를 적용 받는다. 반면 빚이 수두룩한 데다 신용도까지 낮은 이 피디는 5퍼센트가 넘는 금리에 시달린다. 이유는 이미 나와 있다. 신용도에 따라 가산금리가 달라지는 것이다. 이 피디는 박 피디보다 신용도가 낮으니 돈을 갚지 않을 가능성이 더 크다고 판단하는 것이다(법 없이도 살 것 같은 얼굴이란 소리를 자주 들었는데 너무나 억울하다). 은행으로선 박 피디보다 이 피디에게 돈을 빌려줄 때 더 불안할 수 있다. 따라서 이 피디에게 높은 이자를 매긴다. 일종의 보험처럼 말이다.

따라서 금리는 다시 이렇게 정의할 수 있다.

금리 = 현재 경제 상황이 반영된 은행들의 자금 조달 비용
          + 대출자의 신용위험

여기에 빠진 것이 있다. 바로 기회비용이다. 은행이 박 피디나 이

피디에게 대출해주는 기간에 따라 금리가 달라진다. 1년, 5년 중 당연히 5년이 금리가 높다. 은행으로선 5년 동안 다른 곳에 투자했을 때 더 많은 돈을 벌게 될 기회를 포기하는 것이기 때문이다. 금리의 정의는 다시 이렇게 바뀐다.

금리 = 현재 경제 상황이 반영된 은행들의 자금 조달 비용
    + 기간을 고려한 대출자의 신용위험
    + 기간에 따른 기회비용

그런데 여기서 의문이 든다. 왜 신용도가 낮은 이 피디가 신용도가 높은 박 피디보다 높은 이자를 물어야 할까? 그거야 너무나 당연하다고 여길 수도 있다. 하지만 곰곰이 생각해보면 이상하다. 전세자금 등으로 돈이 정말 급하게 필요한 사람은 신용도가 낮은 이 피디일까, 신용도가 높은 박 피디일까?

당연히 이 피디다. 이 피디의 경우 신용도가 낮기 때문에 대출을 받으려고 은행 문을 두드렸을 때 여기저기서 많이 거절당했을 가능성이 크다. 그러다 보니 거래하는 은행은 물론 거래가 전혀 없던 은행의 문도 두드리게 된다. 높은 금리에 대출금액이 깎여도 감지덕지하며 돈을 빌릴 것이다. 이마저도 안 되면 비싼 이자를 감수하며 제2금융권으로 걸음을 옮겨야 할지도 모른다.

반면 신용도가 높은 박 피디는 거래하는 은행에 요청만 하면

바로 대출을 받을 수 있다. 주요 고객 특별 혜택이라면서 금리를 깎아주기도 한다. "혹시 더 대출해드릴까요"라는 제안도 해온다. 당장 돈이 필요 없는데도 말이다.

은행가의 역설

은행은 돈이 필요한 사람에게 돈을 빌려주는 것이 주업무다. 은행 등이 속한 금융이란 말도 '금(金)'은 곧 돈이고, '융(融)'은 '잘 흘러갈 수 있도록 만든다'는 의미다. 하지만 앞의 사례에서 봤듯 금융이 돈을 잘 굴러가게 하고 있나? 정작 돈이 필요한 이 피디에게는 돈을 빌려주지 않는다. 반면 돈이 당장 필요 없는 박 피디에게는 돈을 더 빌려가라고 권한다. 돈을 잘 흘러가게 하는 것이 아니라 오히려 막고 있는 셈이다.

이런 황당한 상황을 가리키는 용어가 있다. '은행가의 역설'이다. 진화심리학자 레다 코스미데스와 존 두비가 제시한 개념이다. 이를 이해하기 위해서 시계를 거꾸로 빠르게 돌려보자.

인류는 혹독한 환경에서 살아남기 위해 협력해왔다. 사자나 호랑이, 곰 같은 맹수들과 먹이 경쟁을 하기 위해서는 힘을 합칠 수밖에 없었다. 이런 협력이 오랜 세월을 거치며 우정 네트워크로 발전했다. 그런데 초기에는 평등했던 우정 네트워크가 점점 변질되기 시작했다. 힘이 세고 빠른 자들에게 권력이 집중된 것이다. 예를 들어, 사냥에 나서야 하는데 힘이 세고 빠른 박 피디와 힘도 없고 느려 터진 이 피디 중에서 한 명을 골라 같이 가야 한다면 누구를 선택할 것인가?

안 봐도 비디오다. 당연히 박 피디. 우정 네트워크에서 선택된 박 피디는 매번 사냥에서 뛰어난 실력을 뽐낸다. 반면 이 피디는 매번 동굴 구석에 처박혀 있을 수밖에 없다. 그런데 이런 일이 계속 되풀이되다 보면 문제가 생긴다. 박 피디는 우정 네트워크의 정점에 서는 반면 이 피디는 존재감마저 사라진다.

그러면 사냥 전리품을 나눌 때 어떻게 될까? 당연히 박 피디의 몫은 갈수록 늘어나고 이 피디는 점점 소외된다. 상황이 심각해질 경우, 이 피디는 굶어죽을지도 모른다.

언뜻 이런 현상은 당연해 보인다. 위험한 사냥에는 힘이 세고 빠른 박 피디와 함께해야 성공확률이 높기 때문이다. 하지만 잠시만 생각해보자. 다른 사람의 도움이 가장 필요한 사람은 누구일까? 박 피디보다는 이 피디다. 힘도 없고 느려 터졌지만 다른 사람들과 함께 사냥을 해야 먹고살 수 있다. 하지만 세상은 그렇게 굴러가지 않는다. 점점 부를 쌓은 박 피디의 모습을 바라보며 이 피디는 자신의 무능함을 탓하다 굶어 죽어간다.

선사시대의 약육강식 법칙은 현대의 은행에서도 그대로 나타난다. 특히 돈을 빌려줄 때 그렇다. 은행은 누구에게 돈을 빌려주

〈은행가의 역설이란〉

신용도 낮은 이 피디 → 돈 절박 → 리스크 높게 평가 → 대출 금리

신용도 높은 박 피디 → 돈 여유 → 리스크 낮게 평가 → 대출 금리

려고 할까? 당연히 돈을 제때 갚을 수 있는 박 피디 같은 사람을 먼저 고른다. 신용이 좋고 자산도 많아 돈 떼일 가능성이 적다. 반면에 빈곤한 데다가 신용도 안 좋은 이 피디 같은 사람에게는 돈을 빌려주려 하지 않는다. 돈을 떼일 가능성이 큰 탓이다.

너무 당연한 이야기일 수도 있다. 하지만 돈을 빌리는 사람 입장에서 생각해보면 신용이 좋고 자산도 넉넉한 박 피디 같은 사람이 절박할까, 신용이 나쁘고 가진 것도 없는 가난한 이 피디 같은 사람이 절박할까? 당연히 이 피디 같은 사람들이다.

하지만 은행은 더 절실한 이 피디 같은 사람보다는 박 피디 같은 사람에게 돈을 빌려준다. 게다가 더 낮은 금리라는 선물까지 안겨준다(여유 있는 박 피디는 3퍼센트대의 부담 없는 이자로 돈을 빌리지만 절박한 이 피디는 5퍼센트가 넘는 고금리에 시달린다). 이런 논리로 가난한 사람은 은행에서 점점 외면 받는다. 분명 금융은 돈이 필요한 사람에게 돈을 융통해주는 산업인데, 그 본질이 사라지고 돈을 더 잘 벌게 해줄 곳으로만 돈이 더 흐르게 한다. 이런 불합리를 코스미데스와 투비는 '은행가의 역설'이라고 불렀다.

은행에 지지 않으려면

지금까지 금리의 개념과 은행이 금리를 산정하는 방법, 은행가의 역설까지 알아보았다. 5장을 마무리하며 금리가 변동되더라도 내 지갑을 지킬 수 있는 실용적인 방법 몇 가지를 구체적으로 소개한다.

1. **자신의 재무 상태부터 파악해야 한다.** 자산은 얼마고 부채는 어느 정도인지 알아야 계획을 세울 수 있다. 하지만 여러 금융기관에 흩어져 있는 것들을 일일이 찾아보는 것은 현실적으로 힘들다.

이런 어려움을 한방에 해결할 수 있는 비법이 있다. 금융결제원에서 운영하는 계좌정보통합관리서비스(www.payinfo.or.kr)의 도움을 받으면 된다. 가지고 있는 계좌와 카드의 현황, 총 이용 한도, 결제 예정 금액, 최근 이용 대금, 보유하고 있는 포인트까지 한눈에 알 수 있다. 은행별 계좌와 잔고의 합계, 가입 상품

내역도 파악할 수 있다. 대출 정보와 계좌 자동이체도 조회 가능하다. 뜻밖의 보너스가 생길 수도 있다. 잔고가 남아 있지만 잊고 있었던 계좌는 물론 4대 사회보험료와 공과금 환급금도 찾아준다.

2. 재무 상태를 파악했다면 이제 좋은 금융 상품을 감별해보자. 쉬운 방법이 있다. 요즘 같은 저금리 시대에는 온갖 유혹이 난무한다. "차곡차곡 월급 모아 언제 부자되냐"며 파생상품, 고수익·고위험 펀드, 갭 투자 등 한방을 노리라는 권유가 넘쳐난다. 이자도 싼데 빚 내서 투자하지 않으면 바보 취급을 당하기도 한다. 물론 이해되지 않는 일은 아니다. 젊었을 때는 그 정도 위험을 감수할 수도 있다. 하지만 인생역전을 노리다가 인생 종 칠 가능성이 너무나 크다. 투자와 투기는 구분할 줄 알아야 한다. 혹시 구분하기 힘들다면 금리와 관련된 금융상품을 고르는 데 도움 받을 수 있는 곳이 있다. 금융감독원 홈페이지 파인(fine.fss.or.kr)의 '금융상품 한눈에'란 메뉴가 그 주인공이다. 이름처럼 예금, 대출, 연금 등 많은 상품들을 한눈에 비교해볼 수 있다. 원금 보장, 비보장 여부는 물론 상품의 위험도까지 안내해준다. 조건에 따라 적합한 상품도 골라준다. 이 사이트만 잘 활용해도 해외 금리 연계 파생결합펀드 같은 위험한 상품에 속아 전 재산을 털리는 일은 충분히 막을 수 있다.

3. 은행과 직접 밀당하는 방법도 있다. 바로 금리 인하 요구권이다. 이직, 승진으로 소득 수준이 높아졌거나 대출 관리로 신용점수가 개선된 경우, 금융사에 대출 금리를 내려달라고 요구할 수 있는 제도다. 금리 인하 요구권이 받아들여지면 대출 금리가 최소 0.5퍼센트에서 최대 2퍼센트까지 내려간다. 요즘 대출 금리가 2~4퍼센트를 왔다 갔다 하는데 0.5퍼센트만 낮아져도 엄청 큰 이득이다.

금리 인하 요구권 신청은 영업점을 방문하거나 인터넷 홈페이지를 통해 신용 상태 개선 증빙자료 등을 제출하면 된다. 비대면도 가능하다는 이야기다. 이렇게 신청하면 금융 회사는 10일 이내에 신용 상태 개선 여부를 확인한 뒤 개선 정도가 금리 인하 기준에 해당하는지 등을 검토해 결과와 판단 사유 등을 안내해 준다.

금리 인하를 요구한다고 해서 다 받아들이는 것은 아니다. 스스로 금리 인하 요구권을 행사할 수 있는 조건을 만들어야 한다. 이직, 승진으로 소득 수준을 높이는 것은 좀처럼 쉽지 않은 일이다. 이보다는 대출 관리로 신용점수를 개선하도록 노력하는 게 낫다. 신용점수는 어떻게 확인할 수 있을까? 신용조회회사CB에서 운영하는 사이트에 접속해 4개월에 한 번씩, 1년에 총 3회까지 무료로 신용점수를 확인할 수 있다. 단 3회를 초과할 경우에는 비용을 내야 한다.

4. 건전한 신용거래 이력을 만드는 노력도 필요하다. 여기서 중요한 것은 신용카드 보유 개수와 신용등급은 무관하다는 점이다. 자신의 상환 능력에 맞게 꾸준히 신용카드를 사용하는 것이 유리하다. 여러 금융기관에서 대출 받았다가 동시에 연체되는 난감한 상황에 빠지는 경우도 많다. 이때는 연체 금액에 비중을 두지 말고 가능한 한 오래된 것부터 먼저 정리해라. 전체 대출 건수를 줄이는 것이 중요하다는 말이다. 같은 시기에 받은 대출이 여러 건 있다면 금액이 큰 것부터 갚는 것이 현명하다.

관리비, 통신요금 등의 소액 연체도 신용에 위험 요소로 평가될 수 있다. 연체 자체를 하지 않는 것이 좋다. 연체를 갚았다고 바로 신용등급이 회복되는 것은 아니기 때문이다.

주거래은행을 정해 집중적으로 거래하는 것도 고려할 만하다. 급여 이체나 신용카드 사용, 주택청약통장 등 다양한 금융 상품을 한 은행에서만 거래한다면 해당 은행에서의 신용도를 높일 수 있다. 혹시 신용평가에 궁금한 점이 생기면 금융 회사에 자료를 요청해 산정 근거를 확인해보는 것이 바람직하다. 은행 등 금융기관이 알아서 신용등급을 좋게 매겨줄 리 없다는 것을 항상 명심해야 한다.

급한 대출이 필요하거나 빚 때문에 어려움을 겪고 있다면 서민금융통합지원센터(www.onestop1397.or.kr)나 서민금융진흥원(www.kinfa.or.kr), 금융감독원 서민금융 1332(www.fss.or.kr/

s1332)에 도움을 요청하자. 서민금융 지원 제도, 채무 조정 연계 서비스 등을 상담 받을 수 있다. 불법 사금융이나 유사 수신 대응 요령도 알려주고 직접 신고할 수도 있다.

언론들이 호들갑스럽게 전하는 금리 관련 뉴스에 부화뇌동하지 말자. 금리와 물가, 환율의 관계를 수학 공식처럼 외우기 보다는 금리의 흐름을 차분히 파악해 내 재무 상태에 맞는 전략을 스스로 짜야 한다. 빨간 약을 먹은 후의 비참한 현실 세계에 좌절하지 않고 스스로 능력을 키워간 〈매트릭스〉의 네오처럼 말이다.

 함께 들으면 좋은 경불진 에피소드

 대출 금리가 높은 이유, 은행가의 역설 때문?

 금리 인하는 낙수 효과의 또 다른 이름?

대출 이자가 없는 은행

자본주의 세상에 사는 우리는 돈을 빌리면 이자를 물어야 하는 것을 마치 자연법칙 같다고 생각하기 쉽다. 그런데 과거에도 그랬을까?

금리에 대한 최초의 기록은 지금으로부터 5000여 년 전인 수메르 문명까지 거슬러 올라간다. 인류 최초의 성문법이라고 알려진 함무라비법전에는 다음과 같은 내용이 나온다.

> 상인이 은을 빌려줄 때는 은 1세켈에 대해 6분의 1세켈 6그레인의 이자를 받는다.

역사학자들이 계산해본 결과, 이 이자율은 20퍼센트 정도라고 한다. 현재 2퍼센트대인 은행 이자율보다는 높지만 대부업 최대 이자율인 24퍼센트보다는 낮다. '이에는 이, 눈에는 눈'이라는 말로 유명한 함무라비법전에는 이자를 20퍼센트 이상 받는 상인은 '원금을 상실하는 처벌을 받는다'고 적혀 있다. 당시에도 고금리는 서민들에게 감당하기 힘든 고통을 준다는 이유로 엄격하게 제한했던 것이다. 법정 최고 금리를 무시하고 연 100퍼센트를 넘나드는 이자를 뜯어가는 요즘의 불법 고리대금업자들을 함무라비 왕이 본다면 뭐라고 했을까(법전에 나온 대로 고리대금업자의 이와 눈을 가만두지 않았을 것이다)?

고금리는 철저히 단속했지만 이자는 허용한 수메르 문명과 달리 그리스·로마 시대에는 이자 제도에 대해 매우 부정적이었다. 남녀 차별을 강조한 '꼰대' 철학자 아리스토텔레스는 "소를 빌리면 새끼를 낳을 수 있으므로 그 대가의 지급이 정당하지만 돈은 새끼를 잉태할 수 없으므로 대가의 지급이 불가하다"는 화폐 불임론을 주장했다.

화폐 불임론은 유럽 중세인들의 상식이 된다. 특히 기독교 문화권에서는 시간은 신의 영역이라 생각했다. 따라서 빌려준 돈에 대해 '단지 시간이 지났다'는 이유로 추가로 돈(이자)을 받는 것은 신의 영역에 대한 무례한 도전으로 여겼다. 그래서 이자를 받는 행위를 아예 금지했다. 이를 어기는 기독교인에겐 벌금부터 파문과 공민권 박탈에 이르는 실질적인 처벌까지 내렸다.

그러나 기독교도가 아닌 유대인인 경우에는 이자를 받는 것이 가능했다. 그래서 유대인들이 금융업을 독차지하게 된다.

다만 예외는 있었다. 빌려준 돈을 약속했던 시간 내 받지 못하는 경우가 종종 발생했는데, 이럴 경우 위약금을 받는 것은 막지 않았다. 이것이 관행화되면서 위약금은 이자로 변신했다. 이 때문에 채무자가 돈을 갚겠다고 해도 채권자가 약속 시간을 넘길 때까지 만나주지 않는 황당한 일도 벌어졌다.

'말도 안 되는 소설'이라고 생각할 수도 있다. 하지만 이자의 어원이 어디에서 왔는지 아는가? 놀랍게도 바로 이 위약금에서 나왔다. 사이에 있는 것, 달리 말하면 약속 시간과 돈을 갚은 시간 사이를 메워주는 위약금을 뜻하는 '쿠오드 인테르 에스트quod inter est'라는 라틴어가 축약돼서 금리, 즉 이자를 의미하는 영어 단어인 '인터레스트interest'가 됐다. 금리의 원래 의미는 위약금이다. 자본주의 시대에 접어들면서 돈에 대한 사용료란 뜻으로 변신한 것이다.

현대에도 이자를 법적으로 금기시하는 국가가 있다. 혹시 북한? 당연히 아니다. 정답은 사우디아라비아, 카타르 등을 비롯한 이슬람 국가들이다. 이슬람 문화권은 지금도 이자를 엄격히 제한하고 있다. 이슬람 문화권에서는 코란을 근간으로 한 '샤리아 sharia(이슬람법 체계)의 원칙'에 따라 남에게 돈을 빌려주는 대가로 이자를 받는 행위를 금지하고 있다.

이슬람 사람들이 종교적이고 금욕적인 생활을 하다 보니 이자를 챙길 생각을 하지 않는 걸까? 이자도 받지 못하는데 돈을 빌려주는 사람이나 은행이 과연 있기는 할까? 이슬람 세계에도 당연히 은행은 있다. 채권, 채무 관계도 존재한다. 하지만 돈을 바라보는 시선에 상당히 차이가 있다.

이슬람에서는 돈을 빌리는 사람, 즉 채무자에게 처음부터 이자를 뜯어가는 것은 문제가 있다고 생각한다. 빌린 돈으로 이제 막 새로운 생산 활동을 시작했는데 바로 수익을 내는 것은 불가능하다고 여기기 때문이다. 생산 활동이 본격 궤도에 오를 때까지는 기다려줘야 한다는 말이다.

그런데 하나 의문이 생긴다. 돈을 빌려주는 사람은 성자도 아니고 기부하는 것도 아닐 텐데 왜 빌려줄까? 이슬람 문화권에는 수쿠크sukuk라는 독특한 제도가 있다. 우리 식으로 이야기하면 특정 사업에 대한 배당금이다. 돈을 꿔준 사업에서 수익이 발생하면 배당을 받는다. 손해를 보면 배당금은 없다. 이 때문에 채권자인 은행 등이 채무자를 대하는 태도가 우리와 확연히 다르다. 돈을 빌린 사람이 사업을 하다가 망하거나 말거나 원금과 이자까지 챙겨가는 다른 대부분 나라의 은행과 달리 이슬람 은행들은 채무자들의 사업이 잘될 수 있도록 물심양면으로 돕는다. 그

래야 수쿠크를 받을 수 있기 때문이다. 이런 시스템을 통해 이슬
람은 '은행가의 역설'을 상당 부분 극복했다. 이 노하우를 우리
도 배워야 하지 않을까?

6장

부동산은
계속 오를까

대한민국에서 재테크를 논할 때 가장 먼저 등장하는 것이 부동산이다. 너도나도 돈이 조금만 모이거나 대출 받을 수 있으면 아파트를 사지 못해 안달이 난다. 자녀 대학 합격증보다 아파트 청약 당첨권을 더 원한다는 이야기가 나올 정도다. 하지만 부동산 투자는 앞에서 벌고 뒤에서 손해 보게 만든다는 하소연이 나오는 이유는 뭘까? 알다가도 모를 부동산 투자의 세계를 지금부터 탐험해본다.

서울에서 부동산으로 돈 잃으면 등신?

◆ "서울 그래도 오른다… 9억 이하 아파트가 상승 주도"(조선일보,

2020. 01. 28.)

"작년처럼 급등하긴 어렵지만, 서울은 여전히 주택 수요에 비해 공급이 부족하므로 가격이 오를 가능성이 높다."

"상대적으로 덜 오른 비(非)강남, 특히 교통망 확충의 수혜가 기대되는 동북부가 유망하다."

본지가 부동산 전문가 7명을 대상으로 설 이후 수도권 주택 시장 전망에 대해 설문조사한 결과, 대다수 전문가는 아직 서울 집값은 오를 가능성이 높다고 전망했다. 정부 규제의 영향으로 강남 4구(강남·서초·송파·강동), 마용성(마포·용산·성동) 등 과열 지역 집값은 한동안 조정이 불가피하지만, 상대적으로 덜 올랐으면서 교통 여건이 좋아지는 지역은 아직 매력적이란 것이다.

◆ "서울서 돈 잃으면 X신" 文정부서 개념 바뀐 부동산 투자(중앙일보, 2019. 12. 29.)

부동산은 원래 중(中)위험 투자 상품에 속한다. 그러나 문재인 정부 들어 서울과 수도권 요지 아파트에 한해서 이 개념은 바뀌었다. 경제가 불확실할수록 이 지역 아파트가 심리적 '안전자산'으로 각인돼온 것이다. "서울에서 부동산으로 돈 잃으면 등신"이라는 말이 괜히 나온 게 아니다. 서울 아파트는 사놓고 깔고 앉아 있으면 저절로 가격이 오르는 '리미티드 에디션'처럼 여겨졌다. (중략) 이런 환경에선 정부가 소위 '종부세 폭탄'을 투하해도 다주택자들이 집을 팔 가능성은 희박하다. 보유세 인상은 부동산 정체기나 하락기에 효험을 발할 수 있는 정책에 가깝다. 시중은행 PB는 "상승기에 집값이 몇억씩 오르는데, 몇백, 몇천만 원 종부세 무섭다고 집을 내놓는 사람이 나오겠느냐"고 반문했다. 대한민국 대장 아파트로 꼽히는 서초구 반포아크로리버파크와 강남 재건축 골드 칩으로 불리는 래미안원베일리를 소유하고 있는 A씨 부부는 2020년에 4000만 원 이상의 보유세를 감당해야 하는데도 집을 팔 생각이 추호도 없다. "은행에서 신용대출을 받아서라도 보유세 내고 버틴다"는 것이 강남 다주택자들의 정서다.

한때 유행했던 유머 중에 이런 것이 있었다.

제가 좋아하는 산은? 맛동산!
아이들이 좋아하는 산은? 꿈동산
대한민국 사람들이 제일 좋아하는 산은? 부동산!

최근에는 이렇게 바뀌었다.

로또보다 당첨되길 더 원하는 것은? 아파트 분양!
자녀 수능 성적보다 더 높았으면 하는 것은? 청약점수!

죽기 전에 꼭 한 번 내보고 싶은 것은? 종부세!

참 웃픈(웃기고도 슬픈) 유머다. 그만큼 한국 사람들을 가장 많이 울리고 웃기는 것 중 하나가 부동산이다. 그래서 그런지 앞의 기사들처럼 언론들은 부동산 불패 신화를 전하는데 열심이다. 지금 투자하지 않으면 다시는 기회가 없을 것처럼 호들갑도 떤다. 정부가 아무리 규제해도 결국 오를 텐데 왜 투자하지 않느냐며 망설이는 사람들을 비웃기도 한다. 〈중앙일보〉의 기사 제목은 이런 관점을 적나라하게 드러낸다. '서울에서 부동산으로 돈 잃으면 등신.'

정말 부동산 투자가 가장 확실한 부자되는 비법일까?

부동산 역사상 가장 성공한 사람을 꼽으라면 인디언에게서 미국 뉴욕 맨해튼을 헐값에 사들인 네덜란드 총독이 빠지지 않는다. 전 세계에서 가장 비싼 땅으로 알려진 맨해튼을 단돈 24달러에 샀으니 그런 평가를 충분히 받을 만하다. 그런데 인디언들은 왜 이 땅을 겨우 24달러만 받고 판 것일까? 그리고 인디언들은 이 땅을 판 후 땅을 치고 후회했을까?

이를 알아보기 위해 거래가 이뤄졌던 17세기로 거슬러 올라가보자. 당시 네덜란드 총독의 주된 관심은 정작 맨해튼이라는 땅 자체보다는 그 땅에 사는 동물에게 있었다. 귀엽기로는 판다, 코알라 등과 1, 2위를 다투는 복슬복슬한 털을 자랑하는 비버가 그 주인공이다. 동물원에서도 아이들의 눈길을 한몸에 받는 비버에게 왜 관심이 있었을까? 혹시 개나 고양이처럼 애완동물로 키우고 싶어서? 안타깝게도 아니다.

당시 네덜란드 총독을 비롯한 유럽인들이 비버에게 원했던 것은 귀여움이 아니라 따뜻함이었다. 이들은 비버의 털가죽을 원했다. 비버 털이 방수도 잘 되고 매우 가벼웠기 때문이다. 파리나 런던 등 유럽 귀부인들에게 비버 털로 만든 패션 상품은 필수 아이템이었다. 비버 털 모자나 목도리 하나쯤 없다면 당시 패피(패션 피플) 축에 들지 못할 지경이었다. 수요는 갈수록 급증하는데 공급은 달리니 비버 털 가격은 하늘 높은 줄 모르고 뛰었다.

많은 유럽인들이 비버 털을 찾기 위해 아메리카 대륙을 휘젓고 다녔다. 이런 모습을 담은 영화도 있다. 레오나르도 디카프리오에게 꿈에도 그리던 아카데미 남우주연상을 안겨준 〈레버넌트: 죽음에서 돌아온 자〉이다. 이 영화에서 디카프리오가 맡은 역할이 바로 비버 사냥꾼이다. 디카프리오는 인디언과 결혼해 낳은 아들과 함께 유럽에서 온 사냥꾼을 안내하다 회색 곰의 습격으로 큰 부상을 입고 아들마저 죽는다. 기회를 노리던 동료의 배신으로 죽음의 문턱까지 갔다 온 디카프리오가 처절한 복수에 나서는 과정은 눈을 떼지 못할 정도로 강렬하다. 그런데 놀랍게도 이 영화는 실화를 바탕으로 만들어졌다. 디카프리오가 연기한 휴 글래스는 뉴욕 맨해튼 지역에서 시작해 허드슨 강을 거슬러 캐나다에 이르는 지역에서 활약했던 실존 인물이다. 휴 글래스의 활동 무대는 바로 비버 서식지와 정확히 일치한다.

휴 글래스 같은 사냥꾼의 활약(?)으로 비버 공급이 늘어나면서 뜻밖의 문제가 생겼다. 이를 유럽으로 가는 배에 실어야 하는데 항구가 마땅치 않았던 것이다. 맨해튼에 항구를 지으면 딱 인데 이 지역에 이미 터를 잡은 인디언들은 땅을 내줄 생각이 전혀 없었다. 비버 털 무역을 독점하려는 네덜란드 총독은 큰 고민에 빠졌다. 무력으로 빼앗으면 좋으련만 당시 네덜란드 이민자들은 주로 상인들이었기 때문에 군사력이 그리 강하지 못했다. 괜히 인디언을 공격해 자극했다가는 다른 지역 인디언들의 협공에 시달릴 가능성도 컸다. 그래서 네덜란드 총독은 꾀를 냈다.

24달러로 맨해튼을 사다

네덜란드 총독은 인디언들에게 토지 소유라는 개념이 없다는 점을 이용하기로 마음먹었다. 인디언들은 토지는 신이 주신 것이기 때문에 감사하는 마음으로 필요한 사람과 공유해야 한다고 여겼다. 이 점을 악용해 네덜란드 총독은 인디언에게 "필요한 사람이라면 누구나 쓸 수 있다고 했으니 우리도 맨해튼 땅을 이용하게 해달라"고 요구했다. 그러면서 "섭섭할 수 있으니 조그만

선물을 주겠다"고 제안했다. 당시 인디언들은 토지 소유 개념이 없는 데다 주로 유목 생활을 했기 때문에 네덜란드 사람들에게 맨해튼을 잠시 빌려준다고 생각했던 것이다.

네덜란드 총독은 인디언에게 겨우 24달러어치의 장신구와 구슬을 주고 맨해튼을 차지했다. 인디언을 속여 맨해튼 지역을 차지한 네덜란드 총독은 이 지역의 이름을 뉴 암스테르담이라 명명하고 한동안 비버 무역을 독점했다. 하지만 뉴 암스테르담은 불과 50여 년 만에 영국이 차지하게 된다. 이곳의 새로운 주인이 된 영국인들은 도시 이름을 영국 도시인 요크를 따서 뉴 요크로 바꾼다. 바로 세계 최고의 도시 뉴욕의 유래다.

이런 황당한 거래를 두고 많은 사람들은 인디언들이 무지하다고 비웃어왔다. "세계에서 최고로 비싼 땅인 맨해튼을 겨우 24달러에 파는 바보가 어디 있냐"면서 말이다. 또 인디언을 속여 맨해튼을 손쉽게 차지한 네덜란드 총독의 선견지명을 칭송하기도 했다. 그런데 과연 그럴까?

전설적인 투자자 피터 린치는 1989년 한 언론과의 인터뷰에서 재미난 주장을 했다. 자신이 계산해봤더니 오히려 인디언이 남는 거래를 했다는 것이다. 도대체 어떻게 계산했길래 이런 주장을 할까? 앞서 언급했듯이 인디언과 네덜란드 총독 간의 맨해튼 거래 금액은 단돈 24달러다. 그런데 이 24달러를 채권, 주식 등 금융상품에 연 8퍼센트 복리로 투자했다면 어떻게 될까?

복리란, 중복된 이자를 뜻한다. 말 그대로 이자에 이자가 붙는 것이다. 원금과 이자가 재투자돼 이자가 붙고 거기에 또 이자가 붙는다. 그래서 눈덩이가 구를수록 커지는 것처럼 시간이 흐를수록 원금과 이자가 빠르게 늘어난다. 계산법도 다르다.

단리 계산법은 다음과 같다.

현재 가치 × {1 + (금리 × 기간)}

하지만 복리 계산법은 매우 복잡하다. 이를 식으로 표현하면 다음과 같다.

현재가치 × $(1 + 금리)^{기간}$

복리를 암산하는 것은 쉽지 않다. 계산기의 도움을 받아야 한다. 하지만 누구나 암산으로 복리의 효과를 알 수 있는 계산법이 있다. 바로 '72의 법칙'이다. 복리로 자산이 2배로 늘어나는데 걸리는 시간을 예측하는 계산법이다.

72 ÷ X(퍼센트) = Y(년)

정기예금 금리가 2퍼센트라고 하면 복리일 때 2배 늘어나는 데 얼마나 걸릴까? 앞의 계산식에 넣으면 바로 나온다. 답은 36년이다. 상당히 긴 세월이다.

하지만 피터 린치가 처음 이 이야기를 꺼낸 1989년만 해도 8퍼센트 금리가 흔했다. 따라서 이 당시에는 9년만 있으면 2배의 목돈을 손에 쥘 수 있었다. 9년마다 2배로 자산이 불어난다니 얼마나 신날까?

피터 린치는 24달러를 연 8퍼센트 복리로 불렸다면 현재 얼마가 됐을지 계산했다. 1626년부터 1989년까지 363년간 연 8퍼센트 복리로 굴린다면 무려 32조 달러에 달한다. 현재 가치로 환산하면 65조 달러가 넘는다. 우리나라 돈으로 환산하면 무려 7경 6570조 원이다. 정말 경을 칠 노릇이다.

참고로 우리나라 전체 주택 시가총액(2018년 기준)은 4709조 1000억 원이다. 인디언이 제대로 투자했으면 '부동산 왕국'이라는 우리나라 주택 모두를 15번 사고도 남는 셈이다. 이 사실을 네덜란드 총독이 안다면 얼마나 배가 아플까?

물론 이는 피터 린치가 복리 효과를 강조하기 위해 만든 가상의 계산일 뿐이다. 실제로 1626년부터 현재까지 수백 년간 꾸준히 투자할 수 있는 수단은 없다. 복리 투자 수단은 더더욱 한정적인 데다가 중간에 매도했을 확률도 매우 높다. 고수익 투자 대상이 부족해 투자 규모가 늘어날수록 같은 수익률을 유지하기도 힘들다. 하지만 복리를 활용한 지속적이고 장기적인 투자가 부

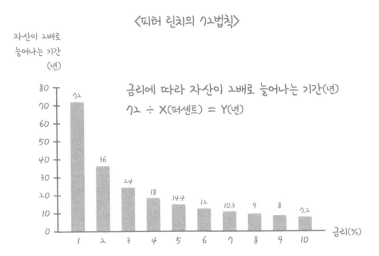

〈피터 린치의 72법칙〉

자산이 2배로
늘어나는 기간
(년)

금리에 따라 자산이 2배로 늘어나는 기간(년)

$72 ÷ X(퍼센트) = Y(년)$

금리(%)

동산 투자보다 더 효과적이라는 점에서 유용한 예시다.

앞에서 벌고 뒤로 깨진다

역사 이야기가 장황하게 들릴 수도 있다. 하지만 '혹시 나도 맨
해튼 같은 거래를 하지는 않았을까' 하는 걱정이 들기도 할 것
이다. 부동산 거래가 당장은 이득인 것 같은데 따지고 보니 남는
게 별로 없는 경우가 많기 때문이다. 실제로 아파트 가격은 천정
부지로 뛰고 있다는데 다들 돈은 만져보지도 못했다고 한다. 엄
살을 피우는 걸까? 도대체 진실은 뭘까?

우선 세금부터 짚어보자. 소위 '종부세(종합부동산세) 폭탄'이 너무 과하다는 것이다. 현행 종부세법은 매년 6월 1일을 기준으로 공시가격 9억 원 이상 주택에 종부세를 부과한다. 2020년 7월 10일 발표된 부동산 대책으로 종부세율은 0.6~6퍼센트까지 훌쩍 뛰었다. 취득세도 최대 12퍼센트, 양도소득세도 최대 72퍼센트까지 오를 전망이다. 이게 너무 높다는 것이다.

정말 그럴까? 보통 부동산 관련 이야기를 할 때 가격이 오른 것만 말한다. 강남 아파트가 평당 1억 원이 넘는다는 등, 마용성 아파트가 1년 사이에 3억 원이 올랐다는 등 가격 상승에만 주목한다. 그런데 이런 아파트들은 세금을 얼마나 낼까? 예를 들면, 45평형 아파트를 15억 원에 구입한 경우 내야 하는 세금을 '7.10 대책'의 세율로 계산하면 얼마일까?

50세 1세대 1주택자일 경우 9억 원 초과 주택에 해당하기 때문에 취득세는 3퍼센트, 15억 원×3퍼센트=4500만 원이다. 여기에 농어촌특별세와 지방교육세는 매매 가격의 0.2퍼센트와 0.3퍼센트이므로 각각 300만 원과 450만 원이다. 따라서 부동산 취득으로 인해 발생하는 세금은 총 5250만 원이다. 만만치 않다.

이게 끝이 아니다. 부동산 중개 수수료와 법무사 사무실에 지불해야 할 수수료, 국민채권 할인까지 3종 세트도 내야 한다. 부동산 중개 수수료는 대략 거래 가격의 0.9퍼센트 내외로 1350만 원이고, 법무사 수수료는 대략 120만 원이다. 국민채권 할인은 바로 매도해 회수할 수 있기 때문에 제외하자. 하지만 이를 전부 계산해보면 아파트 구입비를 빼고도 비용만 무려 6720만 원이 든다.

여기서 끝이 아니다. 부동산은 보유하는 내내 재산세를 내야 한다. 재산세는 공시가격의 60퍼센트를 과세표준으로 산출한다. 계산의 편의를 위해 시세 15억 원, 공시가격은 10억 원이라고 가정하면 재산세는 177만 원이다. 여기에 추가로 재산세 도시지역분, 지방교육세가 붙는다. 따라서 총 납부해야 하는 세금은 매년 290만 원이 넘는다.

아직도 끝이 아니다. 부자들이 가장 아깝다고 이야기하는 종부세는 공시가격이 9억 원을 넘으면 내는 세금이다. 따라서 종부세(세율 0.6퍼센트)도 54만 원 가까이 내야 한다. 1년 동안 보유하는 것으로 내야 하는 세금이 중복분을 차감해도 340만 원에 달한다.

여기에는 이 아파트를 매도할 때 내야 하는 양도소득세가 빠져 있다. 매수할 때보다 집값이 떨어져 손해를 보며 매도하면 안 내도 되는 세금이긴 하지만 오른 경우에는 6~72퍼센트까지 차등적으로 세율이 적용된다. 주택의 양도소득세 계산은 1세대 1주택 여부, 보유 기간, 투기지역 여부 등 고려해야 할 사항이 매우 많다. 대략 15억 원에 구입한 아파트를 1년 후 3억 원의 시세차액을 얻고 판다고 가정하면 내야 할 세금(양도세율 60퍼센트)은 1억 6600만 원이 넘는다.

그럼 시세가 1년 만에 3억 원이 올랐을 때 부담은 얼마나 되는지 따져보자. 취득 비용 6720만 원에 보유세 340만 원, 양도세 1억 6600만 원을 합치면 2억 3600만 원이 넘는다. 그래도 6350만 원 남는다고 할 수도 있다. 이는 15억 원짜리 아파트를 전부 자기 돈으로 산 1주택자에게 해당되는 이야기다. 다주택자라면 '7.10 대책' 이후 세금부담이 2배 이상 훌쩍 늘어난다. 아파트 시세가 3억 원이나 올라도 적자다.

주변에 빚 지지 않고 아파트를 구입한 사람이 얼마나 되는지 찾아보라. 대부분 은행 대출을 '끼고' 아파트를 구입한다. 이 경우 1주택자라도 이야기가 달라진다. 예를 들어보자. 아파트 구입대금 15억 원 중 10억 원을 10년 동안 2퍼센트 이자라는 좋은 조건으로 빌렸다고 가정하자. 이 경우, 매달 이자와 원금을 얼마나 갚아야 할까? 매달 920만 1345원을 은행에 내야 한다. 웬만한 직장인 월급보다 많다. 1년 동안 갚아야 할 돈이 1억 1000만 원이 넘는다.

따라서 계산해보면 시세는 3억 원 올랐는데 1년에 부담해야 할 돈은 3억 4600만 원에 달한다. 결코 남는 장사가 아니다. 물론 서울 강남 등 투기과열지역에서는 1년에 3억 이상 오른 경우도 있다. 또 1년 만에 아파트를 파는 사람이 어디 있느냐, 사례가 너무 극단적이다, 라고 할 수 있다. 하지만 이런 부담을 한번 따져보면 일반적인 경우 아파트 가격이 오른 것보다 남는 것이 많

매입 시 비용(세금+수수료)	1년 보유 세금	1년 후 매도 시 비용
취득세 4500만 원 농어촌특별세 300만 원 지방교육세 450만 원 부동산 중개 수수료 1350만 원 법무사비 120만 원	재산세 약 177만 원 종합부동산세 약 54만 원 기타세금 약 110만 원	양도소득세 약 1억 6600만 원
약 6720만 원	약 340만 원	약 1억 6600만 원

약 2억 3600만 원

을지는 의문이다. '부동산 투자는 은행만 좋은 일 시키는 셈'이란 말이 괜히 나온 게 아니다. 그런데도 많은 사람들이 은행 탓은 하지 않고 세금 탓만 한다.

종합적으로 따져보면 아파트 가격이 올랐다고 해서 좋아할 일만은 결코 아니다. 내야 하는 6종 세트와 보유하거나 팔 때 내야 하는 3종 세트를 따져봐야 한다. 물론 대출 없이 산 사람이라면 이런 비용이 부담스럽지 않다. 하지만 은행 빚으로 산 '은행집'이라면 아파트 가격이 올라도 오히려 손해 볼 가능성이 매우 크다. 네덜란드 총독처럼 비싼 땅을 싸게 샀다고 좋아하다가 낭패를 보는 것처럼 말이다.

실수요자가 알아두면 좋은 3가지 부동산 지표

그러면 부동산을 아예 사지 말아야 할까? 실수요라면 이야기가 다르다. 모든 직장인들의 꿈인 내 집 마련을 포기할 수는 없다. 앞에서는 남는 것 같은데 손해를 보는, 은행만 좋은 일 시키는 바보(?) 같은 짓을 피할 수 있는 방법을 찾아보자.

이를 위해 살펴볼 지표가 있다. 네이버나 직방 같은 곳에서 확인할 수 있는 실거래가나 거래량보다 더 중요한 3가지 지표가 있다. 바로 PIR, RIR, K-HAI이다.

1. PIR Price to Income Ratio은 소득 대비 주택가격 비율을 뜻한다. 쉽게 말하면 가구의 연평균 소득으로 주택을 몇 년 만에 구입할 수 있는지 측정하는 지표다. 예를 들어, PIR이 15라면 평균 소득 가구가 평균적인 주택을 구입하기 위해 한 푼도 쓰지 않고 15년 간 모아야 한다는 이야기다. 따라서 PIR 수치가 증가하는 것은 내 집 마련이 그만큼 힘들어졌다는 의미다. PIR은 연도별 집값 추이, 다른 나라 도시와 비교할 때 객관적인 자료로 많이 인용

된다.

우리나라의 PIR은 어느 정도 수준일까? 국가·도시 비교 사이트 넘베오(www.numbeo.com)에서 확인할 수 있다. 2020년 현재 서울은 24.46이다. 서울에서 평균 소득 가구가 평균적인 주택을 구입하는 데 24년이 넘게 걸린다는 이야기다. 이는 전 세계 332개 주요 도시 중 22위다. 파리(22.24), 런던(20.70), 로마(15.78), 도쿄(14.25), 베를린(10.62)은 물론 네덜란드 총독이 인디언을 속이면서 산 뉴욕(10.60)보다도 높은 순위다.

2. RIR^{Rent to Income Ratio}은 월소득 대비 주택 임대료 비율이다. 무주택자들이 주거를 위해 얼마나 많은 비용을 쓰는지를 나타내는 수치다. 여기에는 전세, 월세가 다 포함된다. 예를 들어, RIR이 20퍼센트이면 월 100만 원 버는 사람이 월 20만 원의 임대료를 내고 있다는 말이다. 따라서 RIR이 높을수록 무주택자들이 힘들다는 뜻이다. 우리나라는 국토교통부가 RIR 지표를 발표하고 있다. 2019년 기준 우리나라 전국의 RIR은 16.1퍼센트다. 2018년 15.5퍼센트에 비해 소폭 증가했다. 다만 RIR 자료는 다른 나라와 비교하기 힘들다. 전세 개념이 있는 나라는 우리나라가 유일하다시피하기 때문이다.

그런데 여기서 질문. RIR이 낮아진 것은 좋은 현상일까? 임대료 부담이 줄었다는 뜻이기 때문에 서민들에게 유리해진 것으로 여기기 쉽다. 하지만 RIR에 포함되는 전월세는 시세차익 목적 없이 순수하게 그 집에 살기 위해 지불하는 돈이다. 따라서 해당 집의 실제 가치를 매우 잘 반영한다. 매매 가격이 높아지는데도 RIR이 낮다는 것인 집값에 그만큼 거품이 끼어 있다는 이야기다. 실제로 부동산 가격이 급등하기 전인 2014년만 해도 RIR이 20.3퍼센트로 현재보다 높았다. 하지만 이후 RIR은 급격히 내려가기 시작했다. 따라서 부동산 가격이 급등하는데도 RIR 지표가 하락한다면 그만큼 거품이 커지고 있다고 해석할 수 있다.

3. K-HAI Korea-Housing Affordability Index는 **주택구입부담지수다.** 중간 소득 가구가 중간 가격 주택을 대출 받아 구입했을 때의 상환부담비율을 나타낸다. 즉, 집을 구입할 때 빌린 돈에 대한 부담의 정도를 알려준다. 기준지수 100은 소득 중 25퍼센트를 집 구할 때 빌린 원리금 상환에 쓴다는 의미다. 따라서 이 지수가 높을수록 부담이 커진다는 뜻이다. K-HAI는 주택금융공사가 매 분기 지역별, 주택 규모별로 공표하고 있다. 그러면 이 지표의 어떤 점을 봐야 할까? 추세 변화를 살펴야 한다. 예를 들어, 하락하던 지표가 상승 전환한다면 부담을 지고서라도 집을 사겠다는 사람이 늘어났다는 이야기다. 따라서 집값이 올라갈 가능성이 크다. 반면 하락 추세가 완연하다면 부동산 거품이 꺼질 조짐이라고 보면 된다.

2019년 4분기까지 자료를 보면 전국의 K-HAI는 50.5로 8분기 연속 감소했다. 서울은 2019년 1분기부터 3분기째 K-HAI가 하락하다 4분기 들어 126.6를 기록하며 전분기 대비 소폭(3.0) 상승하기는 했다. 하지만 추세 반전으로 보기에는 아직 무리다. 더구나 부산(56.4), 대구(60.3), 인천(55.4), 광주(43.6) 등 지방의 하락세가 완연하다. 이처럼 지표가 하락 추세에 접어들었다면 부동산을 매수하는 데 신중해야 한다. 거품 터지기 직전 막차일 수 있기 때문이다.

집을 살 것인지 말 것인지 결정하기 전에 지금까지 살펴본 PIR, RIR, K-HAI를 종합적으로 참조하는 것이 바람직하다. 특히 전체보다는 지역별, 주택 규모별로 살펴 투자 여부를 결정하는 것이 좋다.

갭 투자, 해도 괜찮을까?

요즘 유행하는 부동산 갭 투자는 수익만큼 피해와 위험이 크니 피하라고 말하고 싶다. 시세차익을 목적으로 주택 매매 가격과 전세금 간의 차액이 적은 집을 전세를 끼고 매입하는 갭 투자는 언제 터질지 모르는 뇌관이나 마찬가지다. 갭 투자를 한 장본인은 물론 해당 집에 전세를 살고 있는 사람까지 피해를 입을 수 있다.

갭 투자는 '무피 투자'라고도 불린다. 여기서 무피의 피는 진짜 피를 뜻한다. 내 피, 즉 내 돈을 들이지 않고 투자한다는 의미다. 한마디로 남의 돈으로 집을 사는 기법이다.

이렇게 하는 이유는 레버리지 효과(지렛대 효과)를 이용하기 위해서다. 레버리지 효과는 어린아이들이 즐겨 타는 시소처럼 작은 힘으로 큰 몸무게를 들어 올리는 것을 노린다. 다른 사람에게 빌린 적은 자본을 지렛대 삼아 큰 수익을 기대하는, 전문적으로 이야기하면 자기자본이익률을 높이는 것이다.

100억 원의 자본으로 10억 원의 순익을 올리면 자기자본이익률은 얼마일까? 10퍼센트다. 하지만 자기자본 50억 원에 타인 자본 50억 원을 더해 10억 원의 수익을 낸다면 자기자본이익률은 20퍼센트가 된다. 이익률이 2배가 되는 것이다. 이처럼 남의 돈을 잘 빌려 투자하면 큰돈을 벌 수 있다고 믿는 것이 바로 레버리지 효과다.

갭 투자는 레버리지 효과를 노린 대표적인 방법이다. 예를 들어, 이 피디에게 2억 원의 투자금이 있다면 2억 원짜리 아파트를 몇 채나 살 수 있을까? "당연히 한 채지. 무슨 바보 같은 질문"이라고 할 수 있지만, 이 피디가 갭 투자를 한다면 계산이 달라진다.

6억 원 미만 주택은 대략 취득세와 각종 수수료 부담액이 400

만 원 정도다(7.10 대책에 따라 다주택자 취득세가 급격히 올랐지만 계산의 편의를 위해 생략했다). 따라서 1억 8000만 원짜리 전세 입주자가 있는 2억 원짜리 아파트라면 이 피디는 총 여덟 채를 살 수 있다. 매매가와 전세가의 차이인 2000만 원에 세금 등 부담액 400만 원을 합치면 한 채당 인수하는데 필요한 금액이 2400만 원에 불과하다. 따라서 여덟 채면 총 1억 9200만 원이기 때문에 이 피디에게는 오히려 800만 원이 남는다.

그런데 여기서 끝나지 않는다. 2년 뒤에 8명의 전세 세입자에게 2000만 원씩 전세금을 올려 받으면 총 1억 6000만 원이 생긴다. 이를 또 갭 투자하면 아파트가 여섯 채 더 생긴다. 세포가 분열하듯이 이런 식으로 집을 사 모으니 '나는 갭 투자로 300채 집주인이 되었다'는 황당한 제목의 책이 출간되기도 했다. 여기에 혹해 이 피디처럼 갭 투자에 나선 사람들이 많다(물론 실제로 이 피디는 갭 투자를 하지 않고 할 돈도 없다).

문제는 현실이 이론처럼 흘러가지 않는다는 점이다. 갭 투자는 부동산 가격이 끊임없이 오를 것을 전제로 한다. 부동산 가격이 올라야 전세금도 계속 올려 받을 수 있다. 만일 부동산 가격이 떨어지기 시작하면 어떻게 될까? 앞의 예에서처럼 2억 원짜리 아파트 여덟 채를 1억 8000원 전세를 끼고 1억 9200만을 들여 사 들였을 경우, 전세 가격이 2000만 원씩 빠진다면 여덟 채니까 1억 6000만 원을 세입자들에게 고스란히 내줘야 한다. 여기에 여덟 채에 대한 각종 세금 3200만 원은 이미 낸 상태다. 그러면 손실률이 100퍼센트다. 이 피디는 대박을 좇다 쪽박을 차게 되는 셈이다.

2억 원을 가지고 그냥 아파트 한 채를 구입했다면 손실률이 10퍼센트에 불과했을 텐데 그놈의 레버리지 효과를 노리다 100퍼센트 손실을 보게 됐다. 한마디로 레버리지 효과를 노리는 갭 투자는 대박 아니면 쪽박이란 말이다. 집값이 오를 때는 엄청난 상승 효과를 낼 수 있지만, 반대로 집값이 하락할 때는 큰 손실이 불가피하다.

주식이나 펀드와 달리 갭 투자는 주거 공간을 두고 벌이는 투기에 가깝다. 주식이나 펀드로 돈을 날려도 살 수 있지만 갭 투자에 실패하면 진짜 거리로 나앉게 된다. 가족들의 편안한 쉼터가 돼야 할 집을 가지고 이런 위험한 도박을 해야 할까?

갭 투자 사기에 당하지 않는 법

내가 갭 투자를 하지 않더라도 자칫 갭 투자의 피해자가 될 수 있다. 운 나쁘게 갭 투자자의 집을 전세로 얻을 수도 있기 때문이다. 전월세를 얻을 때, 피해를 입지 않는 방법은 없을까? 5가지를 살펴보겠다.

1. 너무나 당연한 이야기이지만 **실거래가격을 반드시 확인해야 한다.** 실거래가격은 직방이나 네이버 부동산에서 간단히 살펴보면 된다고 생각할 수도 있다. 하지만 이것만 보고 안심했다가는 소중한 전세금을 갭 투자자들에게 다 날릴 수도 있다. 이유가 뭘까?

전셋집을 구하는 사람에게는 이런 조언들이 쏟아진다. '융자가 전혀 없는 집을 찾아라.' 하지만 요즘 같은 세상에 이런 집 구하기는 하늘의 별 따기만큼이나 어렵다. 다음 조언은 이렇다. '선순위 대출 금액이 많거나 전세 가격이 매매 가격의 80퍼센트를 넘는 집은 가능한 한 피하라.' 이유는 혹시나 문제가 생겼을 경우 집이 경매로 넘어가더라도 경매 가격은 시세의 80퍼센트, 빌라는 70퍼센트 이상에서 낙찰되기 때문이다. 따라서 근저당금액과 전세 가격의 합이 이 이하라면 안심해도 된다는 이야기다. 그런데 과연 그럴까?

일반적으로 널리 알려진 '다운 계약'과 정반대인 '업 계약'이란 황당한 계약 방식이 존재한다. 업 계약은 말 그대로 실제 가격보다 가격을 높여 계약하는 행태다. 이렇게 하면 세금도 많이 내야 할 텐데 왜 이런 짓을 할까?

예를 들어, 이 피디가 매매가 1억 6000만 원짜리 빌라를 살 때 매도인인 박 피디에게 나중에 양도세 부담을 덜고 싶으니 2억 원에 업 계약을 하자고 부탁한다. 양도세는 매도한 가격에서 매입한 가격을 뺀 금액에 매기는 세금이기 때문에 매입한 가격을 미리 높여놓으면 나중에 매도한 가격에서 그만큼 금액이 감소하고 세금도 줄어든다고 친절하게 설명도 한다. 이렇게 하더라도 박 피디가 손해 볼 일은 전혀 없다고 강조한다. 다주택자가 아닌 1가구 1주택자인 덕분에 양도소득세는 0원이다(참고로 1가구 1주택이더라도 해당 집을 소유한 지 2년 내에 팔거나 9억 원이 넘는 집은 양도소득세를 내야 한다). 여기에 이 피디가 업 계약을 해주는 대신 복비의 일부를 부담하겠다는 등의 제안을 하면 박 피디는 부탁을 들어줄 가능성이 매우 크다.

문제는 이렇게 업 계약한 집을 이 피디가 전세로 내놓을 경우다. 전세 가격 1억 6000만 원에 내놓으면 무슨 일이 벌어질까? 전세를 찾는 사람들이 부동산 실거래가나 직방, 네이버에서 이 집을 검색하면 매매가는 2억 원인데 전세 가격은 1억 6000만 원으로 나온다. 따라서 집값 대비 전세가율은 80퍼센트다. 그러나 실제 매입 가격은 1억 6000만 원, 전세 가격도 1억 6000만 원이다. 따라서 전세가율이 100퍼센트인 집이 80퍼센트로 변신하게 된다. 그런데 이를 모르고 전세 가격이 매매 가격의 80퍼센트를 넘지 않았으니 안심해도 된다고 착각해 덜컥 계약할 수도 있다. 등기부등본을 확인하고 확정일자까지 받았으니 안심해도 된다면서 말이다.

하지만 2년 뒤 다른 집으로 이사를 가려고 전세금을 달라고 할 때 이 피디가 돌려줄 전세금이 없다고 나오면 그제야 깨닫게 된다. '갭 투자자에게 속았다'고.

업 계약은 불법이다. 들통날 경우 이를 주도한 매수인은 물론 매도인, 이를 중개한 공인중개사까지 처벌 받는다. 매도인의 경우, '양도소득세 신고 불성실'로 탈세액의 40퍼센트가 가산되고 취득세액의 3배 이하 과태료가 부과된다. 매수인도 취득세가 추가 추징되고 탈세액의 20퍼센트가 가산된다. 공인중개사 역시 취득세의 3배 이하의 과태료와 등록 취소 또는 6개월 업무 정지라는 중징계 처분을 받을 수 있다. 하지만 갭 투자를 통해 수익을 올리는 데 혈안이 된 매수인과 공인중개사에게 이 정도 처벌쯤은 우스울지도 모른다.

따라서 갭 투자의 마수에 걸리지 않으려면 해당 집 인근 부동산에 직접 들러 전세가는 물론 매매 시세를 확인해야 한다. 주변 시세보다 지나치게 전세 가격이 낮거나 등기부등본에 적힌 매매 가격이 주변 시세보다 높다면 의심해야 한다. 부동산도 한 곳만 들러서는 안 된다. 최소한 다섯 곳 이상은 발품 팔 각오를 해야 한다. 이때 해당 지역에서 오랜 시간 영업한 터줏대감 같은 부동산을 반드시 체크해야 한다. 이들은 해당 집의 주인이 누구인지, 어떤 상황인지 어느 정도는 파악하고 있는 경우가 많다.

2. 부동산 등기부등본은 한 번이 아닌 계약 전, 계약 당일 최소 두 번 이상 확인해야 한다. 소유자, 대출금액, 가압류 등의 권리

관계가 하루 사이에도 바뀔 수 있기 때문이다. 간혹 등기부등본을 발급받거나 열람하려면 집주인의 동의가 있어야 한다고 오해하는 사람들이 있는데 전혀 아니다. 집주인의 동의가 필요 없을 뿐만 아니라 발급, 열람 이력도 남지 않는다. 인터넷 등기소에서 다른 민원과 달리 로그인이나 공인인증서 없이 등기부등본을 열람, 발급 받을 수 있다. 단 열람은 700원, 발급은 1000원의 수수료가 든다.

등기부등본을 떼보는 가장 중요한 이유는 해당 집에 대한 대출과 근저당이 있는지, 있으면 얼마나 있는지 확인하기 위해서다. 따라서 소유권 이전 내역이 들어 있는 등기부등본의 '을' 구만 확인하고 끝내는 경우가 많다. 그런데 이렇게만 했다가는 낭패를 볼 수 있다. 담보신탁이 있는 경우도 있기 때문이다. 예를 들어, 집을 담보로 은행에서 최대로 받을 수 있는 대출이 1억 원인데 신탁회사에서는 1억 3000만 원까지 대출해준다고 하면 집주인은 당연히 신탁회사를 선택할 것이다. 그러면 집주인은 신탁회사에 소유권을 이전해준다. 집주인이 신탁회사에 대출금을 잘 갚으면 문제는 없다. 하지만 연체가 발생하면 신탁회사는 해당 집을 공매처리할 수 있다. 이 경우 확정일자를 받고 전입신고해도 소용없다. 해당 집은 신탁회사의 소유이기 때문이다.

이런 내용은 등기부등본의 '을'구가 아닌 '갑'구에 나온다. 여기에 신탁회사 이름이 보인다면 해당 신탁원부 번호를 확인해서 신탁원부 내용을 반드시 살펴봐야 한다. 물론 양심적인 공인중개사는 해당 내용을 알아서 확인해준다. 하지만 세상에는 양심적인 공인중개사만 있지 않기 때문에 스스로 확인해봐야 한다.

3. 등기부등본을 확인할 때 기존에 말소된 사항까지 포함시켜야 한다. 인터넷 등기소에서 등기기록상태란을 체크할 때 '현행+폐쇄'를 선택하면 된다. 이렇게 해야 하는 이유가 있다. 예를 들어, 집주인이 보증금을 돌려주지 않아 기존 임차인과 다툼이 있어 임차권등기가 된 적이 있다. 이런 경우에도 잘 해결돼서 이미 말소된 경우라면 현재 등기부등본에 나오지 않는다. 하지만 이런 다툼이 있었던 집주인이라면 또 다시 말썽이 생길 가능성이 높다. 따라서 말소 사항을 포함시킨 등기부등본을 떼서 확인했는데 임차권등기가 된 적이 있다면 계약하지 않은 것이 좋다.

4. 계약서를 쓸 때 계약하는 사람이 집 소유자인지 반드시 확인해야 한다. 주민등록증과 대조하는 것은 필수다. 간혹 집주인이 해외에 있다는 등 그럴싸한 핑계를 대며 대리인을 내세우는 경우가 있다. 이런 계약은 되도록 피하는 것이 좋지만 어쩔 수 없다면 3개월 내에 발급 받은 집주인의 인감증명서와 위임장을 요구해야 한다. 이때 유의할 점은 인감증명서의 본인 혹은 대리 발급 여부도 함께 확인해야 한다는 것이다. 본인이 발급했으면 우

측 상단 본인에 "○", 대리 발급을 했다면 대리인에 "○"표시가 돼 있다. 인감증명서를 대리로 발급 받은 사람이 대리로 계약하 겠다면 다시 한 번 생각해봐야 한다.

이게 끝이 아니다. 계약을 체결한 후 꼭 집주인과 전화 통화해 서 확인해야 한다. 영상 통화를 요청하면 더 확실하다. 이때 잔금 은 집주인이 나와야 지급하겠다는 안전장치를 마련하는 것이 좋 다. 혹시 집이 부부 공동 명의로 돼 있는 경우도 있다. 이런 경우 는 부부 모두와 계약하는 것이 안전하다. 부부 상호간에 인정되 는 대리권이 있어서 한 명만 참석해도 계약은 가능하지만 분쟁의 여지를 최소화하는 것이 바람직하다. 전세금을 지급할 때도 현금 보다는 임대인(집주인) 소유자 명의의 통장을 이용하는 것이 비교 적 안전하다. 또 전입신고와 확정일자를 반드시 받아두어야 한다.

5. 전세 계약서를 작성할 때도 요령이 필요하다. 향후 불미스러 운 일이 발생하지 않도록 임대인과의 협의 내용은 말로만 하지 말고 계약서의 특약 사항에 넣어놓는 것이 바람직하다. 예를 들 면, 입주전 청소, 원상복구 등의 하자 보수 관련한 쌍방 의견 조 율 등 협약한 내용을 기재토록 해 문서상에 남겨놔야 처리할 때 잡음이 덜하다. 계약 만료 이후 집을 비우는 과정에서 집주인과 의 보수, 복구 관련 마찰을 경험하는 경우가 의외로 많다.

특히 전세자금 대출 가능 여부도 특약 사항에 넣어달라고 한다. 전세 대출이 꼭 필요한데 집주인, 즉 임대인이 동의해주지 않으면 불가능하기 때문이다. HUG(주택도시보증공사)나 SGI서울보증에서 제공하는 전세금반환보증 상품에 가입하는 것도 고려해봐야 한다. 전세금반환보증보험은 전세로 살고 있던 집이 경매로 넘어가거나 차기 임차인이 구해지지 않는다는 등의 이유로 집주인이 전세 보증금을 돌려주지 않는 골치 아픈 경우 도움이 된다. 보증보험에서 전세 보증금을 보장해주기 때문이다.

대한민국에서 부동산은 욕망의 결정체로 불린다. 아파트가 신흥 종교라는 말까지 있을 정도다. 그래서 로또보다 아파트 분양에 당첨되길 더 원하고, 자녀 수능 성적보다 청약 점수가 더 높길 바라고, 죽기 전에 종부세 한 번 꼭 내보고 싶어 한다는 우스갯소리도 나온다. 그래서 평생 모든 돈을 쏟아부으며 너도나도 아파트 사길 원한다.

하지만 아파트를 산 모든 사람이 행복할까? 밤샘 야근에 휴가도 없이 일만 해서 회사 고위직에 오른 사람이 있다. 어차피 유머니까 기분이라도 좋게 이 피디라고 하자. 이 피디가 대기업 임원에 올라 남들이 부러워하는 고액 연봉을 받게 됐다. 당연히 비싼 집도 구매했다. 으리으리한 집에 가구도 최고급, 가전도 최신형을 들여 놓았다. 커피잔마저도 유럽 왕실에 납품하는 브랜드로 장만했다. 귀찮은 집안일은 가사 도우미에게 전부 맡기는 등 그동안의 고생을 한꺼번에 보상 받으려는 듯 돈을 쏟아부었다. 어마어마한 연봉이 있으니 가능한 일이다.

그런데 어느 날 이 피디가 갑자기 일이 생겨 급하게 집에 들렀다. 하도 급한 일이라 가사 도우미에게 연락도 못 했다. 그런데 놀라운 광경을 목격했다. 가사 도우미가 자신이 마련한 최고급 가구에 앉아 최신 가전을 켜고 최고가 커피잔으로 커피를 마시며 여유를 즐기고 있었던 것이다.

이게 무슨 말일까? 고액 연봉자인 이 피디 본인은 비싼 소파, 찻잔, 가전 등을 구입만 했을 뿐 바쁜 업무 때문에 정작 사용하지 못하는데 가사 도우미는 최고급 가구와 가전, 커피잔을 하루 종일 공짜로 즐기고 있었던 것이다.

이 피디와 가정부 중 누가 더 행복한 사람일까? 독자 여러분이 서 있는 위치에 따라 대답이 달라지지 않을까?

 함께 들으면 좋은 경불진 에피소드

 시세 2억 올랐는데도 종부세 부담스런 현실적인 이유는?

 갈수록 늘어나는 빈집… 일본처럼 '0엔' 아파트 나올까?

"집을 공짜로 드립니다"

"집은 공짜로 드릴 테니 살아만 주세요."

혹시 이런 제안을 받는다면 어떨까? 세상에 그런 일이 어디 있냐고 하겠지만 일본에서 벌어지고 있는 일이다. 이런 제안을 하기 위해 등장한 서비스도 있다. 바로 '아키야 뱅크'다. 아키야 (あきや)는 빈집을 뜻하는 일본어다. 아키야 뱅크는 빈집 은행인 셈이다.

아키야 뱅크에는 일본 각 지역에 있는 빈집 정보가 올라온다. 대부분 무료이거나 아주 싼 가격이다. 지역과 집 크기 및 상태에 따라 다르지만 대략 50만 엔(약 500만 원)에서 2000만 엔(약 2억 원) 정도다. 일본 지자체들은 빈집 은행을 통해 입주한 사람이 18세 이하 자녀를 두고 있거나 60세 이상 고령자라면 월세를 최대 4만 엔(약 40만 원)까지 지원해준다.

이런 서비스가 등장한 이유는 급격한 고령화 때문이다. 살던 집을 자녀에게 상속하고 떠나는 어르신들이 늘어가는데 이를 상속 받길 거부하는 경우가 많다. 상속 받아서 얻는 이익보다 내야 하는 세금과 수리비가 훨씬 많기 때문이다. 이런 이유 등으로 비어 있는 집이 일본 전역에 무려 850만 채(일본 총무성 발표, 2019년 기준)가 넘는다. 전체 주택의 13.6퍼센트에 달하는 어마어마한 숫자다. 특히 최근 도쿄 등 수도권에서도 빈집이 증가하는 추세다.

우리나라에서도 최근 빈집이 점점 사회문제화될 조짐을 보이고 있다. '집 구하기 힘들다는 곡소리가 터져 나오는데 무슨 소리냐' 할 수 있지만 우리나라의 빈집 증가세도 일본 못지않다. 통계청 조사에 따르면 2018년 전국의 빈집은 142만 호에 달한다. 전체 주택 1763만 호의 8퍼센트 정도다. 특히 최근 3년간 빈집 증가율은 약 30퍼센트로 가파르게 늘어났다.

'빈집은 시골에나 있을 것'이라고 생각할 수 있지만 2019년 통계청 조사에 따르면 25만 채나 비어 있는 경기도가 전국 1위다. 다음으로 경북(13만 7000채), 경남(13만 2000채) 등의 순이다. 설마 부동산 성지인 서울에도 빈집이 있을까? 놀랍게도 9만 4000여 채가 비어 있다.

한국국토정보공사의 '대한민국 2050 미래 항해 보고서'는 대한민국 부동산의 암울한 현실을 보여준다. 2050년에는 우리나라 전체 주택의 10퍼센트인 302만 호가 빈집이 될 것이다. 요즘 부동산 급등의 진원지인 수도권에서만 100만 호가 빈집이 될 것으로 내다봤다. 국내에서도 아키야 뱅크 같은 '빈집 은행'의 등장이 머지않아 보인다.

'필요한 사람이라면 누구나 땅을 쓸 수 있다'고 생각한 인디언들의 지혜가 400여 년 지난 한국에서 재현되는 것은 아닐까?

7장

정부가 빚을 지면
정말 큰일이 날까

세금 이야기만 나오면 쌍심지를 켜는 사람들이 있다. 정부가 정치적 목적으로 복지 예산을 낭비해서 '빚 공화국'으로 전락하고 있다는 지적이다. 이를 메우기 위해 혈세를 뜯어간다는 것이다. 반면 포스트 코로나 시대에는 수동적이었던 세금에 대한 생각을 재난지원금, 기본소득 등 능동적으로 바꿔야 한다는 목소리도 높다. 정말 빚 걱정하지 않고 복지를 요구해도 될까? 재테크 비법도 엿볼 수 있는 세금과 재정 문제에 대한 새로운 시각을 살펴보자.

내가 내면 혈세, 남이 내면 조세 정의

◆ 혈세로 갚아야 할 국가 채무, 4년 후 700조 돌파(매일경제, 2019. 09. 04.)

국민 혈세로 갚아야 하는 적자성 국가 채무가 2023년 700조 원을 돌파할 전망이다. 이에 따른 이자 부담만 16조 원을 넘어설 것으로 추산된다.

4일 정부가 국회에 제출한 '2019~2023년 국가 채무 관리 계획'에 따르면 2023년 국가 채무 1,061조 3,000억 원 중 적자성 채무는 67퍼센트인 710조 9,000억 원에 달해 사상 처음으로 700조 원을 돌파할 것으로 전망됐다. 적자성 채무는 올해만 해도 본예산 기준 국가 채무 740조 8,000억 원 중 57.6퍼센트인 426조 5,000억 원에 불과하다.

태어났더니 '주민세'

살아 있을 때 줬더니 '증여세'

죽었더니 '상속세'

피땀 흘려 노동했더니 '갑근세'

힘들어서 한 대 물었더니 '담배세'

퇴근하고 한잔했더니 '주류세'

아껴 쓰고 저축하니 '재산세'

북한 때문에 불안하니 '방위세'

황당하게 술에 붙은 '교육세'

월급 받고 살아보려니 '소득세'

장사하려 차 샀더니 '취득세'

차 넘버 달려니 '등록세'

월급쟁이 못 해서 회사 차렸더니 '법인세'

껌 하나 샀더니 '소비세'

집에서 가만히 쉬기만 해도 붙는 '전기세와 수도세'

에어컨 좀 켰더니 붙는 '누진세'

배 아파 똥만 눠도 붙는 '환경세'

인터넷에 유행하는 세금 관련 유머다. 가뜩이나 버는 돈은 적은데 매달 세금으로 족족 빼앗기다 보면 이런 생각이 들기 마련이다. 그래서 앞의 기사와 같은 세금 관련 뉴스에 화부터 내는 사람들도 많다. '국가가 나를 위해 해준 것도 없는데 세금만 뜯어간다'고 분통을 터뜨리면서 말이다. '세금 없는 나라에서 살고 싶다'는 황당한 꿈을 꾸기도 한다.

유머는 이어진다.

좀 있는 양반들은 '탈세'

들키면 '모르세'

죽으면 '만세'

이래저래 죽어나는 건 '날세'

그러니 '노세'

따지고 보면 이해 못 할 일도 아니다. 조선 말기 '삼정(전정·군정·환곡)의 문란'에서 시작해 일제 식민지 수탈, 한국전쟁 피해, 폭압적인 군사정권, IMF 외환 위기, 4대강 파괴, 세월호 참사 등으로 이어진 암울한 역사에서 우리 국민들이 세금을 권리이자 의무로 인식할 기회는 좀처럼 없었다. 국가가 지켜줄 것이란 믿음보다는 알아서 살아남아야 한다는 각자도생의 생존 원리를 터득해야만 했다.

이 때문에 많은 사람들이 흔히 세금을 혈세(血稅)라는 끔찍한 용어로 부른다. 그런데 혈세란 용어가 처음 등장한 나라는 어딜까? 조선? 중국? 중세 유럽? 일본이다.

1872년 메이지 정부는 징병령을 선포하는 등 프랑스의 제도를 대거 수입한다. 용어도 그대로 가져왔는데 병역 의무를 뜻하는 프랑스어는 '앙포 뒤 상impôt du sang'이다. 그런데 '앙포impôt'는 '세(稅)', '상sang'은 '피(血)'를 뜻한다. '놈들의 더러운 피를 밭에다 뿌리자'는 다소 끔찍한 가사의 국가를 가진 혁명의 나라이니 병역 의무에도 피로써 보답하자는 뜻이 담겨 있다. 메이지 정부는 국가를 위해 국민들이 자신의 피를 순순히 바치기를 원해 이런 살벌한 용어를 그대로 받아들인 것으로 보인다.

하지만 이 용어를 처음 들은 일본 국민들은 기겁했다. 일본 여러 지역에서 징병령에 반대해 1874년 말까지 10여 차례 큰 봉기가 일어났다. 이 봉기에 참가한 국민들 중에는 혈세라는 용어 때문에 실제로 사람의 피를 뽑아간다고 오해한 경우도 있었다. 혈세란 용어는 일제 강점기인 1920년대 우리 국민들 사이에서 '민중의 고혈을 빠는 세금'이란 뜻으로 쓰이기 시작했다. 밥 먹을 숟가락까지 빼앗아 가는 일제의 잔인한 수탈에 정말 피가 빨리는 심정을 담았던 것이다.

해방을 맞은 이후에도 부당한 세금에 저항하기 위해 혈세란 용어가 자주 사용됐다. 민주화 운동에서도 '혈세 낭비 타파하자'는 구호가 종종 등장했다. 특히 세무 공무원들의 비리가 잇따라 적발된 1994년 이후 언론에서도 혈세란 용어 사용이 급격히 증가했다. 세금을 내봤자 엉뚱한 사람들의 배만 불린다는 인식이 퍼져 나갔다. 이 때문에 세금을 제대로 내면 바보 취급까지 당했다. 이런 사회 분위기는 절세를 넘어 탈세가 횡행하게 만들었다. 조세 정의가 무너졌다는 인식이 널리 확산된 것은 물론이다.

다행히 최근 부동산 불로소득, 고액 상습 체납자 탈세를 막기 위한 다양한 대책들이 속속 나오고 있다. 별다른 소득이 없는데도 고액의 현금이나 주식을 가지고 있거나 비싼 아파트를 구입한 미성년자 등 이른바 '금수저 탈세', 사회지도층이 불법으로 소득과 재산을 해외로 빼돌리는 '역외 탈세' 등에 대한 조사도 상시 진행되고 있다. 물론 아직 성에 차는 것은 아니지만 조세 정의를 세우려는 노력이 과거에 비해 커진 것은 부인할 수 없는 사실이다.

하지만 많은 사람들이 아직도 세금을 혈세라고 부른다. 힘없는 사람만 세금을 뜯긴다는 억울함을 토로하는 경우도 여전히 많다. 아직까지는 조세 정의가 완벽하게 실현되지 않았기에 벌어지는 일이라 이해할 수는 있다.

앞서 언급했듯이 짧게는 삼정 문란이 횡행했던 200여 년 전, 길게는 우리 역사의 시작과 함께해온 세금에 대한 불신이 한순간에 사라지기는 어렵다. 피를 뽑아내는 것 같아서 붙은 고혈이라는 낙인이 세금에서 지워지려면 조세 정의를 바로 세우려는 노력이 아직은 한참 필요하다.

이른바 조세 정의를 실현하려는 노력에 찬물을 끼얹는 시도가 사회 곳곳에 숨겨져 있다. 대표적인 예가 앞서 소개한 기사 같은 사례들이다. 우선 혈세로 갚아야 할 국가 채무가 2023년 700조 원을 돌파할 전망이란 기사를 보고 어떤 생각이 드는가? '우리가 내는 피 같은 돈을 우리를 위해 쓸 줄 알았는데 빚 갚는 데 써야 한다니 괘씸한데'라는 생각이 들지 않을 수 없다. '이렇게 의미 없이 쓰이는데 꼬박꼬박 세금을 내야 할까?'라는 의심도 생긴다.

정부가 세금을 강력하게 걷겠다는 이야기만 나오면 탈세범을 욕하기보다는 정부가 돈이 궁해 부자들을 족친다는 불평도 여기저기서 터져 나온다. 기업이 해외로 돈을 빼돌려도, 부자들이 불법 증여를 해도, 투기꾼들이 불법 자금을 조달해도 정부의 가혹

한 세금 수탈을 피하기 위한 어쩔 수 없는 선택이라고 옹호하는 황당한 목소리도 있다. '돈 없는 내가 잘못이지 부자들이 무슨 죄냐'고 여기면서 말이다. 더 나아가 법인세도, 소득세도, 종부세도 세금이라면 일단 깎고 보자는 인식도 여전하다. 경제를 살리기 위해 세금부터 줄이자는 의견이 신문이나 TV에 흘러넘친다. 국가 채무가 700조 원에 육박하는데 낭비(?)적인 복지 예산을 줄이면 세금을 덜 걷어도 상관없지 않느냐고 강조한다. 국민의 피 같은 돈은 최소한만 걷어 꼭 필요한 곳에만 아껴 써야한다고 충고까지 한다. 물론 아주 틀린 말은 아니다. 하지만 옳은 이야기도 아니다.

세금, 공정한 사회를 위한 기본룰

몇 년 전만 해도 전 세계의 트렌드는 '작은 정부'였다. 미국의 레이건 대통령과 영국 대처 총리를 앞세운 신자유주의가 득세하면서 한때 90퍼센트를 상회했던 최고 소득세율을 대폭 깎기 시작했다. 기업하기 좋은 환경을 만든다며 법인세율도 반 토막 냈다. 세금을 적게 걷는 대신 정부의 역할은 줄이고, 각종 규제를 풀고, 자유를 더 많이 보장해주겠다고 국민들에게 약속했다.

하지만 여기에는 큰 문제가 있다. 모든 국민들이 약속대로 자

172

유를 만끽한 것은 아니었기 때문이다. 고소득층과 기업들은 가벼워진 세금 덕분에 펄펄 날아다녔지만 대부분의 국민들은 이를 부러운 모습으로 쳐다만 봐야 했다. 아니 오히려 빈부 차이는 더 커졌다. 도대체 자유를 줬는데도 왜 이런 일이 벌어졌을까?

동네 조기축구 시합에서 상대 팀이 깜짝 용병을 기용하겠다고 통보해 왔다(어차피 상상이니까 그냥 한번 읽어보자). 모든 규제를 풀었으니 당연히 막을 수 없다. 그런데 알고 봤더니 용병이 잠시 한국에 들렀던 토트넘의 손흥민 선수다. '에이, 말도 안 돼'라고 할 수 있다. 손흥민 선수가 체면이 있지 동네 조기축구에서 뛰는 것은 개그콘서트라고 여길 것이다.

그런데 규제와 세금을 한껏 풀어주고 기업들에 자유를 준 2000년대 후반에서 2010년대 초반 우리나라에서 이 같은 일이 벌어졌다. 삼성, 현대차, LG, 롯데 같은 최고 재벌들이 줄줄이 빵집과 커피숍 프렌차이즈 사업에 진출한 것이다. 가장 서민적인 음식인 순대와 떡볶이 사업에 진출한 재벌들도 있었다. 최첨단 스마트폰과 반도체, 가전, 조선 등을 만들어야 하는 재벌들이 서민적인 면모(?)를 한껏 드러낸 것이다. 재벌이 동네 상권에서 노는 것과 손흥민 선수가 동네 조기축구에서 뛰는 것이 뭐가 다른가? 물론 재벌들은 국민들의 비난이 빗발치자 사업에서 서서히 철수했지만 자유를 한껏 주면 어떤 일이 벌어지는지 여실히 보여준 사례다.

이런 질문이 가능할 수도 있다. 자유민주주의 국가인데 재벌은 무조건 동네 상권에 발을 들이면 안 되고, 사랑하는 조카의 부탁이 있어도 손흥민 선수가 동네 조기축구에서 잠시라도 뛰는 것을 막아야만 할까? 무조건 막자는 이야기가 아니다. 동등하게 경쟁할 수 있는 조건만 갖춘다면 막을 이유가 없다.

예를 들어, 실력차가 큰 경우에 핸디캡을 주는 바둑이나 골프의 지혜를 배우면 된다. 약자에게 몇 점 먼저 깔게 하거나 타수를 줄여주는 식으로 공평한 경기를 보장하듯이 손흥민 선수도 발에 무거운 모래주머니를 차게 하고 출전 시간이나 선수 숫자를 줄인다면 박진감 넘치는 경기를 할 수도 있다. 좀 황당한 방법이지만 불가능한 일도 아니다. 재벌들도 마찬가지다. 재벌에게는 많이 버는 만큼 세금을 더 매기고 동네 자영업자에게는 다양한 지원을 제공하면 된다. 공정한 경쟁을 위한 핸디캡을 제도화하면 된다. 이런 핸디캡을 제대로 적용하기 위해서는 세금을 더 많이 걷어 더 많은 돈을 써야 한다.

그렇다고 모두가 세금을 많이 내자는 이야기는 아니다. 모든 사람이 세금을 많이 낼 필요는 절대 없다. 그리고 실제로 모든 사람이 세금을 내는 것도 아니다. 우리나라 노동자 중 세금을 한 푼도 내지 않는 비율이 얼마나 될까? 많아야 5퍼센트, 10퍼센트쯤이라고 생각하겠지만 놀랍게도 2019년 기준 38.9퍼센트나 된다. 노동자 10명 중 4명은 세금을 한 푼도 내지 않고 있다.

'월급에서 꼬박꼬박 세금을 떼어 가는데 이게 무슨 소리냐'고 할 수도 있다. 최저임금을 벌어도 원천징수에서 제외되지 않는다. 하지만 세액, 소득공제 등으로 연말정산을 하면 낸 세금을 거의 돌려받는 계층이 많다. 이를 두고 부자들에게만 과도하게 세금 부담을 지운다고 주장하는 전문가들도 있지만 반대로 해석하면 그만큼 최저임금 수준에 불과한 월급을 받는 노동자가 많다는 뜻이기도 하다. 4인 가족 가장이 최저임금을 받는다면 한 달에 180만 원 남짓이다. 이것만으로는 먹고살기에 절대로 부족한데 세금마저 떼어간다면 정말 막막해진다. 통계청의 임금 근로 일자리별 월소득 결과(2018년 기준)를 보면 85만 원 미만이 16.3퍼센트, 85만~150만 원 미만이 11.2퍼센트, 150만~250만 원 미만이 28.9퍼센트다. 최저임금을 살짝 넘는 250만 원 이하 임금을 받는 노동자가 무려 56.4퍼센트나 된다. 2600만 명에 달하는 노동자 가운데 1400만 명이 넘는 노동자가 저임금에 시달리고 있다. 그러니 40퍼센트에 가까운 노동자가 세금을 내지 않는 것은 너무나 당연한 일이다.

하지만 걱정도 생긴다. 더 많이 걷어 더 많이 써야 하는데 노동자 10명 중 4명이나 세금을 내지 않으면 문제가 생길 것만 같다. 언론에 늘 등장하는 '빚 공화국'이란 용어도 세금을 내는 사람이 너무 적기 때문에 생긴 것 아니냐는 생각도 든다. 연말정산으로 낸 세금을 모두 돌려받아 기쁘기도 하지만 700조 원에 육박하는 국가 채무에 일조한 것 같아 왠지 죄(?)지은 기분까지 든다. 우리 경제의 근간까지 흔든 IMF 사태가 다시 올 수도 있다는 두려움도 생긴다.

국가가 부도가 난다면

이는 지나친 우려다. 정말 그럴까? IMF 사태를 포함한 재정 위기의 종류를 한번 살펴보자. 재정 위기는 정부가 너무 빚을 많이 져서 위험한 상태를 뜻한다. 가장 최근에는 2010년 유럽 재정 위기를 거론할 수 있다. 당시 유럽에서 재정 위기에 빠진 국가는 피그스PIIGS였다. 포르투갈(P), 이탈리아(I), 아일랜드(I), 그리스(G), 스페인(S) 등 남부 유럽 국가의 앞 글자를 딴 것이다. 이들 국가에 위기가 닥치면서 돈을 많이 빌려준 독일, 프랑스 등 서부 유럽 국가의 은행으로 전파됐다. 2008년 금융 위기와 비슷한 충격이 예측되기도 했지만 다행히 큰 파국 없이 극복했다.

이때 등장한 것이 **헤어컷**hair cut이다. 헤어컷은 원래 증권 용어다. 보유 자산의 가치가 하락했을 때 장부상의 가치도 내려 현실과 맞추어주는 것을 말한다. 대표적인 사례가 국채 탕감이다. 2011년 당시 EU 정상들은 그리스를 정상적인 재정 수준으로 돌려놓기 위해 헤어컷 비율을 기존 21퍼센트에서 50퍼센트로 상향 조정한 바 있다. 즉, 그리스에서 받을 돈 가운데 절반을 손실로 처리하기로 합의했다.

만기를 연장해주는 채무 재조정, 즉 **리스케줄링**rescheduling도 있다. 대출 금리는 당초 계약한 수준을 유지하지만 상환 기간을 늘려주는 것이다.

재융자는 채무자가 채권자에게 새로운 융자를 받아 이전 융자를 갚는 방식이다. 이 때문에 **리파이낸싱**refinancing이라고도 한다. 새로 융자를 받는 것이므로 금리가 바뀔 수 있다.

헤어컷이나 채무 재조정, 재융자로도 해결하지 못하면 **모라토리엄**moratorium을 선언하기도 한다. 모라토리엄은 라틴어로 '지체하다'는 의미인 '모라리morari'에서 유래됐다. 돈을 안 갚겠다는 게 아니라 '갚고는 싶은데 돈이 없으니 기다려달라'는 선언이다. 모라토리엄 선언을 하면 일반적으로 채권국은 채무국과 리스케줄링을 한다.

과거에는 모라토리엄을 선언하는 경우가 제법 있었다. 우리나라가 1997년 말 외환 위기로 모라토리엄을 선언하고 IMF로부터 구제금융을 받은 것이 대표적이다. 브라질과 아르헨티나는 1980년대 이후 모라토리엄을 두 번이나 선언했다. 그밖에 멕시코와 베네수엘라(1980년대), 러시아(1998년), 두바이의 국영 기업 두바이월드(2009년)가 모라토리엄을 선언한 바 있다.

모라토리엄을 선언하면 대외신인도가 크게 떨어지고 빚을 갚을 동안 경제 주권이 IMF나 채권국에 넘어가게 된다. 이들은 돈을 빌려주는 대신 전사회적인 구조조정을 요구한다. 우리나라도 모라토리엄을 선언한 후 IMF의 요구에 따라 뼈를 깎는 구조조정을 단행했고 정리해고제, 근로자 파견제 같은 노동시장 유연화 정책을 도입했다.

가장 무서운 용어는 **디폴트**default다. 아예 돈을 갚지 못하겠다고 선언하는 국가 파산이다. 디폴트를 선언하는 순간, 해당 국가의 존재는 사라지게 된다. 모든 것을 내던지는 최후의 수단이라는 말이다. 그런데 이런 최후의 수단조차 마음대로 사용하지 못한다. 해당 국가에 돈을 빌려준 강대국들이 디폴트 선언을 두고 보지 않기 때문이다. 역사상 디폴트를 공식적으로 인정받은 국가는 1981년 영국 연방에서 탈퇴해 독립한 중남미의 벨리즈(인구 약 30만 명의 작은 나라)가 유일하다. 이유는 간단하다. 강대국 입장에서는 디폴트 대신 모라토리엄을 선언하라고 압박해야 나중에라도 돈을 받을 수 있기 때문이다(현실에서도 돈을 못 갚겠다고 했을 때 알았다고 넘어가는 착한(?) 채권자는 없지 않은가). 2020년 아홉 번째 디폴트 위기에 빠진 아르헨티나의 사례가 대표적이다. 아르헨티나가 이전에 여덟 차례나 디폴트를 선언했을 때도 돈을 떼이기 싫은 채권 국가들은 이를 인정하지 않았다.

리스케줄링	리파이낸싱	모라토리엄	디폴트
돈을 늦게 갚겠다	이자를 낮춰달라	나중에 갚겠다	배 째!

빚 공화국이라는 프레임

그렇다면 우리나라가 또 다시 모라토리엄을 선언할 가능성이 있을까? 이런 두려움은 '빚 공화국'이란 용어 때문에 확산되곤 한다. '빚 공화국'에서 이야기하는 나라 빚, 즉 국가 채무는 중앙정부나 지방정부가 직접 갚을 의무가 있는 빚을 말한다. 이에 대한 통계는 3가지가 있다. 국가 채무^{D1}, 일반정부부채^{D2}, 공공 부문 부채^{D3}가 그것이다.

D1은 중앙·지방정부 채무라고 흔히 얘기하는 국가 채무 비율의 기준이 되는 빚이다. D2는 D1에 국민연금공단, 건강보험공단 등 비영리 공공기관 부채를 포함한다. D3는 D2에 한국전력, 한국토지주택공사 등 비(非) 금융 공기업 부채를 합친 것이다.

우리나라의 현재 D1, D2, D3는 얼마나 될까? 기획재정부가 운영하는 열린재정(www.openfiscaldata.go.kr) 홈페이지에 발표된 통계를 살펴보면 2018년 D1은 680조 5000억 원, 2019년 D1은 728조 8000억 원이다. GDP 대비 비율은 35.9퍼센트, 38.1퍼센트다.

일반 정부 부채인 D2는 어떨까? 가장 최신인 2018년 자료를 보면 759조 7000억 원이다. GDP 대비 비율은 40.1퍼센트다. 2016년 41.2퍼센트였던 것에 비하면 1.1퍼센트포인트 줄었다. D3도 마찬가지다. 2018년 D3는 1078조 원이다. GDP 대비 비율은 56.9퍼센트다. 하지만 이 또한 2015년 60.5퍼센트에 비해서는 3.6퍼센트포인트 감소했다. 빚 공화국이라더니 좀 이상하다.

다른 나라와 비교하면 어떨까? TV와 신문에서 혈세로 갚아야 할 국가 채무가 너무 많다고 하는 것을 생각하면 은근히 걱정도 된다. 순서대로 GDP 대비 D1 비율(2018년 IMF 자료 기준)은 우리나라가 219개국 중 적은 순으로 59위(35.9퍼센트)다. 순위만 보면 상당히 위험한 것 같다. 그런데 자료를 유심히 보면 재미난 점이 있다. 우리나라보다 순위가 높은 나라 중에 알 만한 나라는 9위인 러시아(14.6퍼센트), 10위 쿠웨이트(14.7퍼센트), 14위 사우디아라비아(19퍼센트), 26위 칠레(25.6퍼센트), 40위 이란(32.2퍼센트) 정도에 불과하다. 독일(61.7퍼센트) 142위, 영국(86.8퍼센트) 186위, 프랑스(98.4퍼센트) 200위, 미국(104.3퍼센트) 207위, 이탈리아(132.3퍼센트) 213위 등 소위 선진국들은 죄다 우리 밑이다. 꼴찌는 일본(237.1퍼센트)이다.

그러면 D2는 어떨까? 2017년 OECD 통계에 따르면 GDP 대비 D2 비율이 가장 높은 나라는 역시 일본(233.2퍼센트)이다. 그다음이 재정 위기를 겪은 그리스(178.6퍼센트), 포르투갈(133퍼센트), 이탈리아(131.8퍼센트) 순이다. 미국(135.7퍼센트), 캐나다(110.3퍼센트), 프랑스(112퍼센트), 벨기에(107.6퍼센트), 스페인(103.1퍼센트), 영국(92.5퍼센트), 독일(63.9퍼센트) 등 소위 선진국들이 줄줄이 그다음을 차지한다. 우리나라는 40.1퍼센트다.

D3 통계도 마찬가지다. OECD 국가 중 7개국만 산출하고 있는데 우리나라(56.9퍼센트)보다 적은 국가는 멕시코(47.9퍼센트)밖에 없다. 일본(249.9퍼센트), 캐나다(118.3퍼센트), 영국(93.9퍼센트) 호주(72.7퍼센트) 등보다 우리나라는 공공 부문 부채 비율도 낮다. 빚 공화국이라는 언론의 보도와 달리 우리나라의 재정 상태는 상대적으로 건전한 편이다.

이 때문에 크리스탈리나 게오르기에바 IMF 총재는 2019년 취임 후 첫 연설에서 "정부 예산에 여력이 있는 독일, 네덜란드 같은 나라들은 한국처럼 인프라와 연구개발 분야에 정부 돈을 과감히 푸는 확장적 재정 정책을 펴야 한다"고 강조하기도 했다. 한마디로 우리나라는 IMF 위기를 걱정하지 말고 국가가 돈을 더 써도 된다는 이야기다.

빚에 대한 관점을 바꾸자

정말 국가가 빚을 더 내도 될까? 이에 대한 두려움에 '걱정 말라'는 경제학 이론도 있다. 바로 MMT^{Modern Money Theory}(현대화폐이론)다.

MMT 이론은 멀게는 18세기 영국 경제학자 제임스 스튜어트, 가깝게는 20세기 영국 경제학자 존 메이너드 케인스와 조지프 슘페터에게서 그 기원을 찾을 수 있다. 최근에는 2018년 미국 중간선거에서 미 역사상 최연소 하원 의원으로 뽑힌 1989년생 알렉산드리아 오카시오 코르테스 민주당 하원 의원이 MMT를 들고 나와 눈길을 끌었다. 오카시오 의원은 MMT를 이용해 2030년까지 미국의 온실가스 배출을 없애고 100퍼센트 재생에너지를 사용하며 고용 구조를 친환경 산업 중심으로 완전히 뜯어 고치자고 주장했다. 이를 위해 16조 달러(약 1경 8900조 원)에 달하는 막대한 재정을 투입해야 한다고 강조했다. 그런데 1경이 넘는 막대한 재원을 어디서 마련할까? 온 미국인이 세금을 더 내느라 '경'을 쳐야 하는 것은 아닐까? 오카시오 의원은 연소득 1000만 달러를 넘는 최상위 계층에게 최고 70퍼센트의 세율을 부과하면 된다고 자신했다. 제2차 세계대전 이후 1960년대 초까지 미국의 최고 소득 구간 소득세율이 90퍼센트를 넘기도 했기 때문에 70퍼센트는 충분히 감당할 수 있다는 설명이다.

이에 대해 일각에서는 오카시오 의원 등이 주장하는 MMT는 '재정 적자 걱정 말고 돈 찍어라'는 선동적인 내용에 불과하다고 비난했다. 한마디로 대중을 선동하는 포퓰리즘이라는 이야기다. 특히 이렇게 부자에게 세금을 걷어 마구 뿌려대면 경제 활력을 떨어뜨리고 결국 미래 세대에게 엄청난 빚만 남기게 될 것이라 단언했다.

하지만 MMT의 설명은 다르다. 이를 이해하려면 코페르니쿠스적 전환이 필요하다. 이게 무슨 이야기일까? 우선 잠깐 코페르니쿠스적 전환의 정확한 의미부터 파악해 보자.

우주에 대한 우리의 인식이 천동설에서 지동설로 바뀐 것처럼 사고방식이나 견해가 기존과 크게 달라질 때 코페르니쿠스적 전환이란 말을 사용한다. 하지만 이 말의 의미를 제대로 알고 사용하는 사람은 그다지 많지 않다.

여기서 문제. 코페르니쿠스적 전환을 처음 언급한 사람은 누구일까? '당연히 코페르니쿠스겠지'라고 생각할 수 있다. 하지만 정답은 독일을 대표하는 철학자 칸트다. 참고로 코페르니쿠스는 1473년 폴란드에서 태어나 1543년까지 살았다. 비판철학을 통해 서양 근대 철학을 종합한 철학자로 유명한 칸트의 생존 기간은 1724년에서 1804년이다. 두 사람은 태어난 곳도 폴란드와 독일로 다르고 태어난 시기도 250년 이상 차이 난다.

태어난 곳도 다르고 태어난 시기도 250년 이상 차이 나는 칸트가 왜 코페르니쿠스적 전환이라는 용어를 썼을까? 칸트는 그의 저서 《순수이성비판》에서 자신의 인식론에 '코페르니쿠스적 전환'이라고 이름 붙였다.

인터넷에서 코페르니쿠스적 전환을 검색하면 '과학적 인식의 근거를 객관이 아닌 주관으로 이전시켰다는 점에서 천문학상 코페르니쿠스의 지동설에 비견할 만한 인식론상의 전환을 가져온 것을 비유한다'라는 설명이 나온다. 천동설에서 지동설로의 전환이 아니라 지동설에 비견할 만한 인식론상의 전환은 도대체 뭘까?

천체가 하늘을 중심으로 돈다고 생각했던 천동설과 달리 지동설은 지구가 태양을 중심으로 돈다고 설명한다. 이를 공전이라고 한다. 코페르니쿠스가 발견한 것이 바로 이 공전이다. 하지만 지구는 공전만 하는 것이 아니다. 자기 축을 중심으로 스스로 회전하는 자전도 한다. 이게 무슨 차이일까? 공전만 생각하면 지구는 태양을 도는 행성으로, 태양이라는 중심만 관찰하면 된다. 하지만 자전을 감안하면 지구도 스스로 회전하고 있으니 지구가 또 하나의 중심이 되는 셈이다. 칸트가 주목한 것은 바로 이 자전이다.

그동안 코페르니쿠스적 전환은 코페르니쿠스의 발견으로 천동설에서 지동설로, 즉 지구가 중심에서 주변부로 쫓겨난 것만 생각했다. 하지만 칸트는 이를 다시 뒤집었다. 지구는 태양을 중심으로 공전하지만 자기 스스로도 자전하는 중심이라는 말이다. 칸트는 이를 '수동에서 능동으로의 전환'이라고 설명했다. 좀 더 철학적으로 설명하면 수동적인 존재는 늘 외부에서 핑계를 찾는다. 자신은 변하려고 하지 않고 바깥만을 탓한다. 물론 외부의 문제가 심각할 수도 있다. 하지만 스스로 변하지 않으면 세상은 달라지지 않는다.

칸트는 코페르니쿠스적 전환을 통해 능동적 자아를 강조했다. '스스로를 세상의 중심에 놓고 바라보라'고 가르친다. 1781년에 출간한 《순수이성비판》에서 칸트는 '경험에 바탕을 두지 않은 사유는 내용이 없으며 능동적이지 않은 경험은 맹목적'이라고 강조했다. 능동적인 존재로서 인간을 강조하며 어느 것에도 의지하지 않고 스스로 생각하는 철학적인 존재로서 인간을 정의했다.

따라서 칸트가 처음 언급한 코페르니쿠스적 전환은 운명에 지배당하는 수동적인 인간에서 벗어나 스스로 능동적인 사람이 되라는 충고라고 볼 수 있다.

MMT, 돈 찍어 불황을 탈출한다

그렇다면 MMT에서 이야기하는 코페르니쿠스적 전환은 무엇일까? 경제 위기가 오면 대부분의 나라에서는 경제를 살리기 위해 대대적으로 돈을 푼다. 그런데 정부가 민간에 돈을 공급하는 방식에는 크게 2가지가 있다. 금융 정책과 재정 정책이다.

1. 금융 정책은 2008년 터진 금융 위기 대응 과정에 잘 나타나 있다. 정책 금리가 이미 0퍼센트 수준에 이르러 금리를 더 내릴 여지가 없자 주요 국가 중앙은행들은 특단의 카드를 꺼내 들었다. 바로 중앙은행이 시중에 통화를 직접 공급하기로 한 것이다. 이를 '양적 완화'라고 한다. 2008년 11월부터 2014년 10월까지 세 차례 이어진 양적 완화로 우리나라의 한국은행 격인 미국의 연방준비제도이사회FRB에서 시중에 직접 쏟아부은 돈은 무려 4조 5000억 달러(당시 환율 기준 약 4740조 원)에 달한다. 이는 당시 미국 GDP의 25퍼센트를 웃도는 어마어마한 규모다. 비슷한 기간 3750억 파운드(약 650조 원)를 시중에 푼 영국의 사정도 마찬가지였다. 2015년 3월부터 뒤늦게 양적 완화에 나선 유럽중앙은행ECB도 유로존 전체 인구(약 3억 2500만 명)에게 매달 246유로(약 35만 원)씩 나눠줄 수 있는 800억 유로(약 112조 원)를 풀었다.

문제는 천문학적인 규모의 양적 완화 조치도 그 효과가 기대에 크게 못 미쳤다는 점이다. 물론 어마어마한 돈을 투입한 처음에는 경기 침체가 잠시 멈추는 듯했다. 하지만 이내 대부분의 민간은행들은 대출을 꺼렸고 얼어붙은 대출 수요는 좀체 살아나지 않았다. 중앙은행을 떠난 돈은 가계나 기업 등 실물 부문의 최종 종착지까지 이르지 못했다. 낙수 효과를 기대하고 위에서부터 돈을 들이부었지만 밑으로는 거의 흐르지 않았다는 이야기다.

반면 부작용은 매우 컸다. 특히 빈부 격차가 더욱 심화됐다. 풀린 돈이 자산 시장을 맴돌며 부동산이나 주식 등 자산 가격 상승을 부추기다 보니 이미 자산을 보유하고 있던 계층의 주머니만 더욱 불린 셈이다.

2. 재정 정책이 MMT가 추구하는 방식이다. 기존에는 국가도 돈 관리는 은행에서 하는 것이 바람직하다고 생각했다. 은행을 통해 돈을 제대로 쓸 사람을 골라 공급하는 것이 효율적이고 공정하다는 이유에서였다. 은행의 판단에 따라 움직이는 수동적인 인간이었던 셈이다. 하지만 MMT는 칸트가 강조한 능동적인 인간으로 전환하자고 주장한다. 은행을 거치지 말고 복지 등 재정 정책을 통해 직접 국민들에게 돈을 쥐어주자고 강조한 것이다.

주류 경제 이론에 따르면 국가의 주머니를 늘리는 길은 오직 민간 부문에서 세금을 걷거나 꿔 오는 방법 둘뿐이었다. 국가가 허리띠를 바짝 졸라매야 한다는 재정 건전성 신화의 출발점이다. 하지만 만일 사회가 은행으로부터 화폐 생산 권력을 빼앗아 온다면 세상의 모습은 어떻게 바뀔까? 영리기업인 민간 은행의 손에 돌아가던 엄청난 혜택, 즉 이자 수익의 상당 부분이 우리

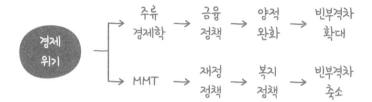

국민의 몫이 될 수 있다. 일자리를 만들고 기본소득을 나눠주는데 들어가는 엄청난 돈이 민간 은행을 거치지 않고 직접 주어진다면 훨씬 더 효과 있지 않을까?

MMT를 주창하는 학자들은 이렇게 강조한다.

- 법정통화가 존재하고 통화를 무한정 발행할 수 있는 정부는 파산하지 않는다. 오히려 정부의 지출 축소가 민간 부문의 적자(또는 부채)를 키울 뿐이다.
- 세금 낭비를 걱정하는 게 우선이 아니라 정부가 마땅히 해야 할 일, 즉 완전고용을 하는 게 먼저다.
- 국가가 빚을 안 지면 국민이 빚을 지게 된다.

그렇다고 MB 정부가 4대강 사업에 돈을 쏟아부은 것처럼 마구잡이로 재정을 낭비하라는 이야기는 결코 아니다. 과도한 물가 상승을 초래하지 않는 선에서, 또 민간 부문에서 잘할 수 있는 영역의 지출은 피하라는 전제조건이 있다.

"퍼줄수록 샘솟는다"

우리의 사고도 코페르니쿠스적 전환이 필요하다. 2018년 우리 나라의 사회복지 예산은 GDP의 11.2퍼센트에 불과하다. OECD 국가 중 35위로 최하위권이다. 재정이 상대적으로 좋은데도 복지에 돈을 쓰지 않으니 상대 빈곤율은 17.4퍼센트에 달한다. 이는 OECD 35개 국가 중 미국(17.8퍼센트), 이스라엘(17.7퍼센트) 다음으로 높다. 특히 65세 이상 노인의 상대 빈곤율은 45.7퍼센트로 36개 회원국 중 1위다. 이 수치는 OECD 회원국 평균 노인 빈곤율(13.5퍼센트)의 무려 3.4배다. '혈세'라는 프레임에서 벗어나 복지에 더 많은 투자가 필요한 이유가 여기에 있다.

그런데 정부가 더 많은 돈을 복지에 쓰고 싶어도 쓰지 못하는 경우도 많다. 예를 들어, 한시적 양육비 긴급 지원의 경우 이혼 이후 배우자로부터 양육비를 제때 받지 못해 고통을 겪는 가정을 위해 정부가 직접 월 20만 원씩 최장 9개월간 한시적으로 양육비를 긴급 지원하는 제도다. 그런데 2016년 예산 집행률은 43.3퍼센트에 불과하다. 이유가 뭘까? 이런 제도가 있다는 사실조차 모르는 경우가 많기 때문이다. 문제는 이를 빌미로 피 같은 세금을 줄이자는 주장이 나오고 있다는 점이다. 이런 곳에 돈을 쓰니 국가 부채가 늘어난다는 목소리도 높다. 그러나 세금은 이런 데 쓰라고 있는 것이다. 복지 예산을 충분히 쓸 수 있을 만큼 우리 재정은 탄탄하다.

이런 의문도 생긴다. 세금을 한 푼도 내지 않고 복지 예산만 타 먹어도 될까? 예를 하나 살펴보자. 이 피디는 최저임금을 조금 넘는 200만 원의 월급을 받고 있다. 4인 가족이기 때문에 한 달 버티기에는 턱도 없다. 그래서 50만 원을 국가에서 지원 받는다. 그러면 이 피디는 어떻게 할까? 아마 기존 200만 원에 국가에서 받은 50만 원까지 전부 소비할 것이다.

반면 세후에도 연봉 1억 원을 받는 박 피디(진짜라면 좋겠지만 어디까지나 가정이다)에게 소득세를 50만 원 감면해줬다. 그러면 박 피디는 어떻게 할까? 기존에도 쓸 돈이 넘쳐났기 때문에 소득세로 감면 받은 50만 원을 소비하지는 않을 것이다. 차이는 극명하다. 저소득층에게 주어진 복지 혜택은 바로 소비에 쓰인 반면 부유층에게 감면해준 세금은 저축 등 자산 축적으로 가버린다.

하지만 여전히 이런 의문이 남는다. 소비하는 것보다 저축이 훨씬 좋은 것 아닐까? 이를 뒷받침하는 경제학 이론도 있다. 바로 '세이의 법칙'이다. 프랑스 경제학자 세이가 처음으로 주장한 이 법칙은 '공급이 스스로 수요를 낳는다'라는 말로 요약할 수 있다. 한마디로 물건을 만들면 알아서 팔린다는 이야기다. 이를 확대하면 저축이 증가하면 기업들의 대출이 쉬워지고 투자도 자연스럽게 늘어난다고 할 수 있다. 이는 '낙수 효과'로까지 이어진다. 대기업이나 부유층의 소득이 늘어나면 저축이 증가하고, 이는 경기를 끌어올려 이에 대한 혜택이 저소득층에게도 돌아간다는 이론이다. 하지만 요즘 시대에도 세이의 법칙과 낙수 효과가 들어맞을까?

세이의 법칙부터 따져보자. 물건을 만들어도 팔리지 않아 재고로 쌓이는 경우가 갈수록 늘어나고 있다. 땡처리 등 재고 처리 산업이 유행할 정도다. 세이의 법칙이 재고 처리될 판이다. '저축의 날'도 이미 사라졌다. 소비를 장려해야 한다는 전문가들의 요구에 따라 2016년 '금융의 날'로 이름이 바뀌었다. 실제로 요즘 경제학계에서는 '세이의 법칙' 대신 '저축의 역설'을 더 많이 논한다. 저축이 개인을 부유하게 만드는 것은 맞지만 모든 사람이 저축만 하면 사회 전체의 부가 오히려 감소할 수 있다는 주장이다.

전 세계를 대공항의 구렁텅이에서 구해낸 경제학자 존 메이너드 케인스는 사람들이 소비를 줄이고 저축을 늘려 부를 축적하는 과정이 오히려 내수를 줄이고 경제 활동을 저하시켜 경제를 총체적으로 불황으로 몰고 갈 수 있다고 강조했다. 바로 저축이 시장에서 구매력을 수반하는 유효수요를 감소시켜 나쁜 영향을 준다는 것이다. 따라서 저축의 역설을 감안하면 자신이 가진 돈의 일부만 쓰는 부자보다 버는 족족 소비하는 가난한 사람이 국가 경제에 기여하는 셈이다.

세이의 법칙만큼 낙수 효과도 낡은 이론이 됐다. 신자유주의의 첨병으로 알려진 IMF마저 2015년 이미 '낙수 효과'는 완전히 잘못된 논리라고 자인했다. 150여 개국의 사례를 분석한 결과, 상위 20퍼센트 계층의 소득이 1퍼센트포인트 증가하면 이후 5년간 GDP 성장률은 오히려 연평균 0.08퍼센트포인트 감소하는 것으로 나타났다. 반면 하위 20퍼센트의 소득이 1퍼센트포인트 늘어나면 같은 기간의 성장률은 연평균 0.38퍼센트포인트 높아지는 것으로 분석됐다. 즉, 저소득층에게 돈을 푸는 것은 결코 퍼주기가 아니다. 깨끗한 물이 올라올 때까지 마른 펌프에 마중물을 부어야 하듯 MMT 등 재정 정책을 통해 복지에 돈을 쓴다면 소위 '혈세'는 경제를 활기차게 돌아가게 하는 맑은 샘물로 돌아온다는 것을 IMF도 인정하고 있다.

코로나 충격 이후 정부와 지자체에서 재난지원금, 재난기본소득 등을 지급하자마자 경제가 살아났다는 소식이 이를 입증한다. 침체에 빠졌던 전통시장이 활기를 되찾고 소상공인 매출도 전년 수준으로 회복됐다. 실제 2020년 5월 현재 경기선행지수는 한 달 전보다 0.1포인트 상승한 99.9를 기록해 OECD에 속한 32개국 가운데 유일하게 오르는 기염을 토했다. 게다가 소비자심리지수CCSI는 1월 말 코로나 확진자가 나온 이후 2월(96.9), 3월(78.4), 4월(70.8) 석 달 만에 33.4포인트 급락했던 흐름에서 벗어나 5월에는 77.6으로 전월 대비 6.8포인트 반전하는 데 성공했다.

'퍼줄수록 샘솟는다'라는 말처럼 '퍼주기' 복지가 정말 경제를 샘솟게 하고 있는 셈이다. 저소득층에게 복지 예산을 쓰는 것은 결국 고소득층에게도 도움이 된다. 국가 경제가 살아나 고소득층의 소득도 늘어날 수 있기 때문이다. 따라서 복지 혜택을 받는다고 미안해할 필요가 전혀 없다.

복지 정책 100퍼센트 활용하는 법

현재 정부에서는 한시적 양육비 긴급지원처럼 저소득층을 위한 여러 가지 지원 정책을 추진하고 있다. 하지만 워낙 혜택이 다양하기 때문에 어떤 지원을 받을 수 있는지 헷갈리거나 놓치기 쉽다.

이럴 때는 복지로 홈페이지(www.bokjiro.go.kr)의 도움을 받으면 좋다. 휴대전화나 아이핀으로 본인 확인 후 가입하면 생애 주기별로 받을 수 있는 복지 혜택에 대해 알람을 보내준다. 생계급여, 기존 주택 전세임대주택 지원 사업, 국민연금 출산 크레딧, 주거 급여 등 처음 듣는 지원 제도에 대한 안내도 받을 수 있다. 국가나 지방자치단체에서 받을 수 있는 400여 가지 복지 서비스에 대한 가이드북도 PDF나 e-북으로 제공한다. 이 가이드북에는 각 복지 서비스의 대상, 내용, 방법 등 자세한 설명과 함께 문의처도 나와 있다. 이를 통해 알아본 복지 서비스 중 해당 사항이 있을 경우, 주민센터 등을 직접 방문해야 하는 번거로움도 없다. 복지로 홈페이지에서 바로 신청할 수도 있다.

갑작스러운 재난 등의 피해를 당했을 때도 정부에 당당히 도움을 요청할 수 있다. 절반 이상의 국내 지자체들이 시민안전보험에 가입해 있기 때문이다. 시민안전보험은 지자체가 보험사와 직접 계약해 해당 시민들이 각종 재난이나 사고를 당할 경우 보험사를 통해 보험금을 받을 수 있는 제도다. 해당 지역에 주민등록을 한 모든 시민, 특히 외국인도 자동으로 가입된다. 주요 보장사항 내용은 지자체별로 차이가 있지만 일반적으로 자연재해 사망(일사병·열사병·저체온증 포함), 폭발·화재·붕괴·산사태(상해 사망·후유장애), 강도(상해 사망·후유장애), 스쿨존 교통사고 부상 치료비, 의료사고 법률비용 지원, 의사상자 상해보상금 등이다. 보장액도 지자체별로 다르다. 단, 피해를 당했다고 해서 정부가 알아서 보상해주지는 않는다. 피해를 당한 시민이 '직접' 보상을 요구해야 한다. 개인이 가입한 보험과 중복 보상 받는 것도 가능하다.

칸트가 강조한 능동적인 인간으로 변신한다는 심정으로 다양한 복지 제도를 적극 활용해보길 권한다. 이는 법적으로 보장된 권리다. 이런 제도를 알아보는 것은 투자에도 도움이 된다. 복지와 재테크가 무슨 상관이냐고? 조금만 생각해보면 금방 알 수 있다. 우리나라에서 가장 큰 돈을 움직이는 곳이 어디일까? 당연히 정부다. 2020년 정부 예산은 513조 원에 달한다. 이중 복지 예산이 무려 180조 원이 넘는다. 이렇게 엄청난 돈이 어디에 쓰이는지 유심히 보면 어떤 산업이나 기업이 뜰 것인지 감을 잡을 수 있다. 국가 경제에 도움을 준다는 심정으로 정부가 중점을 두고 복지 예산을 투입하는 곳에 같이 투자한다면 그야말로 일석이조다. 부자들이 적극적으로 세금을 내고 저소득층 복지에 동조하는 것으로 자신의 부도 늘려갈 수 있다는 이런 발상의 전환이 진정한 코페르니쿠스적 전환 아닐까?

 함께 들으면 좋은 경불진 에피소드

 5가지 통계로 바라본
세계 속 한국 국격
순위는?

 '빚 공화국' 한국의
국가채무 순위는?

"우리는 세금을 더 내고 싶다!"

조지 소로스, 크리스 휴스, 아비게일 디즈니. 이름만 들어도 알만한 세계적인 부자들이다. 이들은 2020년 미국 대선에 나선 후보들에게 공개 서한을 보냈다. 그런데 여기에 담긴 내용이 매우 놀랍다.

우리에게 세금을 더 많이 부과해주세요.

엄청난 부를 가진 탓에 기존에도 많은 세금을 내던 이들이 이걸로는 부족하니 더 많은 부유세를 부과해달라고 요구했다. 자신들이 내는 세금이 미국 사회의 기회를 공정하게 만들고, 자유를 강화하는 데 도움을 줄 것이라는 설명도 덧붙였다. 그런데 이런 주장을 한 것은 이번이 처음은 아니다.

'오마하의 현인'이라 불리는 워런 버핏은 2011년 이런 기고문을 썼다.

우리 사무실에는 나보다 높은 세율로 세금을 내는 사람이 20명은 있다.

억만장자인 자신의 세율은 17.4퍼센트인 데 비해 비서가 월급의 35.8퍼센트를 세금으로 내는 것이 말이 되냐는 지적이다. 마이크로소프트의 설립자 빌 게이츠도 2020년 자신의 블로그에 "나를 포함해 극히 일부는 자신이 한 일보다 더 많은 보상을 받았지만, 대다수는 그렇지 않아 어려움을 겪고 있다"며 "돈이 많으면 더 많은 세금을 내도록 세제를 개편하는 것이 필요하다"고 목소리를 높였다.

미국에는 상위 5퍼센트 부유층을 대상으로 하는 '책임을 다하는 부Responsible Wealth'라는 단체가 있다. 이들이 내세우는 가치는 공평 과세다. 이들은 부유층이 내야 할 세금을 깎지 말라고 요구한다. 많이 가진 사람들이 세금을 적게 내면, 세금을 낼 여력조차 안 되는 이들이 피해를 보게 된다는 주장이다.

우리만 코페르니쿠스적 전환이 필요한 것은 아니다. 놀랍게도 깨어 있는 부유층에서 이미 스스로 변화를 시도하고 있다. 우리도 이제 혈세 프레임에서 벗어나야 하지 않을까?

8장

인구는 꼭
늘어야 할까

인구 절벽, 인구 재앙이라고 한다. 인구가 줄어들면서 경제가 망할 거라고 경고한다. 그런데 세계 인구 순위 10위 안에서 경제 강국으로 꼽히는 나라는 왜 미국뿐일까? 출산을 늘리기 위해 여성들에게 일자리를 줘야 하는 이유는 뭘까? 인구 감소에 대한 두려움에서 벗어나 인간의 가치를 재평가하는 새로운 길로 한 걸음 나아가보자.

정해진 미래, 인구 감소

◆ "韓, 20년 후부터 GDP 급감"…세계 유일 '0명대' 출산율의 재앙(아시아경제, 2019. 10. 11.)

세계에서 가장 낮은 출산율 탓에 우리나라 인구 정점 시기가 3년 앞당겨지면서 20년 후부터 GDP 감소폭도 커질 것이란 연구 결과가 나왔다. 저출산이 장기적으로 GDP, 투자, 자본량 같은 경제 변수에 악영향을 미친다는 것이 수치로 증명된 것이다.

11일 국회 예산정책처가 발간한 '장래 인구 특별 추계에 따른 인구 구조 변화의 경제적 영향' 보고서는 우리나라 출산율 감소가 2040년부터 GDP에 직격탄을 던질 것이라 밝혔다. 이 보고서는 올해 3월 통계청이 최근 초저출산 상황을 반영해 인구 추계를 발표한 것을 바탕으로, 3년 전 인구 추계와 비교해 GDP 총액 증감률을 추정했다.

올해 인구 추계와 3년 전 인구 추계의 가장 큰 차이점은 인구 정점 시기가 빨라진 것이다. 2016년에는 2031년이 인구 정점 시기였지만, 올해는 2028년으로 당겨졌다. 인구 감소 속도가 빨라지면서 GDP도 가파르게 하락한다는 것이 연구 결과다.

하나씩만 낳아도 삼천리는 초만원.
아들 딸 구분 말고 둘만 낳아 잘 기르자.

요즘 세대들은 도저히 이해하기 힘든 인구 정책 표어들이다. 1960~1970년대는 늘어나는 인구를 억제하기 위해 이 같은 표어와 포스터가 신문이나 TV에 자주 등장했다. 이뿐만이 아니다.

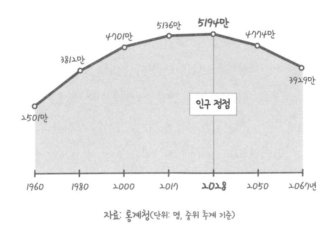

〈우리나라 인구 추계 시나리오〉

5136만 5194만

4701만   4774만

3812만

3929만

인구 정점

2501만

1960 1980 2000 2017 **2028** 2050 2067년

자료: 통계청(단위: 명, 중위 추계 기준)

예비군 훈련을 받을 때 정관 수술을 하면 예비군 훈련을 면제시
켜주는 정책도 있었다. 이는 베이비붐 2세대로 불리는 1965년생
에서 1974년생까지 한 해 100만 명을 넘나들 정도로 많은 아이
가 태어났기 때문에 불가피한 조치였다. 당시에는 한 반에 100
명이 넘는 학생들을 오전, 오후로 나누어 2부제, 심지어 3부제
수업까지 했다. 한 반에 학생이 너무 많아 한두 명이 도망가도
눈치 채지 못하는 황당한 일도 흔했다(실제로 이 피디가 고등학생일
때는 한 반 학생이 70명을 훌쩍 넘어 같은 반인데도 학년이 끝날 때까지 말
한번 섞어보지 못한 경우도 있었다). 지금 생각하면 정말 코미디 같은
일이었다.

그런데 상황이 급변했다. 우리나라의 합계 출산율(자세한 내용

은 뒤에 설명)은 현재 세계 최저 수준인 0.92명(2019년 기준)이다. 반세기 만에 인구가 늘어나려야 늘어날 수 없는 상황이 됐다. 현재 같은 세계 최저 출산율이 지속되면 대한민국이 지구상에서 가장 먼저 사라지는 나라가 될 것이라는 끔찍한 경고마저 나온다.

교육계에선 이 같은 경고가 이미 현실이 되고 있다. 1년에 100만 명 넘게 쏟아지던 초등학교 입학생이 2020년에는 43만 6455명으로 반 토막 났다. 한 반 학생 수는 더 줄어 요즘은 한 반에 30명이 넘지 않는다. 섬이나 시골 지역뿐만 아니라 서울 도심에서도 학생이 없어서 폐교하는 학교가 등장했다. 1994년 개교한 서울 강서구 염강초등학교는 학생 수가 줄면서 38명이 졸업한 2020년 25회 졸업식을 끝으로 폐교했다. 1983년 개교한 대구 달서구 죽전중학교도 2020년 69명이 마지막 졸업식을 하고 문을 닫았다. 농어촌 지역의 폐교는 수를 세기 힘들 정도다.

문제는 앞으로다. 2018년 출생아 수는 32만 6822명으로 이들이 초등학교에 입학하는 2025년에는 입학생이 2020년보다 10만 9633명이나 줄어든다. 1970년대에 비하면 무려 3분의 1토막으로 감소하는 것이다.

이는 교육계의 위기로 그치지 않는다. 의료, 여가 문화, 대중교통, 부동산 등 사회 전반이 두려움에 빠지고 있다. 인구 감소 때문에 개별 산업은 물론 우리나라 전체의 경제성장률도 꺾일 것이란 전망도 있다. 경제는 활력을 잃고 30년 장기 불황에 빠진 일본 같은 선진국병에 걸릴지도 모른다는 공포를 느끼는 사람들도 늘고 있다.

그런데 의문이 생긴다. 지난 10년간 보육 시설을 확충하고 출산 장려금을 지급하는 등 100조 원이 넘는 예산을 투입했는데도 왜 인구는 늘어나지 않을까? 나아가 인구가 줄어드는 것에 꼭 두려움을 가져야 할까?

베커 가설의 실패

인구 감소를 논할 때 빠지지 않는 레퍼토리가 하나 있다. 인구가 늘어나려면 결혼을 많이 해서 여성들이 애를 낳아야 하는데 현실은 그렇지 않다는 지적이다. 여기에는 여성들의 사회 진출이 지나치게 활발해지다 보니 애 낳을 시간이 없다는 꼰대(?) 같은 생각이 깔려 있다. 한마디로 전업주부가 애를 많이 낳는다는 논리다. '요즘 같은 세태에 설마?'라고 생각할 수도 있다. 하지만 2016년 우리 사회를 한바탕 뒤집어놓은 사건이 있었다. 갈수록 줄어드는 출산율을 높이겠다며 행정자치부가 나서서 소위 '대한민국 출산 지도'를 만든 것이다.

가임기 여성의 수를 지역별로 써넣은 이 지도는 지자체들간에 '얼마나 애를 많이 낳았는가'를 경쟁시키려는 의도가 담겨 있었다. 여성들에게 애를 많이 낳도록 독려해서 성과를 낸 지자체에는 중앙정부가 걷어 지자체에 나눠주는 교부금 지급을 늘리겠다는 당근까지 제시했다. 당연히 '여자가 애 낳는 기계냐'는 비판이 쏟아졌다.

그런데 정부가 이런 황당한 지도를 만든 데는 나름의 근거가 있었다(잘 만들었다는 뜻이 아니다. 이론적 근거가 있다는 이야기니 오해는 하지 말길 바란다). 이 지도는 '베커 가설'에 근거해 작성됐다. 1992년 노벨 경제학상을 받은 시카고대학교 게리 베커 교수의 이름을 딴 이 가설을 간단히 요약하면 '여성들의 경제활동이 늘어날수록 출산율이 줄어든다'이다. 여성들의 교육 수준이 높아지면 노동자로서의 몸값이 올라가고, 그 결과 자녀를 양육할 경우 치러야 할 기회비용이 늘어나기 때문에 출산을 기피한다는 설명이다.

베커 교수가 이렇게 주장한 이유가 있다. 그는 출산과 양육도 수치화할 수 있다고 믿었다. 그는 신성한 출산과 양육마저도 비용과 편익을 따지는 비용편익분석이 가능하다고 말했다. 출산과 양육에서 오는 편익이 비용보다 많아야 애를 낳는다는 것이다. 그래서 베커 교수가 나름의 방식으로 계산해보니 경제활동을 하는 여성은 양육에 투자하는 시간의 경제적 가치가 상대적으로 더 크기 때문에 애를 낳는 비용이 너무 컸다. 애를 낳으니 그냥 일을 해서 돈을 버는 것이 훨씬 남는 '장사'였다. 따라서 일하는 여성이 상대적으로 많은 선진국일수록 출산율이 낮고 전업주부가 상대적으로 많은 후진국일수록 출산율이 높다고 설명했다.

매우 과격한 주장이지만 '현실이 정말 그렇지 않느냐'고 고개를 끄덕여지기도 한다. 아무래도 일을 하려면 출산을 미루게 되는 것이 일반적이기 때문이다. 이런 인식을 바탕으로 나온 결과물들이 그동안의 정책이었다. 베커 가설에 따르면 여성들이 비용 부담 때문에 출산을 기피하니 돈을 직접 쥐어줘서 부담을 줄여주면 출산을 결심하지 않겠냐는 것이다. 그래서 저출산 정책의 대표적 정책이 '출산 축하금'인 데는 다 이유가 있다. 아이를 낳는 것에 대한 비용 부담에서 벗어나게 해주려는 것이다.

실제로 우리나라 지자체들은 출산한 여성에게 적게는 10만 원에서 많게는 3000만 원까지 준다. 경북 문경 시가 주는 축하금은 첫째 아이 340만 원, 둘째 아이 1400만 원, 셋째 아이 1600만 원, 넷째 아이 이상은 3000만 원이다. 그만큼 편익이 늘어났으니 베커 가설에 따르면 출산율이 증가해야 정상이다.

그런데 나름 상당한 출산 축하금을 쏟아부은 문경 시마저 2011년 613명이던 신생아 수가 2018년 305명으로 반토막 났다. 2019년 308명으로 살짝 늘어났지만 쏟아부은 예산에 비하면 미미한 수준이다. 그래서 많은 언론과 전문가들은 정부가 쓰는 저출산 예산이 밑 빠진 독에 물 붓기라고 표현했다. 여성들이 일을 하느라 애 낳을 생각이 없는데 돈을 조금 준다고 낳겠느냐는 것이다. 과연 그럴까?

출산율을 높이고 싶다면? 여성의 임금을 올려라!

한국재정학회는 2020년 〈재정학연구〉(제12권 4호)를 통해 'OECD 국가들의 합계 출산율'이라는 재미난 보고서를 발표했다. 이 보고서는 1990~2016년 OECD 국가 패널 자료를 바탕으로 분석한 출산율 결정 요인을 담고 있다. 앞서 설명한 베커 가설에 따르면 여성의 경제활동 참가율이 늘어날수록 합계 출산율이 얼마나 변하는지를 나타내는 탄력성은 마이너스(-)가 돼야 한다. 그런데 보고서의 결론은 탄력성이 0.09~0.13으로 플러스(+), 즉 정반대로 나왔다. 일하는 여성이 늘어날수록 출산율도 증가했다는 뜻이다. 이는 베커 가설이 틀렸다는 말이다.

그런데 조금 이해되지 않는 부분이 있다. 우리나라는 여성들의 경제활동이 갈수록 늘어나고 있는데 왜 출산율은 바닥을 기고 있을까? 군대나 건설 등 금남의 구역도 점점 사라지고 있는데 보고서가 틀린 것은 아닐까?

여기서 살펴볼 통계 자료가 하나 있다. 우리나라 여성들의 경제활동 참가율은 어느 정도 수준일까? '여성 상위시대'라는 말이 흔할 정도이니 선진국 중에서 아무리 못해도 평균보다는 높을 듯하다. OECD 발표에 따르면 2017년 우리나라의 여성 경제활동 참가율은 59퍼센트다. 이는 OECD 평균인 68.3퍼센트보다 9.3퍼센트포인트나 낮은 수준이다. 순위도 33개국 중 29위로 최하위다. 여성들의 사회 진출이 엄청나게 늘어난 것처럼 보이지만 실상은 처참한 수준이라는 이야기다. 이것만 보더라도 베커 가설은 틀렸고 재정학연구 보고서가 맞다는 것이 증명된다.

보고서가 전하는 이야기는 이뿐만이 아니다. 출산율은 단순히 일하는 여성의 비율에만 반응하지 않았다. 평균 임금이나 육아 휴직 증가는 물론 남녀간 임금 격차 감소에도 일관되게 '플러스(+)' 효과를 보였다. 여성이 일하면서 월급을 많이 받고 육아 휴직도 잘 챙기면 출산율이 높아진다는 이야기다. 특히 이런 현상이 선진국에서도 나타났다는 점이 매우 흥미롭다. 그동안 선진국일수록 여성들의 출산율이 떨어진다고 믿어왔는데 선진국에서도 출산율을 높일 수 있는 비법이 보이기 때문이다.

우리나라 출산율이 갈수록 감소하는 이유도 명확히 드러난다. 2017년 한국의 남녀 임금 격차는 34.6퍼센트나 된다. 남성 노동자가 100만 원 받으면서 하는 일을 여성 노동자가 할 경우 66만 원밖에 못 받는다는 말이다. 이 격차는 OECD 최고 수준이다. 출산율이 오르려야 오를 턱이 없다.

그럼 더 많은 여성을 일할 수 있게 만들고 평균 임금을 높이고 육아 휴직을 보장하며 남성 노동자와의 임금 격차를 줄인다면 출산율이 올라갈까?

보고서는 이것만으로는 부족하다고 강조한다. 북유럽 국가를 분석해봤더니 가족 수당의 급여 대체율이 25퍼센트 증가하면 합계 출산율이 약 1퍼센트 높아졌다고 지적했다. 여기서 가족 수당은 아동 관련 현금 지원이나 세제 지원을 통해 자녀가 있는 가구의 소득을 증대시키는 방식이다. 우리나라 정부나 지자체가 쓰고 있는 저출산 예산이 이에 해당한다. 앞서 살펴봤듯이 우리나라는 저출산 예산을 엄청나게 쏟아부었다. 그런데도 출산율이 높아지지 않은 이유가 뭘까? 북유럽과 우리나라의 문화 환경 차이 때문일까?

이번에도 통계 자료를 살펴봐야 한다. 우리나라의 GDP 대비 가족 수당의 비중은 얼마나 될까? 신문이나 TV에서 저출산 대책에 천문학적인 돈을 낭비한다는 주장이 자주 등장하니 상당히 높을 것 같다. 하지만 2015년 한국의 아동·가족 복지 공공지출 비중은 GDP 대비 1.2퍼센트에 불과했다. OECD 평균인 2.0퍼센트에 훨씬 못 미친다. 순위도 36개국 중 32위로 최하위 수준이다. 반면 북유럽의 스웨덴은 총 GDP의 3.5퍼센트를 가족 수당 지출에 쓰면서 전체 1위를 차지했다. 이런 막대한 재정 투입에 힘입어 2017년 기준 합계 출산율 1.78명을 기록했다. 0.92명에 그친 우리나라에 비해 2배 가까이 높다. 스웨덴은 유럽의 합계 출산율 순위에서도 매년 상위권을 유지하고 있다.

답은 나왔다. 신문이나 TV에서 저출산 대책으로 천문학적인
돈을 낭비한다고 지적하지만 스웨덴 등 저출산 탈출국들과 비교
하면 아직도 한참 모자란다. 저출산 예산을 지금보다 3배 가까
이 늘려야 스웨덴처럼 저출산 탈출을 기대할 수 있다는 이야기
다. 이를 비판하는 사람들도 있다. 가뜩이나 돈 쓸 데가 많은데
저출산 예산을 더 퍼붓는 것은 그야말로 낭비라는 주장이다. 세
태가 바뀌어 '백약이 무효하다'고 한탄하면서 말이다. 그런데 앞
장에서 살펴본 '코페르니쿠스적 전환'처럼 이들의 주장을 그대
로 받아들여보면 어떨까?

인구가 줄면 정말 나라가 망할까?

인구 감소의 위험성이 워낙 널리 퍼지다 보니 우리 대부분은 인
구 감소 때문에 나라가 망할지 모른다고 걱정한다. 폐교하는 학
교가 늘어나고 의료, 여가 문화, 대중교통, 부동산 등에도 악영
향을 크게 미쳐 경제성장률까지 끌어내린다고 여겨왔다. 그래서
인구 규모는 결코 감소해서는 안 되는 '절대 반지'처럼 떠받들여
진다.

그런데 인구 감소가 반드시 경제 붕괴로 이어질까? 만원 버

스나 지하철에 시달린 오늘 출퇴근길을 떠올려보자. '좁은 땅덩어리에 인구가 너무 많다'는 짜증이 절로 난다. 수도권은 물론이고 소규모 지방 도시에까지 들어선 고층 아파트를 볼 때면 '우리나라 인구가 너무 많다'는 생각도 든다. 실업자가 127만 8000명(2020년 5월 현재)이나 된다는 소식에 '(소위) 사람값이 더 떨어지겠네'란 두려움도 생긴다. 그런데 좀 이상하다. 한쪽에서는 인구가 줄어든다고 난리인데 또 한쪽에서는 인구가 너무 많다고 투덜거린다. 도대체 뭐가 맞는 말일까?

이를 정확히 살펴보기 위해서는 인구의 3요소를 알아야 한다. 인구의 규모(크기), 구조를 가늠하는 3요소는 출산, 사망, 연령 구조다. 일단 출산은 앞에서 살펴본 합계 출산율이 기준이 된다. 합계 출산율은 '여성 1명이 가임기간(15~49세)에 낳을 것으로 기대되는 평균 출생아 수'를 의미한다. 우리나라의 합계 출산율은 0.92명이다. 이는 현재의 인구 규모를 유지하기 위한 2.1명의 절반에도 못 미친다.

인구 증감을 논할 때는 사망도 따져야 한다. 사망과 관련해 중요한 기준은 기대여명이다. 기대여명은 특정 연령의 사람이 앞으로 생존할 것으로 기대되는 평균 생존 연수를 뜻한다. 출생할 때의 기대여명이 바로 평균 수명이 된다. 2018년 태어난 출생아의 평균 수명은 82.7년(남성 79.7세, 여성 85.7세)이다. 또 60세 남성은 22.8년, 여성은 27.5년을 더 살 수 있을 것으로 예상됐다.

인구의 연령 구조도 유심히 봐야 한다. 일반적으로 0~14세
는 유소년, 15~64세는 생산 가능 인구, 65세 이상은 고령 인구
로 나눈다. 이렇게 나누는 이유는 생산 가능 인구 100명당 부양
할 유소년과 고령 인구 수를 따지는 총부양비를 계산하기 위해
서다. 한국의 총부양비는 2017년 36.7명에서 50년 뒤인 2067년
3배 이상인 120.2명까지 치솟을 것이란 전망도 있다. 생산 가능
인구 1명이 1.2명을 먹여살려야 하니 문제라는 것이다. 그래서
경제 활력은 갈수록 떨어지고 경제성장률이 곤두박질칠 것이라
고 경고한다.

여기서 이상한 점이 하나 발견된다. 1980년대 말부터 1990년
대는 우리나라 경제 황금기로 꼽힌다. 민주화로 노동자의 권리
가 급격히 향상된 데다 88서울올림픽, 3저(달러·유가·금리) 등 대
외 여건까지 받쳐주면서 매년 10퍼센트 경제가 성장하는 '단군
이래 최대' 호황을 일궈냈다. 전 세계가 부러워하는 성장을 보인
당시 우리나라 인구는 현재보다 1000만 명이나 적은 4200만 명
에 불과했다. 이때보다 인구는 더 늘었는데도 경제성장률은 5분
의 1토막 났다. 인구의 절대치와 경제 발전의 상관관계가 크지
않을 수도 있다는 이야기다.

해외로 눈을 돌려봐도 마찬가지다. 소위 선진국이라 꼽히는
OECD 30여개 회원국 중 인구가 1000만 명이 넘는 나라는 절반
정도에 불과하다. 아이슬란드(약 33만 명), 룩셈부르크(약 62만 명),

에스토니아(약 130만 명), 라트비아(약 190만 명), 슬로베니아(약 207만 명) 등 우리나라 대구광역시(약 240만 명)보다 적은 인구를 가진 나라도 많다.

반면 세계 인구 순위 10위 안에서 소위 경제 강국으로 꼽히는 나라는 3위 미국(약 3억 2900만 명)이 유일하다. 1, 2위인 중국(약 14억 2000만 명), 인도(약 13억 6800만 명)는 물론이고 인도네시아(약 2억 6900만 명), 브라질(약 2억 1200만 명), 파키스탄(약 2억 400만 명), 나이지리아(약 2억 명), 방글라데시(약 1억 6800만 명), 러시아(약 1억 4300만 명), 멕시코(약 1억 3200만 명)는 속된 말로 인구 값을 제대로 못하고 있다(물론 중국 경제에 대해서는 논란의 여지가 있다. 하지만 중국은 2019년 1인당 GDP가 1만 276달러로 처음 1만 달러 벽을 넘었으니 경제 강국이라고 하긴 힘들다). 따라서 '인구 증가＝경제 성장'이란 공식이 반드시 들어맞는 것은 아니다.

게다가 인구 증가가 오히려 경제 성장의 발목을 잡는다는 주장도 있다. 인구 증가 속도를 사회 인프라가 쫓아가지 못해 교통난, 주거난, 환경난 등이 생겨난다. 물가가 급격히 오르며 삶의 질도 낮아진다. 하늘 높은 줄 모르고 올라가는 아파트 가격 때문에 출퇴근 때마다 한두 시간씩 만원 버스나 지하철에 시달리는 고통도 인구 증가 때문에 겪고 있는 셈이다.

특히 우리나라는 극심한 인구 밀도로 받는 고통이 점점 커지고 있다. 우리나라 전체의 인구 밀도는 1제곱킬로미터당 490명으로 세계 평균(51명)보다 9배 이상 높다. 하지만 이건 약과다. 서울의 인구 밀도는 무려 1만 6100명에 달한다. 이는 미국 뉴욕의 8배, 일본 도쿄의 3배로 OECD 국가 도시 중 단연 1위다. 이런 과밀한 인구 구조는 더 큰 문제를 낳을 수 있다. 사스, 신종플루, 메르스, 코로나19 등 전염병이 5~6년 주기로 발생하는 원인 중 하나가 바로 인구 과밀 때문이다.

인구 감소는 축복이다?

최근 세계적으로 유행했던 전염병은 대부분 박쥐가 원인으로 알려져 있다. 이렇게 말하면 인간이 박쥐를 먹어서 전염병이 확산됐다고 생각하기 쉽다. 그런데 남궁인 이화여대목동병원 의학전문학과 교수 등 많은 전문가들은 그게 아닐 수도 있다고 지적한다. 박쥐를 먹으려면 삶거나 구워야 하는데 메르스나 코로나19 등 바이러스는 열에 약해 삶거나 구우면 바로 사멸한다. 박쥐를 먹는다고 해서 바이러스에 감염될 가능성은 매우 적다는 이야기다. 그러면 어떻게 박쥐에게 있던 바이러스가 인간에게 건너왔을까?

77억 명을 훌쩍 넘을 정도로 거대해진 규모의 인간 때문이란 지적이 있다. 단순히 살 곳이 부족해진 인간들이 박쥐의 서식지를 침범하면서 자연스럽게 박쥐가 인간에게 바이러스를 전파했을 가능성이 점쳐진다. 여기에는 좀 더 복잡한 이야기가 숨겨져 있다.

미국 캘리포니아주립대학 버클리캠퍼스 연구진이 2020년 2월 국제학술지인 〈이라이프〉에 발표한 보고서에 따르면 박쥐에게 기생하는 바이러스는 무려 200여 종에 달한다. 이렇게 많은 바이러스를 지녔지만 박쥐는 독특한 면역 체계를 갖췄기 때문에 감염되지 않는다. 그런데 눈에 띄는 점은 박쥐 안에 있는 바이러스는 대부분 사람에게 직접 전파되지 않는다는 것이다. 미국의 과학 저술가 데이비드 콰먼은 1994년 호주 브리즈번에서 발생한 '헨드라 바이러스'의 사례를 들어 바이러스 전파 과정을 설명했다. 헨드라 바이러스의 본래 숙주는 주로 과일을 먹기 때문에 이름 붙여진 과일박쥐다(박쥐라고 모두 피를 빨아먹는 것은 아니다). 그런데 앞에 설명한 것처럼 인간과 과일박쥐가 직접 접촉하는 경우에는 이 바이러스가 인간에게 전염되지 않는다.

하지만 말이 중간에 끼면 상황이 달라진다. 낙타를 매개체로 인간에게 전염된 메르스처럼 헨드라 바이러스의 매개체는 말이었다. 1990년대 들어 호주에 원시림 개간 열풍이 불자 서식지를 잃은 과일박쥐들이 마을로 몰려왔다. 그리고 말이 풀을 뜯는 나무 위에 자리 잡았다. 인간에게 당한 스트레스 때문에 박쥐는 배설물과 분비물을 더 많이 쏟아냈고 이를 뒤집어쓴 말들은 헨드라 바이러스에 감염돼 죽어갔다. 말들을 돌보던 인간 역시 변형을 일으킨 바이러스에 감염됐다. 결국 인간에게 서식지를 빼앗긴 박쥐가 복수를 한 셈이다. 코로나19 등 다른 바이러스들도 마찬가지 경로를 거쳤을 것으로 예상된다. 5~6년 주기로 창궐하는 바이러스 감염은 바로 인구 과잉, 인구 과밀 때문에 벌어졌던 것이다(박쥐야! 오해해서 미안해).

따라서 당장 우리 앞에 놓은 숙제는 인구 감소가 아니다. 인구 과잉이 더 큰 문제다. 이미 줄어들고 있는 인구에 지나친 공포를 가지기보다는 발상의 전환이 필요하다.

우선 인구 감소에 대한 두려움에서 벗어나야 한다. 인구가 줄어들면 인구 밀도가 과잉 상태인 우리나라의 경우에는 오히려 도움이 될 수 있다. 보다 쾌적한 환경을 회복할 수 있기 때문이다. 출퇴근 시 교통 체증이 덜하고 도심 쓰레기 문제나 아파트 가격 급등 현상도 완화될 가능성이 크다.

그래도 경제가 나빠질 것이란 두려움은 남는다. 인구가 줄어들면 소비가 줄어들고 기업 실적이 나빠져서 일자리가 감소하는 악순환에 빠질 것으로 보이기 때문이다. 그런데 여기서 짚고 넘어가야 할 것이 있다. 1990년대보다 인구가 1000만 명이나 늘어난 대한민국에서 왜 소비 감소를 걱정해야 할까?

소비가 줄어드는 진짜 원인은 인구 감소가 아니다. 소비자들이 쓸 돈이 없기 때문이다. 우리나라 GDP 중 기업이 챙기는 몫은 1988년 15.1퍼센트에 2017년 20.2퍼센트로 5.1퍼센트포인트 증가했다. 정부의 몫도 같은 기간 20.9퍼센트에서 23.8퍼센트로 2.9퍼센트포인트 늘었다. 반면 개인의 몫은 64퍼센트에서 56퍼센트로 8퍼센트포인트나 감소했다. GDP가 30여 년 동안 3배 늘어났지만 그 과실의 상당 부분은 기업에 떨어졌고 노동자들의 임금은 찔끔 오르는데 그쳤다는 뜻이다. 특히 GDP 중 개인의 몫은 OECD 평균인 62.3퍼센트에 크게 못 미친다. 미국(79퍼센트), 영국(75.2퍼센트), 독일(73퍼센트), 이탈리아(72.6퍼센트), 프랑스(67.1퍼센트)는 물론 '기업만 부자고 국민은 가난하다'는 한탄이 절로 나오는 일본의 63퍼센트보다도 크게 낮은 수준이다. 소비 감소의 원인은 여기서 찾아야 한다.

미국을 대표하는 환경 전문 기자인 앨런 와이즈먼은《인구 쇼크》에서 재미난 주장을 했다. "신문이나 TV에서 인구 감소를 걱정하는 이유는 개인보다는 기업 때문이다." 왜 그러냐고? 인구가 늘어나야 일자리를 놓고 경쟁하는 사람이 많아지고 그래야 기업들이 노동력을 더 값싸게 이용할 수 있다. 그런데 인구가 줄어들면 노동력 공급이 줄어들고 임금은 오를 수밖에 없다. 임금이 오르면 자연스럽게 소비가 늘어나고, 이는 다시 경제에 활력을 불어 넣는다. 따라서 인구 감소는 재앙이 아닌 축복이고 사람의 가치를 키우는 '희망의 메시지'라는 것이 앨런 와이즈먼의 주장이다.

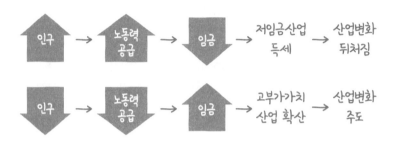

<〈앨런 와이즈먼의 주장〉>

그의 주장을 따른다면 인구 감소를 걱정할 것이 아니라 사회 시스템 전반의 혁신을 고민해야 한다. 단순히 인구 수보다는 인구의 질을 중요하게 생각하고 사람에 대한 투자를 늘려야 한다. 한 사람 한 사람의 가치를 더 소중히 생각하는 사회로 나아가야 한다는 이야기다.

한반도의 적정 인구

인구 감소에 대한 두려움에서 벗어나 삶의 질을 높이기 시작하면 우리 경제 구조는 급격히 달라질 것이다. 가장 큰 변화로 소위 '사람값'이 높아진다. 기업들은 많은 임금을 주는 만큼 더 값어치 있는 일을 시킬 수밖에 없다. 소모적인 노동에서 벗어나 4차 산업혁명 시대에 맞는 지적 노동에 몰두하게 된다. 아이디어와 창의성을 높여 혁신에 나서게 된다. 이를 통해 생산성은 비약적으로 상승한다.

이뿐만이 아니다. 인구가 줄면 온실가스와 각종 유해 물질 배출량도 줄어들어 여러 환경 문제를 극복할 수 있다. 게다가 더 이상 사람이 살지 않는 지역은 재야생화rewilding 과정을 거쳐 자연의 품으로 돌려보낼 수 있다. 우리보다 먼저 인구가 감소하기 시작한 포르투갈, 폴란드 등에서는 재야생화가 진행되고 있다. 이런 일이 지속된다면 지구 온난화의 위협에서 벗어나는 것도 가능하다.

새로운 산업도 발전한다. 인구 감소와 함께 필연적인 고령화 덕분에 복지 서비스가 비약적으로 발전하고 있다. 이미 초고령 사회에 진입한 일본의 경우, 건강한 노인이 아픈 노인을 돌보는 지역사회의 복지 서비스 등 다양한 시도가 진행 중이다. 마을 전체를 육아 친화 시설로 만들어 젊은 부부들을 불러 모으는 일본 지자체도 있다. 일본에서는 이를 '창조적인 인구 감소'라고 부른다. 이런 창조적 파괴가 사회 전반으로 확산된다면 사람값은 물론 국민들의 행복도가 높아질 가능성이 매우 크다.

한번 상상해보자. 우리나라 인구가 신문이나 TV에서 우려하는 전망처럼 2100년 무렵에 현재의 절반 수준인 2500만 명대로 떨어진다면 어떻게 될까? 일단 하늘 높은 줄 모르고 오르던 아파트 가격이 떨어질 것이다. 보다 넓은 주거 공간에서 편안한 삶을 누릴 수 있다. 교통 체증과 만원 버스, 지옥철 같은 골치 아픈 용어도 사라진다. 한층 깨끗해진 자연과 벗하며 마음껏 행복을 누리면서 살다 보니 평균 수명은 더욱 길어진다.

우리 후손들은 이 좁은 땅에 남북 합쳐 한때 7000만 명이라는 엄청난 인구가 살았다는 사실을 믿지 않을지도 모른다. 사실 한반도가 품어온 인구는 애당초 얼마 되지 않았다. 조선 말기만 해도 1300만 명에 불과했고 해방 직후인 1945년이 돼서야 2500만 명을 간신히 넘었다.

따라서 인구가 줄어드는 것은 우리 삶의 터전인 한반도가 정상으로 돌아가는 것이라고 볼 수 있다. 미래의 아이들에게 불과 80년 전에는 서울에 1000만 명이나 살았다고 알려주면 어떤 표정을 지을까? 아마 까무러칠지도 모른다.

 함께 들으면 좋은 경불진 에피소드

 신종 코로나 바이러스와
인구 감소, 베커 가설이란?

 트럼프·푸틴·아베·베조스와
쿠팡 김범석의 공통점 아시나요?

쥐를 위한 유토피아

전 세계가 저출산 탈출을 위해 천문학적인 돈을 쏟아붓고 있는데도 효과가 없는 이유를 설명하는 재미있지만 끔찍한 실험이 있다.

미국의 동물 행동학자 존 B. 칼훈 박사가 1973년 진행한 쥐 실험이 바로 그것이다. 거대한 농장의 헛간에 가로×세로 210센티미터 크기의 실험장을 마련했다. 고양이 같은 천적이 얼씬거리지 못하게 만들었을 뿐만 아니라 충분한 음식과 물을 지속적으로 공급하는 장치를 갖췄다. 한마디로 쥐를 위한 유토피아를 만든 것이다.

칼훈 박사는 이 공간에 쥐 한 쌍을 풀어놓았다. 스트레스가 전혀 없는 환경에서 쥐는 왕성하게 번식하기 시작했다. 쥐 개체 수는 55일마다 2배로 증가했다. 315일이 경과한 후 쥐 개체 수는 무려 660마리에 달했다. 그런데 이때부터 출산율이 감소하기 시작했다. 개체 수는 증가했지만, 증가 속도가 확연하게 떨어졌다. 600일이 경과할 무렵 마지막 새끼가 태어났다. 이후로는 더 이상 번식하지 않았다. 이때 개체 수는 2200마리. 혹시 공간이 너무 적었기 때문일까?

칼훈 박사는 최대 3800마리까지 수용할 수 있도록 실험 공간을 설계했다. 공간 부족은 원인이 아니었다는 말이다.

쥐들을 관찰하던 칼훈 박사는 재미난 사실을 발견했다. 315일과 600일 사이에 쥐 사회 구조가 붕괴했던 것이다. 쥐 사회 구조 붕괴는 어떤 모습이었을까?

쥐가 짝짓기를 하려면 평소보다 넓은 공간이 필요하다. 그런데 개체 수가 늘어나면서 짝짓기 공간을 차지하려는 경쟁이 치열해졌다. 이 과정에서 넓은 공간을 차지한 수컷은 여러 암컷을 거느리기 시작했다. 경쟁에서 밀려나는 수컷이 갈수록 늘어났다. 이런 상황이 반복되자 소외된 쥐들은 공격적으로 변했다. 다른 쥐를 공격하고, 심지어 새끼 쥐를 물어 죽이거나 잡아먹었다.

끔찍한 일을 목격한 암컷들도 변하기 시작했다. 어린 새끼를 돌보지 않고, 심지어 내쫓기까지 했다. 어린 쥐들은 속수무책으로 죽어갔다. 더 놀라운 것은 경쟁에서 상위를 차지한 수컷들이었다. 언제 공격 당할지 모른다는 공포에 빠져 더 이상 생식 활동을 하지 않았다. 쥐 사회는 무너져내렸고 유토피아 같던 실험 공간은 지옥으로 바뀌었다.

이 실험은 우리에게 커다란 교훈을 준다. 생존에 필요한 식량과 물, 공간을 아무리 제공해도 지배 계층이 다 차지해버리면 사회는 자멸하고 만다. 사회 계층 간의 상생과 연대가 없다면 그 사회는 풍요로움 속에서 지옥이라는 현실을 마주할 수밖에 없다. 이제는 인구 감소를 걱정하기보다는 서로에 대한 따뜻함과 배려가 사라지는 것을 두려워해야 하지 않을까?

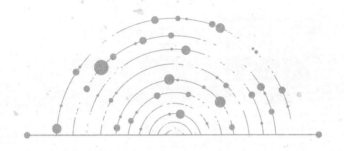

3부

돈의 미래가 보이는
신호 5

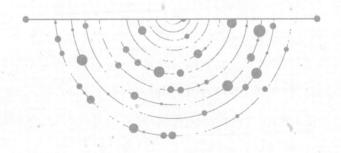

9장

뭉치면 망하고
흩어져야 성공한다

뭉치면 살고 흩어지면 죽는다? 그건 옛말이고, 지금은 흩어져야
성공한다.

나 혼자 산다

"아직 결혼 안 하셨죠? 우리 한국 사회의 제일 큰 병폐가 뭐라
고 생각하세요? 현재 대한민국의 미래가, 출산율이 결국 우리나
라를 말아먹을 겁니다. 후보자처럼 정말 훌륭한 분이 정말 그걸
갖췄으면 100점짜리 후보자라 생각합니다. 본인 출세도 좋지만
국가 발전에도 기여해주세요."

2019년 9월 2일 자유한국당(현 미래통합당) 정갑윤 의원이 조성욱 공정거래위원장 후보자에게 결혼 여부를 물었다. 그러자 정의당은 곧바로 "통계상으로 잡히지 않는 이들을 제외하고라도 전체 가구 중 1인 가구의 수가 30퍼센트에 육박한 상태며 빠르게 늘어나는 추세"라며 "오늘의 인사청문회는 정갑윤 의원이 국회의원으로서 자격 없음을 보여준다. 국민의 다양한 삶에 맞춰 정책을 만들어야 할 국회의원의 의무를 다하지 않았기 때문"이라고 입장을 밝혔다.

정 의원의 발언에 여론은 "여성을 '아이 낳는 기계'로 인식하고 있다는 것을 여실히 드러낸 망언"이라고 평가하면서도 1인 가구가 30퍼센트에 육박한다는 정의당의 브리핑에 놀라워했다. 실제 통계청 자료가 이를 입증한다. 2017년 우리나라 전체 가구 수는 1967만 가구인데 이 가운데 561만 가구(29.3퍼센트)가 홀로 살림을 하고 있다. 17년 전인 2000년에는 1인 가구가 222만 가구였으니 그새 2배가 늘어난 셈이다.

더 놀라운 점은 우리가 흔히 일반적이라고 생각하는 4인 가구 비중이 1인 가구보다 줄었다는 사실이다. 4인 가구 비중은 전체의 22.4퍼센트인데 참고로 2인 가구 비중은 27.3퍼센트, 3인 가구 비중은 21.0퍼센트다. 엇비슷하지만 현재 기준으로도 1인 가구가 당당히 1위다. 정 의원은 시대의 흐름을 읽지 못했다고도 볼 수 있다. 그런데 정 의원 입장에서 보면 1인 가구라는 개념이

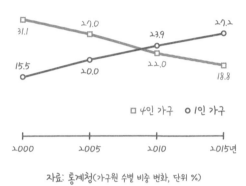

<1인 가구 VS. 4인 가구>

31.1 → 27.0 → 23.9 → 22.0 → 18.8

15.5 → 20.0 → 23.9 → 27.2

□ 4인 가구   ○ 1인 가구

2000   2005   2010   2015년

자료: 통계청(가구원 수별 비중 변화, 단위 %)

이해되지 않을 수도 있다. 1950년생인 그는 고도 성장기를 살아 왔고, 그의 유년 시절에는 한 집에 7~8명이 사는 게 흔한 광경이 었으니 말이다.

시계를 다가오는 2045년으로 돌려보자. 통계청에 따르면 1인 가구는 809만 가구로 늘어나고 4인 가구 비중은 7.4퍼센트에 그 칠 전망이다. 1인 가구는 지금도 그 비중이 가장 크지만 시간이 갈수록 압도적인 1위 자리를 굳힐 전망이다. 그렇기 때문에 우 리는 일코노미를 알아야 한다. 일코노미란 1인 가구와 이코노미 (경제)를 합친 신조어다.

중세 유럽에 닥친 흑사병으로 유럽 인구의 최소 25퍼센트가 사라지면서 전통적인 농노 경제가 초기 시장경제로 바뀌었다. 봉건 영주의 명령에 따라 농사를 짓던 사람들이 갑자기 사라지면서 인력이 귀해지자 농부들은 예전과 달리 영주와 몸값을 협상할 때 갑의 상태에 오를 수 있었다. '사람이 미래다'라는 사실을 우리 인류는 이미 700년 전에 알았던 셈이다. 이처럼 지위가 상승한 평범한 사람들이 늘어나면서 르네상스가 시작됐다. 태양이 지구를 중심으로 돌고 교황이 왕보다 더 큰 권력을 가졌던 이유가 절대적 존재인 신 때문이었는데 흑사병으로 절대 인구 수가 갑자기 줄어드니 신보다는 인간이 중심이 될 수밖에 없었다. 일코노미를 주목해야 하는 이유가 여기 있다.

인구 구조의 변화, 가구 구조의 변화는 곧 경제 시스템의 변화를 가져온다. 이런 새로운 분위기를 읽지 못하는 전통적인 4인 가구 기반의 생각과 관습에서 벗어나지 못하면 기업이든 정부든 실패하기 십상이다. 단순히 1인 가구의 수만 늘어난 게 아니라 이들의 씀씀이도 커졌다. 1인 가구 소비 규모는 2010년 60조 원에서 2030년 194조 원으로 3배 이상 증가할 전망이다.

식품, 서비스, 금융까지 일코노미 전성시대

작년 한 대형 마트에서 재미있는 제품이 나왔다. '나혼자 수박'이라는 제품인데 수박을 4~6등분한 다음에 한 조각씩 따로 담아서 포장한 것이다. 혼자 사는 사람이 수박 한 통을 다 먹기는 힘드니까 나눔의 지혜를 발휘한 것이다. 물론 이와 비슷한 개념의 조각 수박은 이전에도 있었다. 하지만 매년 수요가 늘어난다는 데 의의가 있다. 작년에만 67퍼센트 증가했다. 1인 가구를 위한 감자, 당근, 고구마 제품 역시 꾸준히 사랑받고 있다.

CJ제일제당의 대표 상품인 햇반. 불과 몇 년 전만 해도 햇반은 캠핑이나 야외 나들이 할 때 들고 가는 도시락 같은 제품이었다. 그런데 1인 가구가 늘면서 햇반 소비도 늘고 있다. 이에 CJ는 감성적인 광고를 만들어 일코노미 생태계에 경종을 울렸다. 이 광고에서는 '어느새 밥하지 않는 집이 늘어갑니다'라는 점을 강조한다. 1인 가구와 2인 가구를 위한 미니 밥솥도 있지만 쌀 씻고 안치고 밥하고 설거지하는 시간도 아까우니 아예 데우기만 하는 밥을 먹자는 캠페인(혹은 낚시?)일 것이다.

어쩌면 햇반 광고는 광고를 빙자한 선전인지 모른다. 고객에게 상품이나 서비스를 팔기 위해 대중매체를 통해 메시지를 전달하는 게 광고라면 선전은 많은 사람들에게 조직이나 개인의 이념, 주장을 전파하는 것이다. '밥하지 않는 집이 늘어가니 당신도 해 먹지 말고 햇반을 사 먹어라'는 CJ의 이념을 세련되게 전달하려는 시도는 아닐까. 무엇보다 '혼자 사는 당신은 햇반을 사 먹는 게 자연스럽다 못해 당연한 것'이라고 세뇌시키는 수준이라고 하면 지나친 억측일까.

온라인몰 중에서도 생필품에 특화된 티몬 슈퍼마트에서 잘

나가는 제품들을 살펴봐도 일코노미의 위력을 알 수 있다. 1인 가구의 핵심 품목인 가정간편식HMR의 경우, 전년 대비 국·찌개류 매출은 937퍼센트, 덮밥·컵밥 등의 매출은 483퍼센트 상승했다. 그래도 집에서 해 먹는 밥이 몸에 좋다는 어른들의 말씀을 실천하는 가구주들은 5킬로그램 용량의 쌀을 사 먹는데, 관련 상품의 매출이 거의 3배나 늘었다. 10킬로그램 제품의 성장률은 127퍼센트였다. 10킬로그램 제품은 주로 4인 가구에서 이용한다. 심지어 씻지 않고 물만 부어서 바로 밥솥에 넣을 수 있는 '씻어 나온 쌀'도 인기를 얻고 있다.

티몬 측은 "이들 상품을 구매하는 소비자의 연령대는 일코노미의 핵심이라고 할 수 있는 25~34세. 전체 매출의 40퍼센트 정도를 차지하는데, 동일상품을 놓고 비교하면 가격이 저렴하고 배송도 편리해 일코노미족의 반응이 좋다"고 설명했다.

1인 가구 하면 보통 지저분한 집을 떠올리게 마련인데, 요즘 1인 가구는 정말 깨끗하다. 스마트폰으로 청소를 요청할 수 있기 때문이다. 대청소 기준으로 세 시간에 3만 원 수준이라 크게 부담되지도 않는다. 싱크대나 화장실 같은 곳을 부분적으로 청소하는 것도 가능하다.

집 청소만큼 중요하면서 귀찮은 게 옷 청소, 즉 세탁이다. 일코노미족은 대개 직장 생활을 하기 때문에 세탁소 문 닫은 뒤 퇴근하게 마련이다. 물론 주말에 세탁물을 맡길 수도 있지만 평일에 쌓인 스트레스 푸느라, 밀린 잠 자느라, 미뤄뒀던 친구와의 약속을 지키느라 세탁소에 들르기 어려울 수 있다. 그래서 요즘 일코노미족에게는 세탁 앱들이 인기다. 앱스토어에서 '세탁'이라고 치면 바로 내려받을 수 있는 앱들인데, 앱당 월 사용자 수가 평균 1만 명이 넘는다. 드라이, 다림질까지 해결되고 늦은 시간이나 이른 새벽에도 세탁물을 수거, 배달해준다.

일코노미족은 금융 소비 행태도 다르다. 3~4인 가구가 주류를 이루던 시기, 성인들은 주로 시중은행, 증권사, 보험사를 이용했지만 1인 가구들은 주로 금융에 특화된 앱을 이용한다. 토스, 뱅크샐러드가 대표적인데 토스는 간편 송금, 더치페이 등으로 젊은층을 사로잡은 뒤 보험, 신용카드 관리, 대출 서비스까지 영역을 확장하고 있다. 지난해 재수 끝에 인터넷 전문은행 사업 허가를 받아 앞으로는 시중은행과 큰 차이 없는 금융 서비스를 선보일 예정이다.

돈 관리 앱 뱅크샐러드는 기존 은행과 증권사의 업무를 스마트폰으로 옮겨놓은 모양새다. 주요 은행의 적금 상품을 비교해서 소비자에게 맞는 상품을 추천해주고 신용카드, 연금저축, 신용대출, P2P투자 상품까지 짚어준다. CMA도 소비자에게 맞는 것을 골라주니 바쁜 일코노미족에게 안성맞춤이다. 이들이 시중은행과 증권사, 보험사에 일부러 등을 돌린 것은 아니다. 그저 기존 금융사들이 4인 가구에 맞는 상품과 서비스를 줄기차게 팔아왔을 뿐이다.

좀 더 구체적인 사례를 들어보자. 1인 가구의 경우 주유 등 일 반적인 카드 혜택보다는 편의점이나 커피 전문점 할인 혜택에 대한 수요가 상대적으로 크다. 자녀 둘을 둔 40대 가장은 아무래 도 자동차를 보유할 가능성이 크지만 혼자 사는 2030 청년들은 자동차를 소유하기보다는 택시나 버스, 지하철을 이용할 가능성 이 크다. 즉, 일코노미 세대주들은 주유할 일이 거의 없기 때문에 이런 혜택을 강조하는 신용카드를 쓸 일이 거의 없다.

시중은행도 마찬가지다. 대부분의 은행들이 홈페이지 첫 화면 에 자녀 둘을 데리고 있는 남녀 부부 사진을 배치해놓는다. 사진 만 그런 게 아니라 금융 상품들도 그렇다. 내 집 마련 저축 상품 계열, 목돈 마련 상품 계열, 퇴직연금 상품 계열……. 하나같이 혼자 사는 이들에게는 거리가 있는 것들이다. 1인 가구를 위한 금융 정보도 부족하다. 무엇보다 금융업체에서 일하는 노동자들 이 대부분 3~4인 가구에 속해 있어서 1인 가구에 필요한 상품이 무엇인지 알기 어렵다.

반면 토스나 뱅크샐러드는 일코노미족의 입맛에 맞는 상품과 정보를 위주로 제공한다. 우르르 식당에 몰려가더라도 계산은 각자 하는 트렌드를 일찌감치 반영해 '더치페이' 기능을 설치한 것만 봐도 이들 금융 앱이 지향하는 바를 알 수 있다. 시중은행 앱에서는 상상도 할 수 없는 매력적인 콘텐츠임이 분명하다.

1인 가구 증가는 세계적 트렌드

일코노미 생태계의 주인공인 1인 가구는 왜 계속 늘어나고 있을까? 2인 가구나 3~4인 가구가 되려면 결혼을 해야 한다. 즉, 1인 가구가 증가한다는 건 결혼을 하지 않는 사람들이 늘고 있다는 뜻이다. 결혼을 하더라도 늦게 하는 '만혼' 인구가 늘고 있다는 의미도 있다.

통계청 자료에 따르면 우리나라 결혼율은 2011년(조혼인율 6.6) 이후 매년 떨어지고 있으며, 2018년 5.0에 이어 2019년에는 4점대를 기록할 전망이다. 2030세대가 결혼하지 않는 가장 큰 이유는 돈이다. 결혼을 하려면 집이 있어야 하는데 엄청난 장벽이 아닐 수 없다. 서울만 놓고 보면 아파트 값이 평균 9억 원이고 전세를 살아도 6억 원 이상은 있어야 아파트를 구할 수 있다. 사회 초년생들에게는 엄마아빠 찬스가 없다면 불가능의 영역이다.

결혼식을 올리는 데 드는 비용, 살림도구 장만 비용, 신혼여행비도 만만치 않다. 이것만 해도 평균 6000만 원이 든다. 사랑하는 사람과 행복하기 위해 하는 게 결혼인데 지금 시점에서 결혼은 엄청난 압박을 주는 미션, 자칫 개인 파산에 이를 수 있는 복병이나 다름없다. 남녀 모두에게 반갑지 않은 일이다.

결혼을 막는 또 다른 암초가 있다. 바로 일자리다. 인턴, 비정규직 비중 역시 갈수록 늘어나고 있는데 정규직의 최대 70퍼센트 임금을 받는 이런 일자리에 종사하는 청년들로선 제 한몸 가누기도 쉽지 않은 상황이다. 여기서 또 다시 집 문제를 들먹일 수밖에 없다. 2019년 8월 기준 비정규직 평균 월급은 173만 원이다. 이 중 시간제 노동자의 월평균 임금은 93만 원이다.

이쯤 되면 집이 있어도 한 달을 온전히 버텨내기가 쉽지 않다. 수도권에 있는 원룸이나 시설이 나쁘지 않은 고시원에라도 살려면 최소 월세만 50만 원을 써야 한다. 부동산 O2O 플랫폼 다방이 공개한 '2018 서울 지역 매물' 기준으로 산출된 서울 대학가의 원룸 평균 월세 가격은 54만 원이다. 서울 강남-선릉-삼성동 같은 회사들이 몰려 있는 사무실가의 원룸 월세 가격은 70만~80만 원 정도다. 보증금 1000만 원은 기본이다. 170만 원 벌어서 월세로 70만 원이 나가면 100만 원을 가지고 살아야 한다. 식비, 교통비, 의류비 등 쓰지 않으면 안 되는 항목 비용을 제하면 50만 원 정도 남는다.

결혼하려면 연애를 해야 하고, 연애를 하려면 영화도 보고 근사한 식당에서 가끔 식사도 하고 여행도 가야 한다. 그런데 이런! 50만 원밖에 쓸 돈이 없다! 술, 담배를 즐기는 남성, 머리와 얼굴 관리에 신경을 조금 더 쓰는 여성이라면 손에 쥐는 돈은 10만~20만 원에 불과할 수도 있다.

인턴, 비정규직을 하다가 정규직으로 발령이라도 나면 다행인데 비정규직의 평균 근속 기간은 2년 2개월이다. 이는 2년 3개월

째에 정규직이 됐거나 계속 비정규직이어서 회사를 그만두었다는 뜻이다. 비정규직 비중이 그대로이거나 증가하고 있는 현실을 감안하면 아무래도 후자에 해당하는 사람들이 많을 것이다.

운이 좋아서 집 문제, 직장 문제가 해결되더라도 또 다른 문제가 있다. 직장에서의 하루하루, 집에서의 하루하루가 만만치 않다. 좋은 회사에서 정규직으로 일하더라도 업무 강도가 지나치게 높거나 일은 대충해도 되는데 거의 매일 야근을 해야 한다면 연애할 시간이 없다. 평일에 열심히 버텨내고 주말에 데이트하면 될 줄 알았으나 주말에도 각종 이벤트나 출장, 평일 업무를 위한 자료 준비 등으로 역시나 시간이 없다.

무엇보다 IMF 이후 신자유주의 물결이 거세지면서 성과와 실적만으로 노동자를 평가하는 회사가 많아진 탓에 조금만 쉬려고 하면, 잠시만 구멍이 나면 문책을 받는다. 이는 승진의 결격 사유가 되고, 조기 은퇴의 지름길이 된다. 내가 살기 위해 나를 러닝머신 같은 환경에 몰아놓고 쉴 새 없이 뛰어야 하는 상황이다. 잠시라도 딴 생각을 하거나 멈추면 러닝머신 바깥으로 밀려난다. 둘이 손잡고 나란히 뛰는 러닝머신을 본 적 있는가. 이런 현실에서 연애나 결혼은 자가면역질환이 아닐까. 자가면역질환은 우리 몸을 세균이나 바이러스로부터 지켜주는 면역 시스템이 정상 세포나 조직을 공격하는, 아군이 아군을 치는 병이다.

1인 가구 증가는 우리나라에서만 나타나는 현상이 아니다. 전

지구적인 현상으로, 나이도 성별도 가리지 않는다. 유럽이나 미국의 경우, 이색적인 1인 가구도 적지 않다. 이른바 한시적 1인 가구다. 대체로 자녀를 다 키워서 독립시킨 50대 이상 부부들로, 평일에는 기존대로 한집에 살다가 주말에는 둘 중 한 명이 또는 둘 다 다른 곳에서 지내며 독립된 삶을 사는 방식이다.

낚시를 좋아하는 남편은 아예 강가나 바닷가 근처에 조그마한 장기 임대 주택을 얻어서 주말마다 강태공의 삶에 충실할 수 있고, 책 읽기를 좋아하는 부인은 남편이 없는 집에서 주말 내내 독서삼매경에 빠질 수 있다. 즉, 부부가 서로의 취미를 존중하면서 마음껏 즐기되 서로에게 피해를 주지 않는 새로운 삶의 패턴이다. 황혼 이혼이 늘어나는 요즘 백년해로할 수 있는 21세기 솔루션이 아닐까. 부부가 아닌 연인들이 '따로 또 같이' 동거를 하는 1인 가구 역시 줄지 않고 있다.

1인 가구의 만족도가 높은 진짜 이유는 따로 있다. 나의 몸값을 올릴 기회를 상대적으로 많이 얻을 수 있다는 것. 영화 〈82년생 김지영〉에서 주인공 김지영이 자신도 모르게 마음의 병을 얻은 건 독박 육아의 고통, 시댁과의 눈에 보이지 않는 갈등 탓도 있지만 한창 나이인 자신이 이에 걸맞은 건설적인, 창조적인 일을 하지 못하고 있다는 일종의 강박 후유증 탓인지도 모른다. 단순히 직장 생활을 하면서 돈을 버는 게 아니라 자신의 가치를 높일 수 있는 다양한 자기계발을 할 시간과 기회를 원천 봉쇄당했다는 억울함 말이다.

미혼모 인생 대역전의 단골 사례로 등장하는 소설가 조앤 롤링. 그는 월세도 제때 못낼 만큼 어렵게 살았다. 혼자 갓난아이를 돌봐야 했던 그는 아기가 누운 요람을 발로 밀어주면서 '해리 포터'를 썼다고 한다. 하지만 롤링 같은 경우는 70억 분의 1 확률이다. 99퍼센트의 미혼모는 자기 한 몸 책임지기 어려운 상황에서 자녀까지 홀로 거둬야 해 가치가 낮은 일, 월급이 적은 일을 할 가능성이 크다. 자기계발은 먼 나라 이야기다.

여성가족부가 2018년 발표한 '인구 특성별 1인 가구 현황 및 정책 대응 연구'에 따르면 1인 가구의 생활 만족도는 70퍼센트에 달한다. 10명 가운데 7명이 만족한 셈이니 대체로 행복하게 사는 1인 가구주가 많다고 봐야 하지 않을까. 흥미로운 점은 여성의 만족도가 더 높게 나타났다는 것이다. 특히 여성은 연령에 상관없이 70퍼센트 이상의 만족도를 보였다. 반면 남성은 연령이 올라갈수록 만족도가 낮았다.

더 놀라운 것은 이들의 미래다. 앞으로도 혼자 살 의향이 있다는 응답이 약 50퍼센트였다. 이 중 여성(63.1퍼센트)이 남성(39.3퍼센트)보다 혼자 살겠다는 의향이 높았다.

나 혼자 사는 이들을 위한 주거 노하우

1인 가구의 발목을 잡는 주범은 집이라고 강조했다. 그런데 이게 또 전화위복이 될 수 있다. 1인 가구의 상당수가 사회 초년생인데 잘만 알아보면 이들에게는 행복주택, 공공임대, 국민임대 같은 집을 거머쥘 수 있는 기회가 꽤 있기 때문이다.

물론 이들 주택도 내 것이 아니라 빌리는 것이기는 하다(장기임대 후 분양받는 경우도 없진 않다). 하지만 월세와 보증금이 저렴하다는 장점이 있다. 게다가 행복주택 공급 가격은 임대보증금과 임대료 모두 인근 지역 시중 가격의 68~80퍼센트인 만큼, 일반 주택에 살 때와 달리 저축이 가능하다. 행복주택이나 청년주택, 공공임대는 기본적으로 입주 제한 조건이 있다. 신혼이거나 청년이어야 하고 월소득 기준도 정해져 있다. 즉, 우리가 아는 래미안이나 자이 아파트처럼 100 대 1의 경쟁을 뚫어야 하는 게 아니라 상대적으로 쉽게 입주할 수 있다. 이 모두 1인 가구이기에 가능하다.

이들 주택의 또 다른 장점은 바로 재계약의 수월함이다. 보통 LH가 계약의 주체이기 때문에 까칠한 집주인을 상대하지 않아도 되는 데다 원할 경우, 최장 10년까지 계약을 연장할 수 있다. 일반 주택의 경우, 재계약 자체가 쉽지 않은 데다 보증금은 수천만 원에서 수억 원까지 올려달라는 황당한 요구를 받는 일도 잦다. 이들 주택에 입주하면 이래저래 돈 모으기 좋고 쓸데없는 곳에 돈을 낭비하지 않아도 되는 환경이 구축된다. 이제라도 1인 가구의 이 같은 장점을 누려보고 싶다면 마이홈(www.myhome.go.kr)에서 관련 정보를 쉽게 확인할 수 있다.

1인 가구는 장기 임대뿐 아니라 집을 매입할 때도 유리한 점이 있다. 이른바 새옹지마권 주택이다. 숲세권, 역세권처럼 좋은 입지가 아닌 곳에서도 집을 살 수 있는 상황을 뜻한다.

일반적인 4인 가구 경제에서 좋은 집, 특히 비싼 집의 조건은 뻔하다. 첫째 조건이 학군, 두 번째가 교통, 세 번째가 쾌적함이다. 요즘은 유치원이나 어린이집까지 학군에 포함시키기도 한다. 반대로 이런 조건을 갖추지 못한 곳은 집값이 싸다고 생각하면 된다. 1인 가구는 어린아이가 없기 때문에 이런 조건을 갖추지 않은 곳도 상관없어서 싼 값에 집을 장만할 수 있다. 주차시설이 부족하거나 모텔이나 나이트클럽이 많은 곳은 어떤가. 일반적인 기준으로는 집값을 떨어뜨리는 결정적 결함 요소다. 하지만 1인 가구의 경우, 자동차가 없을 가능성이 크고 모텔이나 나이트클럽으로부터 받는 영향도 미미하기 때문에 오히려 싼 값에 좋은 집을 구할 수 있는 유리한 조건으로 받아들여지기도 한다.

게다가 요즘은 반려동물과 함께 사는 1인 가구가 급증하는 추세인데 강아지를 키우려면 기존 인기 주거 지역에서는 소음, 냄

새 등으로 인한 민원 탓에 적잖이 스트레스를 받을 가능성이 있다. 하지만 결함 요소가 많은 지역에서라면 이웃 눈치 보지 않고 동물을 키울 수 있다.

교통이 열악한 곳도 마찬가지다. 지방 변두리라면 모를까 수도권이라면 전철이나 버스가 결국에는 들어서게 되어 있다. 물이 높은 곳에서 낮은 곳으로 흐르듯 교통망은 촘촘한 곳에서 엉성한 곳으로 퍼지게 마련이다. 인구와 자본의 유입이 지속된다면 말이다. 따라서 1인 가구는 저렴한 가격에 이런 환경의 집을 매입해보는 것도 괜찮다.

물론 앞서 설명했듯이 1인 가구의 다수는 여유롭게 쓸 돈이 부족한 게 사실이다. 하지만 집이 저렴하고 중장기적으로 회사 생활을 할 의지가 있다면 새옹지마권 주택을 구입하는 것도 나쁘지 않은 선택이다. 그리고 보너스도 있다. 새옹지마라는 고사성어에 등장한 말이 주인 몰래 도망갔다가 짝을 데리고 돌아왔을 때의 기쁨처럼 그 집은 내가 늙었을 때 주택연금을 받게 해주는 효자가 될 수 있다.

주택연금은 집을 담보로 맡기고 평생 혹은 일정 기간 매달 노후 생활자금을 받는 금융 상품으로 역모기지론이라고도 한다. 신청 자격 조건은 부부 기준 1주택, 보유 주택 합산 가격 9억 원 이하여야 한다. 부부 중 한 명만 60세가 넘으면 신청할 수 있다. 부부 기준이니 1인 가구는 당연히 해당된다. 주택연금은 평생 거주를 보장하면서 다달이 생활비를 준다는 게 핵심이다. 상환 압박이 없어서 스트레스 받을 일도 없다. 은행이 돈을 꿔주기는 하지만 한국주택금융공사가 보증을 서는 까닭이다.

사실 이 대목에서 수많은 금융업체들이 다양한 노후 대비 금융 상품을 선보인다. 국민연금만으로는 부족하니 자사 상품에 가입하라는 게 주요 레퍼토리다. 그런데 현실적으로 가장 든든한 금융 상품은 국민연금이고, 그다음이 주택연금이다. 금융사들이 광고하는 제품들은 연말정산할 때 세금공제 혜택을 받는 게 고작인 수준이다. 이런 것들도 대부분 10년 이상 장기 계약이 조건이라 중도에 해지하면 그간 혜택을 받은 금액을 토해내야 한다.

결국 일코노미가 득세하고 1인 가구가 급증하는 건 새로운 시대에 적응하기 위한 스마트 시민의 대응인 셈이다. 이런 대응이 합리적인 것인지 감정적인 것인지는 시간이 흘러봐야 평가할 수 있겠지만 현재로서 '이유 없는 반항'은 아닌 게 확실해 보인다.

공유, 대여, 맞춤, 연대

1인 가구 소비 증가와 일코노미 생태계의 확장은 앞으로도 계속될 것이 확실하다. 기존 4인 가구 경제 시스템이 더 이상 건재하기 힘들고 기존 마케팅이나 광고, 정책이 더 이상 먹히지 않는다는 의미다. 심지어 정치하려는 사람 역시 1인 가구와 일코노미에 최적화된 공약을 내놔야 당선될 가능성이 크다는 뜻이기도 하다.

앞서 1인 가구가 시중은행을 떠난 사례에서도 알 수 있듯이 은행 조직은 엄밀히 말해 2030, 특히 혼자 살거나 둘이 사는 가구를 애초에 자신들의 고객으로 생각하지 않았을 가능성이 크다. 그저 대학 등록금을 꿔간 다음 여전히 갚고 있는 채무자로 인식하지 않았을까. 등록금 빚 갚기도 벅찰 것이라고 생각했으니 그들을 위한 그다음 준비가 있을 리 만무하다. 이 틈을 토스나 뱅크샐러드가 파고들었다.

다른 업종과 기업들은 이를 벤치마킹을 해야 한다. 1인 가구가 우리 고객이 아니라고 생각했던, 마이너 고객이라고 생각했던 관습 자체를 바꿔야 한다. 특히 고가 소비재를 파는 기업의 대처 방안이 달라져야 한다. 집이나 자동차를 파는 기업의 솔루션부터 점검해보자.

자동차

수억 원 하는 집, 수천만 원 하는 차는 목돈이 필요하고 형식에서 차이는 있으나 사실상 다달이 가격을 나눠서 내야 하는 공통점이 있다. 그런데 일코노미 입장에서는 관점이 달라진다. 아이도 있고 배우자도 있고 명절마다 친가, 처가, 외가에 가야 한다면 차는 꼭 사야 하는 물건이다. 그런데 4인 가구가 아닌 1인 가구 라면? 꼭 필요할 때만 쓰거나 아예 없어도 되는 경우도 많을 것이다.

현대자동차 같은 기업은 차를 만들어서 팔 생각을 하기보다는 빌려주는 방식으로의 전환을 모색하고 있다. 1인 가구 비중이 70퍼센트 이상 되면 아마도 차를 소유하려는 이들은 찾기 힘들 것이다. 그만큼 대중교통이 더 발달하고 지역공동체가 활성화돼 굳이 자신의 생활권을 벗어날 일이 드물기 때문이다. 오히려 전동 킥보드같이 친환경적이면서 가까운 거리를 저렴하게 오갈 수 있는 탈것들이 잘 팔릴 것이다.

하지만 특별한 날, 의미있는 날만큼은 멋진 자동차를 몰고 기분을 낼 만한데 이런 틈새 수요를 적극적으로 노려야 한다. 물론 지금도 카셰어링 업체들이 즐비하지만 가격이나 서비스 수준을 놓고 보면 렌터카와 큰 차이가 없다. 예쁜 스포츠카나 고급 세단을 필요할 때만 몰 수 있다면 고객 만족도가 향상될 것이다.

또 다른 솔루션은 바로 뷔페식 대여다. 이번 주는 쏘나타, 다음 주는 그랜저, 그다음 주는 제네시스……, 차후에는 전기차? 이런 식으로 차를 빌리긴 하되 다양한 제품을 체험할 수 있게 하는 방식이다. 자동차 기업으로서도 인기 있는 몇몇 차종에 인력과 자본을 몰아주지 않고 다양한 생산 라인을 가동할 수 있다는 장점이 있다. 다양한 라인이 있어야 뷔페식 대여가 가능하기 때문이다. 즉, 선순환 생산과 소비 모델을 안착시킬 수 있다.

가장 어렵지만 가장 확실한 대책은 바로 '퍼스널 카', 즉 개인 맞춤형 자동차를 생산하는 것이다. 그랜저, 제네시스가 아무리 좋아도 같은 그랜저, 같은 제네시스일 뿐이다. 다른 그랜저와 다른 제네시스를 판다면 사정이 훨씬 나아질 것이다. 일부 양산차 브랜드에서 자동차 색깔이나 인테리어 소품을 달리해서 맞춤형 자동차라고 광고하고 있지만 이는 껍데기만 다를 뿐이다.

엔진이나 미션을 완전히 새로 만들 수는 없지만 다른 차에 들어갔던 것들을 장착한다든지, 앞모습과 뒷모습을 소비자가 고를 수 있게 하는 등 달라진 모습을 보여줘야 차를 소유하고 싶은 마음이 들지 않겠나. 전자식과 아날로그 계기판, 레버형과 조그셔틀형 변속기, 원형과 네모꼴 운전대를 그때그때 기분에 맞춰 바꿔 이용할 수 있다면 정말 운전하는 재미가 있을 것이다.

'양산차업체에서 어떻게 일일이 맞춤형 차를 만드나?' 하고 묻는다면 그동안 그렇게 해오지 않았기 때문에 위기에 처했다고 답변하겠다. 어차피 가까운 미래에는 차를 사는 사람들이 많지 않을 것이다.

집 역시 자동차와 다를 게 없다. 1인 가구가 더 많이 늘어나면 지금 가장 인기 있는 20~30평대 아파트는 존재 의미가 없어질 것이다. 돈을 잘 벌어서 넓은 곳에서 살고자 하는 소수의 사람들이 물론 있겠지만 에어비앤비를 부업으로 하지 않을 바에는 관리-유지비를 감당하기 어려울 것이다. 따라서 작고 예쁘고 튼튼한 집을 많이 만들어서 팔아야 한다.

집 역시 뷔페식 대여가 가능하다. 자동차처럼 주, 월 단위로 집을 바꾸기는 어렵지만 6개월, 1년 단위로 거주지를 바꿀 수 있다면 1인 가구의 전폭적 지원을 얻을 수 있을 것이다. 제주도에 가면 택시를 타는 것보다 렌터카 빌리는 게 더 편하고 자연스럽게 느껴지듯이 일코노미 생태계가 더욱 확장되는 가까운 미래에는 집도 차도 수시로 빌리고 바꾸는 게 당연해질 것이다. 아파트에서 2년, 복층 빌라에서 2년, 잔디가 깔린 마당 있는 전원주택에서 2년, 한옥에서 2년, 이런 식으로 말이다.

어차피 평생 직업이 사라진 마당에 이직과 전직은 더 잦을 것이다. 이에 따른 이사도 늘어날 수밖에 없는데, 그때마다 새로운 부동산중개소에 가서 새로운 집을 둘러보고 새로운 집주인과 임대계약을 하기는 매우 번거롭다. 래미안도 좋고 자이도 좋다. 한 업체와 계약하면 그 브랜드가 있는 어떤 지역에서도 비슷한 조건으로 거주할 수 있도록 하는 것이다. 물론 몸만 옮기는 최소한의 수고만 할 수 있으면 가장 좋다.

퍼스널 하우스도 빨리 등장해야 한다. 래미안, 자이가 아무리 좋아도 역시 같은 래미안, 같은 자이일 뿐이다. 아파트를 짓든 빌라를 짓든 저마다 개성이 있어야 하고 내부 구조 역시 차이가 있어야 한다. 같은 동 아파트라도 어떤 집은 방의 개수는 많지만 대신 좁고 어떤 집은 방 개수가 적지만 넓은 차이를 둘 수 있다. 거실이 큰 집과 작은 집, 주방이 큰 집과 작은 집, 아이들이 좋아할 만한 다락방 같은 비밀 공간이 있는 집, 아니면 아예 레고처럼 집 내부를 소비자가 배치해서 개성 있게 사용할 수 있는 환경을 만들어주는 것도 고려해볼 만하다. 그래야 집을 갖고 싶은 마음이 생기지 않겠나.

이로 인해 건설비가 더 들어갈 수는 있다. 하지만 추가되는 비용보다 더 많은 이익을 얻을 수 있다면 장사꾼으로선 최선의 선택이 아닐까?

1인 가구를 위한 주택의 경우, 선진국들은 앞서가는 모습을 보이고 있다. 국내 정치인들이 특히 더 주목할 필요가 있는 대목이다. 우리나라에서는 4인 가구가 아닌 미니 가구에 주어지는 혜택이 거의 없다. 오히려 싱글세, 독신세 같은 새로운 세금을 매겨야 한다는 게 기성세대의 생각이다. 반면 유럽은 1인 가구라 해서 복지 혜택에서 제외되는 일이 드물다.

공동 주거

영국은 1인 가구 소형 임대주택 사업을 하고 있다. 청년이나 노인들이 주요 타깃이다. 또 민간 임대주택을 대상으로 임대료 상한선을 제한해 임차인을 보호하고 있다. 이처럼 자본주의와 개인주의의 본산인 영국에서도 1인 가구를 보호하기 위해 임대인의 재산권 행사에 일정 부분 제동을 가하는 것을 당연시하고 있다.

스웨덴은 '공동 주택 정책'을 펼치고 있다. 미니 가구를 위한 공동 주택을 만들어 거주자들이 자신의 방을 제외한 주방, 체력 단련실, 육아 센터 등 나머지 시설을 공유할 수 있도록 한 것이다. 청년과 노인의 안정된 주거를 돕기 위한 보조금도 지원한다.

덴마크는 개인 프라이버시를 존중하면서도 공동체의 장점을 접목한 '코하우징(주거공동체)' 문화가 특징이다. 1970년대 시작된 코하우징은 독거노인들의 사회 안전망 확충을 위해 보급한 주거 형태다. 하지만 현재 다양한 연령대의 1인 가구가 사는 공간으로 자리 매김했다. 주거비 절감 효과와 함께 이웃사촌과 함께 살 수 있는 장점이 있다. 독일에서는 1인 가구도 주거 보조금 제도의 혜택을 누릴 수 있다. 비결은 1인이든 4인이든 인원 수에 제한 없는 정책 덕이다. 모든 가구는 월세의 10퍼센트 정도를 지원 받는다.

미국은 저소득층 1인 가구를 위한 '싱글 룸 거주 프로그램'을 운영한다. 낡은 호텔이나 여관처럼 활용도가 떨어지는 시설을 임대주택으로 변신시켜 저소득층에게 제공하는 정책이다. 소득이 낮은 청년이나 노인의 월세 비중이 클 경우 정부에서 보조금을 주는 '주택 바우처제'도 눈길을 끈다.

일본은 조금 더 세밀한 형태다. 노인과 청년을 하나의 주거 단지에 살게 한다. 대신 청년은 정해진 노인의 집에 가서 청소를 하거나 요리를 해준다. 거동이 불편한 경우, 목욕을 도와주기도 한다. 이를 조건으로 청년에게는 월세를 깎아준다. 노인 역시 자신의 경력을 바탕으로 청년에게 멘토링을 해준다. 양측의 니즈를 균형 있게 잘 맞추는 게 관건이긴 하지만 세대간 갈등이 심각한 우리나라에 시사하는 바가 크다. 진정한 소셜 믹스의 한 방법이 아닐까.

이처럼 우리나라보다 먼저 개인화, 핵가족화된 선진국에서는 벌써 1인 가구 급증 현상에 대한 대책을 실행 중이다. 국회의원이나 도지사, 군수가 되려는 이들은 지금까지 "우리 지역에 지하철역을 만들겠다" "재개발을 완성하겠다"고 외쳤다면 앞으로는 "1인 가구를 위한 임대주택, 1인 가구를 위한 월세 할인 대책, 1인 가구를 위한 절세"를 공약해야 할 것이다.

현대차나 LH 같은 거대 기업이나 정치인들만 달라져야 하는 것은 아니다. 빌라를 통째로 사서 월세를 받으며 사는 임대인, 중고차를 매매하는 딜러, 호텔이나 여관을 운영하는 사장님, 전통

시장에서 장사를 하는 자영업자까지 기존 행태와 규칙을 계속 적용하다가는 망하기 십상이다. 이들 역시 1인 가구가 핵심 고객이라는 신념으로 새로운 철학과 마케팅을 궁리해야 할 시점이다. 혼밥, 혼술이 대세로 굳어지는 상황에서 '단체 예약 환영'이라는 문구를 써서 붙인 식당 사장님은 지금 바로 '1인석 준비 완료'로 수정해야 할 것이다.

식당은 물론 그 외의 자영업자들, 회사원들도 일코노미에 맞춰 돈을 더 벌 수 있는, 회사를 더 오래 다닐 수 있거나 빨리 승진할 수 있는 자신만의 해결책을 만들어내야 한다. 오프라인보다는 온라인 쇼핑, 소유보다는 대여나 구독, 양보다는 질……. 이런 테마를 바탕으로 자신이 가진 장점을 녹여낸다면 일코노미 아니 점코노미(1보다 작은 소숫점인데 1인 가구에서 전혀 다른 두 사람이 밤과 낮에 서로 마주치지 않게 산다면 가능할 수 있다) 시대가 와도 끄떡없을 것이다.

1인 가구의 증가에 비해 이를 바라보는 시선은 여전히 곱지 않다. 그렇다고 1인 가구로 살아가는 것에 불안감이나 죄책감 따위를 느낄 필요는 없다. '내 친구들은 다 결혼해서 아이 낳고 잘 살고 있는데 나는 언제까지 이렇게……' 같은 고민이나 자기비하를 하지 않아도 된다는 뜻이다. 이들은 어쩌면 호모 사피엔스 진화의 최신작이면서 최적화 모델일 가능성이 크다. 해왔던 대로 살고 타인에게 피해를 주지 않는 선에서 자신의 행복을 추구하는 삶을 그대로 유지하면 된다.

어차피 기업, 정부, 정치인들은 이들의 새로운 행보와 목소리에 맞춰서 움직일 수밖에 없다. 가끔 1인 가구 소비자나 시민이나 유권자를 우습게 아는 기업, 정부, 정치인이 나타나면 정당하게 이의를 제기하면 된다. 이왕이면 전체 가구 비중 1위답게 대동단결하면 효과는 만점일 것이다!

 함께 들으면 좋은 경불진 에피소드

 1인 가구 혼밥·혼술의
그늘

숫자로 읽는 1인 가구의 현실

통계는 누가 만드느냐에 따라 결론이 달라진다. 그래서 혹자는 거짓말의 대표적인 예가 통계라고도 한다. 앞서 여성가족부의 통계를 인용했는데 2019년 12월 통계청의 자료는 우리 사회의 또 다른 단면을 보여준다.

통계청의 '한국의 사회동향 2019'에 따르면 1인 가구의 35.9퍼센트는 월평균 소득이 200만 원 미만인 것으로 나타났다. 소득 100만 원 미만이 11.3퍼센트였고, 100만~200만 원 미만은 24.6퍼센트로 집계됐다. 200만~300만 원 미만은 35.7퍼센트였으며, 300만~400만 원 미만은 17.1퍼센트를 기록했다. 소득 400만 원 이상 1인 가구는 11.3퍼센트 비중을 나타냈다. 그러면서 1인 가구의 주관적 만족감은 23.3퍼센트로 다인가구(30.8퍼센트)보다 낮게 조사됐다고 강조했다.

여성가족부는 1인 가구의 70퍼센트가 만족한다고 했는데 통계청은 23퍼센트에 불과하다고 전했다. 이를 어떻게 봐야 할까? 통상적으로 글을 쓸 때 가장 중요한 내용, 강하게 내세우고 싶은 내용이 제일 앞으로 오게 마련이다. 물론 미괄식같이 핵심이 끝부분에 오는 경우도 있으나 대체로 두괄식이 잘 읽히고 잘 먹힐 가능성이 크다.

통계청 자료에서 가장 먼저 언급한 대목은 1인 가구의 월평균 소득이다. 1인 가구의 35.9퍼센트가 월소득 200만 원 미만이라는 대목에서 '그럼 그렇지. 혼자 살면 개고생이지'라고 여길 수도 있다. 그런데 200만~300만 원 미만이 35.7퍼센트로 불과 0.2퍼센트포인트 차이밖에 나지 않는다. 이 구간의 중간값을 250만 원이라고 하면 솔직히 떵떵거리며 살 정도는 아니지만 크게 어렵지 않게 내 한 몸 구제할 수 있는 수준 아닌가.

무엇보다 월평균 300만 원 이상인 1인 가구의 비중이 28.4퍼센트다. 혼자서 350만 원가량을 버는 1인 가구가 열에 셋은 된다는 뜻이다. 참고로 지난해 4인 가구 월평균 소득은 535만 7000원이다. 3인이 더해지면서 늘어나는 주거비, 식비, 의류비, 통신비, 학원비 등 각종 비용을 제외하고 쓸 수 있는 돈, 즉 가처분소득을 따지면 누가 더 많을까?

더불어 통계청의 자료는 소득 수준, 그러니까 숫자에 갇히는 오류를 범했다. '많이 벌면 행복할 것'이라는 판단이 깔린 보고서다. 물론 통계에서 비물질적인 요소, 감성적 요소, 휴머니즘을 찾기는 어렵지만, 최소한 '만족도'라는 단어의 의미는 알고 써야 할 것 아닌가. 만족도는 만족을 느끼는 정도이고, 만족은 '마음에 흡족함'이라는 뜻이다. 200만 원을 벌어도 행복한 사람이 있고 2억 원을 벌어도 불행한 사람이 있다.

다만 우리가 1인 가구와 관련해 놓치지 않아야 하는 대목이 있다. 1인 가구의 성·연령별 교육 수준 분포를 살펴보면 남성 20대의 경우 4년제 대학 입학 이상 비율이 61.7퍼센트, 여성은 59.0퍼센트다. 남녀 모두 20·30대는 4년제 대학 입학 이상 비율이 가장 높고, 30대의 경우 대학원 진학 비율도 높았다. 하지만 중장년층은 매우 대조적이다. 남녀 모두 40·50대는 고졸 이하 비율이, 60대 이상은 중졸 이하 비율이 가장 높았다.

젊은 1인 가구보다 중장년 1인 가구의 만족도가 낮다는 의미다. 소득이 행복을 결정하는 절대적 요소가 아니라고 했지만 만약 대학을 나오지 못해서, 고등학교마저도 졸업하지 못해서 최소한의 소득조차 보장되지 않는 곳에서 일한다면 이야기가 달라진다. 우리나라 같은 수준의 국가에서 절대적 빈곤은 개인의 탓이 아닐 가능성이 크다. 직업이고 땅이고 아파트고 거의 대물림되는 마당에 "네가 게을러서, 노력을 안 해서"라고 탓만 할 수 없는 노릇이다.

마땅히 정부나 지자체에서 이들을 도와주어야 하지만 우리 스스로도 해야 할 일이 있다. 정부나 지자체가 일일이 발 벗고 나서서 이런 이들을 돕기는 어렵다. 그저 자금 지원만 해줘도 국가가 할 일은 어느 정도 한 셈이다. 즉 개인은, 앞서가는 창업자는 이런 틈새시장을 파악하고 공략해야 한다. 물론 사회복지사도 있지만, 이들로는 여전히 부족하다.

저소득 중장년 1인 가구주들이 함께 살 수 있는 집을 알아봐 주는 일, 이들의 노동력을 제 값 받고 공급할 수 있는 일을 중개하는 행위, 이들의 노고를 풀어주면서 기쁨도 키울 수 있는 콘텐츠를 만드는 일을 한다면 최소한 수입 걱정은 하지 않아도 될 것이다.

10장

성공하는
플랫폼의 조건

플랫폼은 거대한 수요와 공급이 만나 거대한 수익을 창출한다.
단, 참여자에게 주는 이익보다 부담이 크면 붕괴된다.

모든 길은 플랫폼으로 통한다

◆ '레벨업' 카카오…돈 되는 플랫폼의 힘(한국경제TV 2019. 11. 07.)

카카오가 플랫폼을 기반으로 한 콘텐츠의 약진으로 역대 최고
성적을 올렸다. 카카오는 2019년 3분기 7,830억 원의 매출을
올렸고 591억 원의 영업이익을 달성했는데, 영업이익은 2015
년 이후 최대치다. 최대 매출 실적 개선 요인은 '톡비즈' 사업
이었다. 톡비즈 안에서도 특히 돋보이는 사업은 카카오가 지난

5월 도입한 카카오톡 채팅 목록 상단에 광고를 노출시키는 시스템인 '톡보드'다. (중략) 카카오는 앞으로 카카오톡 중심의 비즈니스 플랫폼 사업을 더욱 강화할 방침이다. 장기적으로는 카카오톡만이 차별적으로 제공할 수 있는 챗봇과 다양한 랜딩 페이지, 비즈니스 솔루션과 결합해 비즈니스 플랫폼으로서 카카오톡의 가치를 높여갈 예정이다. 수익 모델을 찾지 못해 한동안 고심하던 카카오가 성공적인 비즈니스 플랫폼을 만들며 기업 가치가 한층 더 레벨업됐다는 평가가 나오고 있다.

국민 메신저 앱 카카오톡을 운영하는 카카오가 성공적으로 플랫폼을 구축해서 큰돈을 벌었다는 기사다. 플랫폼platform. 많이 들어보기는 했는데 설명하자니 이게 쉽지 않다. 거기다 비즈니스라는 단어가 합쳐져 '비즈니스 플랫폼'이 되니 쉬웠던 단어가 어려운 말로 둔갑한 느낌이다.

전통 사극이나 영화를 보면 빠지지 않고 나오는 장면이 있다. 장터에서 사람들이 물건을 사고파는 장면이다. 손님이 "주모" 하고 부르며 술상을 주문하는 모습도 개근상 감이다. 이처럼 다양한 상인과 손님이 장터에서 만나 돈과 물건, 금품과 서비스를 교환한다. 요즘도 전국 주요 장터에서는 '5일장'이 그 명맥을 유지하고 있다.

장터가 없었다면 경제 활동은 물론 기본적인 생활이 불가능했을 것이다. 그만큼 장터의 존재와 중요성은 절대적이었다. 조선 후기에는 정부에서 육의전이라는 것을 따로 만들어서 관리하고 보호할 정도로 상거래가 이뤄지는 장터에 대한 관심이 각별했다.

필자처럼 1990년대 학번인 사람들은 아르바이트 자리를 크게 2가지 매체를 거쳐서 알아봤다. 하나는 대학가 중심에 있는 벽보, 즉 벽에 붙어 있는 수많은 홍보용 포스터나 전단이었고, 또 다른 하나는 '벼룩시장', '교차로' 같은 무료 광고 신문이었다.

벽보나 전봇대에는 대부분 과외 자리 아니면 호프집이나 커피숍 아르바이트 전단이 붙어 있었다. 특히 과외 자리 전단의 경우 A4용지 아랫부분을 10등분해서 삐삐 번호나 집 전화번호를 적어서 뜯어 갈 수 있도록 소비자를 배려하는 센스도 갖췄다. 무료 광고 신문은 보는 사람은 무료이지만 그 안에 자신의 이름과 연락처를 한두 줄이라도 넣으려면 5만 원 미만을 내야 했던 것으로 기억한다. 무료 광고 신문사 사주가 빌딩을 몇 채나 벌었다는 소문이 있을 정도로 당시 무료 광고 신문의 영향력은 대단했다.

2030 독자들은 취업 정보를 얻기 위해 어떤 사이트를 방문하는가? 취업 사이트, 구직 사이트로 통하는 '사람인' '잡코리아'를 자주 들여다볼 것이다. 복수의 리서치 기업들에 따르면 이들 사이트를 이용하는 사람은 한 달에 평균 300만 명에 육박한다. 요즘은 고용노동부에서 운영하는 '워크넷' 이용자가 급증한다고

한다. 월 방문자 수 기준으로 이미 잡코리아를 넘어섰다. 디시인 사이드 같은 인터넷 커뮤니티 사이트를 제외하면 취업 사이트들은 최고 수준의 방문율을 자랑한다.

수백만 명이 구인구직을 위해 동일한 웹사이트를 방문한다는 사실이 당연하다고 여겨질 수도 있지만 따지고 보면 놀라운 일이다. 작년 임금 노동 일자리는 대체로 1800만 개로 분석되는데 이런 일자리를 찾기 위해 2~3곳으로 사람들이 몰렸으니 말이다.

취업 사이트만큼 많은 사람들이 몰리는 곳이 바로 아르바이트 사이트다. '알바몬' '알바천국' 같은 곳이 큰 인기를 얻고 있는데, 이들 업체의 경우 이용객들이 아무래도 1020세대가 상대적으로 많다 보니 모바일 앱 버전이 호황을 누리고 있다. 그래서 알바몬의 앱이 사람인 앱보다 이용객이 많다.

요즘은 장터는커녕 이마트 같은 도심에 있는 대형 마트에도 잘 가지 않는다. 그 이유는 다들 잘 알 것이다. 굳이 가서 살 필요가 없기 때문이다. 로켓배송이니 당일배송이니 해서 주문과 거의 동시에 배송이 이뤄지는가 하면 신선식품 위주로 새벽에 배송해서 소비자가 건강한 아침을 즐길 수 있게 해주는 서비스도 있다(따지고 보니 이 분야의 원조가 있다. 우유와 신문 배달). 유통 환경이 이렇게 바뀌다 보니 신세계, 롯데 같은 유통 공룡들도 뒤늦게 이 분야에 투자를 늘리고 있다. 조만간 중견 브랜드에 대한 인수합병이 연이어 성사될 것으로 예측된다. 그만큼 앱으로 장 볼 수 있도록 돕는 일이 기업 입장에서는 절대적으로 중요한 역량이 돼버렸다.

누구나 말하지만 제대로는 모르는 플랫폼

장터, 벽보, 무료 광고 신문, 취업 사이트, 쇼핑 앱. 지금까지 언급한 사례들의 공통점이 있다. 직접적으로 영향을 주고받지는 않지만 이들의 특징을 꿰뚫는 공통 분모가 있다. 바로 플랫폼이다. '플랫폼은 기차나 버스를 타기 위해 대기하는 장소 아닌가'하고 묻는 사람도 있을 텐데 정답이다. 기차나 버스를 타기 위해 특정 공간에 많은 사람들이 잠깐 머물듯 장터, 벽보, 무료 광고 신문, 취업 사이트, 쇼핑 앱 역시 큰 틀에서 거래라는 행위를 위해, 거래를 돕기 위해 존재하는 유무형의 대기 공간이다.

우리가 플랫폼이라는 용어를 지금처럼 다양한 곳에서 폭넓게 사용하게 된 것은 인터넷이 대중화된 이후다. 따라서 앞으로 우리가 논할 플랫폼은 인터넷 환경을 기반으로 한다고 보면 된다.

4대 플랫폼 기업으로 흔히 아마존, 구글, MS, 페이스북을 꼽는다. 이들은 각각 쇼핑과 클라우드, 검색과 광고, 소프트웨어, SNS를 대표하는 플랫폼 기업이다. 우리나라도 마찬가지다. 이들 빅4와 비슷한 일을 하는 기업으로 쿠팡, 네이버, 한컴, 카카오를 꼽을 수 있다. 이들은 영향력만큼이나 실적도 상승세를 보이고 있는데 쿠팡과 네이버의 2019년 매출액은 7조 원에 육박한다. 오픈 마켓과 광고 시장에서 두 업체의 존재는 절대적이다.

그러면 플랫폼이 왜 생겨난 것인지 알아보자. 예전부터 있었던 문화적, 경제적 산물이기 때문에 지금도 존재한다고 볼 수도 있지만 이전과 달리 존재감과 영향력이 너무나 커져버렸기 때문에 플랫폼과 플랫폼 경제에 대해 짚고 넘어갈 필요는 충분하다.

전통적 플랫폼의 의미를 다시 한 번 되새겨보자. 기차나 버스를 타기 위해 우리가 잠시 대기하는 곳, 승강장 또는 정류장이라고 해도 상관없다. 승강장에는 기차를 타려는 사람들이 모여 있다. 대개는 한두 명에 불과한 소수가 아니라 수십수백 명의 많은 사람이 기다리는 게 특징이다. 사람 다음으로 중요한 주체는 바로 기차다. 기차가 들어와야 사람들이 타고 이동할 수 있다. 즉, 플랫폼의 기본 구성 요건은 서비스를 이용해줄 다수의 사람과 이들이 이용할 수 있는 서비스의 존재다.

자, 이제 승강장 주위를 둘러보자. 껌, 복권, 과자를 파는 가판 상점과 상점 주인이 보인다. 옆에는 우동이나 떡볶이를 먹을 수 있는 간이식당이 있다. 그 옆에는 커피와 주스를 파는 미니 카페도 있다. 조금 더 주의를 기울이면 승강장 곳곳에 있는 기둥에 광고물이 붙어 있음도 알 수 있다. 겨울 추위와 여름 더위를 막아줄 휴식 공간도 있다.

기차가 들어오기 전에 "노란 선 밖으로 물러나주세요" "이번 열차는 부산행 ○○열차입니다" "열차 사정으로 도착이 15분 지연됩니다. 양해 바랍니다" 따위의 안내 방송도 나온다. 몇 년 전만 해도 빨간 깃발을 든 역무원이 호루라기를 불면서 승객의 안전을 살피기도 했다. 간단하게 생각했던 승강장인데, 이처럼 많은 주체와 객체가 있었다. 이것이 플랫폼의 본질이다.

승강장을 조금 벗어난 공간을 생각해보자. 서울역이라면 서울역 근처의 수많은 빌딩과 상가, 아파트, 그리고 특급 호텔과 대형 마트까지……. 처음 서울역을 만든 사람들은 아마 주위에 이렇게 거대한 시설들이 들어설 줄 상상도 하지 못했을 것이다. 승강장이 아닌 가까운 장소에도 이렇게 엄청난 객체들이 존재한다.

그렇다면 플랫폼에 왜 많은 사람이 모이는지도 이해할 수 있을 것이다. 불특정 다수가 모이기 때문에 누가 봐도 사람이 많을 수밖에 없다. 서울역, 대전역, 부산역의 그 많은 사람들은 왜 그곳에 있을까? 기차를 타기 위해서다. 즉, 그곳이 아니면 기차를 탈 수 없기 때문이다. 이 점이 매우 중요하다. 제프 베조스나 엘론 머스크처럼 돈이 너무 많은 사람들은 집 안에서 개인용 비행기나 헬기를 타기도 하지만 기차나 대형 크루즈를 타려면 이들 역시 역이나 공항에 가야 한다. 코레일(한국철도공사)도 그 많은 사람들이 기차를 타기 때문에 수입을 올릴 수 있고, 기업을 운영할 수 있다. 이처럼 플랫폼은 거대한 수요와 공급이 만나 거대한 수익을 창출하는 곳이다.

승강장 주위에 있는 가판 상점, 식당, 카페도 마찬가지다. 주체가 아닌 객체이지만 거대한 수요와 공급이 이뤄지는 장에서 자신만의 수익을 거둔다. 기차를 타는 승객에게는 이들 시설이 비슷해 보이지만 업주의 시선에서는 독점 영업 그 자체다. 그곳 승강장의 가판대, 간이식당, 커피숍은 하나뿐이다. 하나라는 이야기는 손님들이 몰릴 수밖에 없다는 뜻이고, 그만큼 투자 대비 수익률을 끌어올릴 수 있다는 말이다. 승강장 구성원 가운데 객체들이 벌어들이는 수입도 만만치 않다.

그곳에 가지 않으면 원하는 서비스를 이용할 수 없다는 강력한 장점 덕분에 플랫폼의 지위는 아주 단단하고 튼튼해진다. '서울역 대신 용산역에 가면 되지'라는 생각이 든다면 플랫폼의 사례를 인천공항으로 바꿔서 생각해보라. 항공 서비스 역시 밀입국자가 아닌 이상 공항을 거쳐야만 이용할 수 있다.

결국 플랫폼은 사실상 독점 서비스를 제공하는 장소이며 이 서비스를 이용하는 다수의 사람이 존재하는, 공급자와 수요자가 공생 관계를 이루는 시스템이다. 더불어 공급자와 수요자 측면에서는 없어도 그만이지만 있으면 나쁘지 않은 부가 서비스와 가치를 만드는 역할도 한다. 요즘에는 이런 부가 서비스와 가치가 주체의 지위를 위협하는 경우까지 있다. 역세권, 숲세권, 도세권(도서관), 벅세권(스타벅스), 맥세권(맥도날드) 등의 마케팅 용어를 생각해보자. 플랫폼의 위력이 이 정도인데 불, 바퀴, 세탁기 이후 인류의 최대 발명품이라 여겨지는 인터넷이 가세하면 어떤 일이 벌어지겠는가? 우린 이미 인터넷이 합세한 플랫폼 시대에 살고 있다. 우리의 24시간을 플랫폼이 지배하고 있다고 해도 지나친 말이 아니다.

기존 플랫폼의 강점에 인터넷이 더해지면서 다음과 같은 변화가 생겼다. 먼저 가치의 확대다. 기존에도 부동산 중개소같이 집을 구해주는 플랫폼이 있었지만 '○방' 같은 부동산 거래 앱이 생기면서 집을 구하는 사람은 엄청난 양의 매물을 확인할 수 있게 됐다. 예를 들어, 서울 신림동이나 노량진에는 고시 공부를 하는 사람들이 많은데 인터넷이 가세하기 전에는 그 동네 부동산 중개소에서만 집을 고를 수 있었다. 그것도 직접 현장에 가야했다. 하지만 지금은 침대에 누워서 스마트폰만 만져도 신림동과 노량진은 물론 인근의 봉천동과 사당동, 흑석동과 대방동 매물까지 한번에 볼 수 있다. 요즘은 3D나 VR 방식으로 집 내부를 손 안에서 확인할 수도 있다.

두 번째 변화는 플랫폼의 집중도가 더 커진다는 점이다. 전통시장이나 대형 마트 같은 예전 플랫폼에서는 어느 정도 수요를 예측하면서 공급 수준을 적절히 조절할 수 있었다. 그런데 인터넷이 가세한 이후의 플랫폼은 예측하는 것이 너무나 어렵다. 어버이날 선물로 카네이션이나 마사지건이 잘 팔릴 것이라고 누구

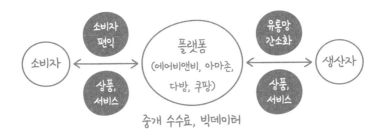

나 생각할 수 있지만 얼마나 많이 팔릴지는 알기 어렵다. 쿠팡만해도 전국 팔도에 있는 소비자들이 앱에 접속해 주문하기 때문에 언제 어디서 누가 어떤 물건을 왜 더 많이 사는지 쉽게 파악할 수 없다(이를 정확히 파악하는 일이 빅데이터 가공 작업이다. 그래서돈이 많이 들고 미래의 석유라고 하는 것이다).

공급자, 수요자 가리지 않고 더 많은 이해 관계자가 해당 플랫폼의 구성원이 되려 하기 때문에 집중도는 기하급수적으로 늘어난다. 금은방, 휴대전화 대리점, 부동산 중개소, 학원 같은 업체들이 끼리끼리 몰려 있는 것도 플랫폼의 집중도를 키우려는 의도다(이곳이나 저곳이나 가격은 큰 차이가 없어서 소비자에게는 큰 이익이없지만 다양한 제품을 볼 수 있고 경쟁이 치열해 아무래도 어이 없는 가격의 제품을 만날 가능성은 떨어진다).

지금 우리가 다루고 있는 플랫폼은 정리하면 가치와 집중도가 엄청나게 커지고 있는 경제적 시스템이다. 바꿔 말하면 돈을많이 버는 게 꿈인 사람들은 가치와 집중도를 키울 수 있는 플랫폼을 만들어야 한다는 뜻이다. 그렇다면 어떻게 해야 가치와 집중도를 확대할 플랫폼을 만들 수 있을까?

독점적 생태계를 갖췄는가

비즈니스 플랫폼을 대표하는 빅4로 아마존, 구글, MS, 페이스북을 꼽았는데 사실 직관적인 이해를 위해서라면 에어비앤비와 우버가 제격이다.

에어비앤비와 우버는 각각 숙박과 차량 공유라는 사업 행위만 다를 뿐 나머지는 똑같다고 봐도 무방하다. 즉, 플랫폼 자체의 특성 때문에 소비자가 원하는 서비스의 내용만 차이가 있을 뿐 서비스를 찾는 단계부터 서비스를 마무리하는 지점까지 사실상 동일하다고 볼 수 있다.

전 세계 190개국 4억 명이 이용하는 에어비앤비이지만 정작 이 회사가 보유하고 있는 집이나 호텔은 하나도 없다. 앞으로 어떻게 될지 모르지만 현재까지는 그렇다. 즉, 다른 사람이나 기업이 소유한 집, 호텔을 소비자가 이용할 수 있도록 다리를 놔주는 역할을 하는 게 에어비앤비다. 우버도 마찬가지다. 2019년 글로벌 이용자 수가 1억 명에 육박한 것으로 파악되며 400만 명의 운전자를 확보한 엄청난 규모의 플랫폼이지만 자체 보유 자동차나 택시는 한 대도 없다.

전통적인 관점에서 보면 호텔 사업을 하려면 호텔이 있어야 하고 승객을 태워서 운임료를 받으려면 자동차가 있어야 하는데 에어비앤비와 우버는 가지고 있는 호텔이나 자동차가 없다. 그런데도 우버는 2019년 뉴욕 증시에 상장하면서 81억 달러(9조 5200억 원)의 자금을 모았다. 에어비앤비는 2020년 하반기에 상장할 예정인데 분위기만 잘 타면 우버를 능가하는 돈을 수혈할 수 있을 것으로 보인다.

기차 승강장은 그 자체로 승객들을 원하는 장소로 실어 나르지 못한다. 승강장 역시 기차를 가지고 있지 않다. 따라서 플랫폼 사업으로 돈을 벌려면 우버나 에어비앤비같이 서비스를 이용하려는 사람이 많아야 하고 늘어나는 수요를 충분히 감당할 수 있을 만큼의 공급 능력, 정확히 말하면 중개 능력이 있어야 한다. 따라서 특정 국가에서만 사업하는 것보다 글로벌을 무대로 하는 게 낫다.

무엇보다 자신의 플랫폼이 가진 핵심 서비스를 가능하게 하는 자산을 보유하지 않는 게 좋다. 에어비앤비와 우버 두 회사도 그렇지만 스티브 잡스와 애플 직원들이 아이튠즈에 올라가는 앱, 음악, 팟캐스트 같은 콘텐츠를 직접 만들었다면 어땠을까? 직접 만들거나 소유하지 않았기 때문에 큰돈을 벌 수 있는 게 플랫폼 사업이다! 힐튼호텔이나 폭스바겐이 호텔이나 차를 직접 소유하지 않은 채 10년만 앞서 중개하는 사업을 했더라면 지금의 에어비앤비나 우버는 나오지 않았을 것이다.

기업 가치도 물건이나 서비스를 잘 만드는가, 매출과 이익, 현금 흐름이 좋은가에서 앞으로는 플랫폼 생태계가 만드는 가치가 얼마나 큰가, 플랫폼 생태계와 구성원 간의 상호작용과 관계는 원활한가에 초점이 맞춰질 것이다.

이미 플랫폼 사업의 성공에 베팅한 사람들이 많다. 부동산 거래 앱을 한번 보자. 금세 직방이나 다방을 떠올리는 사람이 많을 것이다. 이 두 앱을 이미 자신의 스마트폰에 설치한 이들이 많지만, 유사 앱을 장착한 사람들도 적지 않다. 대표적인 앱은 호갱노노, 오늘의 집, 방콜, 집나와, 부동산114, 우리집, 한방, 고방, 하우스존, 덕방, 방맨, 방쓰, 직다방 등등 끝이 없다. ○방처럼 직방이나 다방을 연상하게 하는 이름이 가장 흔하고 집, 하우스 등의 단어를 넣어 직관적으로 어떤 앱인지 알 수 있게 하는 경우도 많다.

이건 뭘 의미할까? 플랫폼 사업이 돈이 된다고 하니 그만큼 많은 사업자들이 실제로 뛰어들었다는 뜻이다. 무엇보다 실제 부동산 중개소를 열 때 사무실 임대료, 관리비, 직원 인건비 등 고정 비용이 적잖이 발생하는 것과 달리 부동산 중개 앱은 만약 사업자 혼자 일을 다 처리한다고 가정하면 비용이 거의 들지 않는다. 물론 앱 제작 같은 전문적인 분야는 외주를 줄 수 있지만 그 비용이 오프라인 부동산 중개소와 비교할 정도는 아니다.

대만 대왕카스테라나 벌꿀 아이스크림처럼 짧은 흥행 이후 빛의 속도로 쇠퇴한 창업 프랜차이즈계의 사례가 떠오르지 않나? 누구나 쉽게 뛰어들 수 있고 어찌 보면 전문성이 떨어져도 참여할 수 있는 것 등 장점처럼 보이는 요소들이 있다. 그런데 플랫폼의 본질은 독점이라고 강조했다. ○방 종류의 앱들은 그런 의미에서 진정한 플랫폼이 될 수 없다. ○방뿐인가. 각종 배달 앱, 이사 앱, 중고차 거래 앱, 쇼핑 앱도 마찬가지다. 현재까지는 승자독식을 꿈꾸며 버틴다고는 하지만 오래 가기 어렵다. 플랫폼 사업을 꿈꾸는 이라면 반드시 유념해야 할 요소다.

착한 비즈니스를 표방하는가

그런 의미에서 ○방 종류의 앱 가운데 '집토스'는 눈여겨 볼만하다. 집토스는 중개 수수료를 세입자에게 받지 않고 집주인에게만 받는다. 기존 부동산 앱과는 다르게 오프라인 중개 사무소를 직영으로 운영하며 공인중개사를 직접 고용한다. 전세 물권인 경우, 기존에는 임대인과 임차인 모두에게 수수료를 받았지만 집토스에서는 임차인은 공짜로 중개 서비스를 받을 수 있다. 이렇게 되면 더 많은 임차인이 집토스에 몰리고, 임대인 역시 더 많은 임차인을 만날 수 있는 집토스에 매물을 내놓게 된다. 임차인이 많아야 집이 빨리 나갈 테니 말이다.

콜럼버스의 달걀처럼 '저런 건 나도 하겠다'라는 핀잔을 들을 법도 하지만 중요한 건 집토스가 이런 시도를 처음 했다는 점이다. 집토스의 핵심 경쟁력은 '착함'이다. 임차인에게는 수수료 부담을 주지 않는다는 마음가짐! 기존 부동산 중개업체들 역시 이런 생각을 전혀 해보지 않았던 것은 아니다. 하지만 실제로 적용하려니 그동안 받던 더블 수수료를 싱글로 받는다는 현실이 탐탁지 않았을 뿐이다. 게다가 동료 업자들이 "그래, 너만 착하지"라면서 집단으로 따돌릴 가능성을 생각하니 관성을 유지하는 쪽으로 기울었다. 그런데 집토스는 이 생각을 실천했다.

이렇게 착한 비즈니스 모델을 갖춘 집토스는 2019년 말 기준 50억 원에 달하는 투자를 유치했다. 더불어 LH와 '청년층 주거 및 일자리 창출 지원을 위한 상생 협약'을 체결하고 청년 주거 문제 해결의 주인공 역할도 맡았다. 투자사도 그렇고 공기업인 LH도 그렇고 집토스의 착함에 주목한 것이다. 물론 임차인에게는 수수료를 받지 않는다는 기발한 과금 방식 역시 기업 성장의 촉진제가 될 것으로 확신했다. 착하면서 돈도 잘 벌 수 있는 기업인데 마다할 사람이 있겠는가.

글로벌 교육 플랫폼 '코세라'도 눈여겨 볼 필요가 있다. 한국에서는 보편화된 온라인 강의. 하지만 해외에서는 몇 년 전까지만 해도 낯설었던 게 사실이다. 하지만 코세라가 등장한 이후 교육 서비스는 온라인이나 모바일로 받는 게 더 쉽다는 인식이 생겼다. 코세라가 탄생한 배경을 보면 고개를 끄덕일 수밖에 없다.

코세라는 2012년 스탠퍼드대학교의 앤드류 응 교수와 다프네 콜러 교수가 만든 플랫폼이다. 2012년 1월 어느 날 남아프리카공화국 요하네스버그대학교 정문 앞에 수천 명의 사람이 줄을 섰다. 정규 입학 절차를 마친 다음 신입생 자리가 조금 남았는데 이 자리를 차지하기 위해 사람들이 밤을 새워가며 줄을 선 것이다. 정문이 열리는 순간, 사람들이 서로 먼저 들어가기 위해 달려 나갔고, 뒤엉킨 사람들 가운데 20명의 부상자와 1명의 사망자가 나왔다. 사망한 사람은 자신의 아들이 더 나은 삶을 살 수 있도록 입학 원서를 들고 있었던 엄마였다.

수천 명의 사람들이 줄을 선 이유는 뭘까? 놀랍게도 남아공에 여전히 남아 있는 흑인 차별 탓이었다. 남아공에서는 소수 백인들 위주의 입학 시스템 때문에 흑인들은 고등교육을 받기가 어렵다. 불상사가 일어난 날은 백인 신입생을 다 수용했는데도 정원이 살짝 남아서 이례적으로 흑인 학생도 지원 가능했다. 결국 자녀의 교육 때문에 한 어머니가 목숨을 잃은 셈이다.

이 같은 사실을 접한 콜러 교수는 교육 기회의 평등에 주목했다. 게다가 당시 미국의 대학 등록금은 1985년과 비교했을 때 6배 가까이 오른 상태였다. 많은 사람이 돈 때문에 대학 수업을 포기해야 했다. 하지만 이런 문제를 온라인 강의에서는 해결할 수 있다.

그러면 코세라는 어떻게 돈을 벌까? 기본적으로 코세라의 강의는 누구나 공짜로 들을 수 있다. 다만 강의를 듣고 테스트를 통과해서 수료증을 받으려면 수수료를 내야 한다. 즉, "나 코세라 나온 사람이야"라고 자랑하려면 돈을 내야 하는데, 평균 4주 코스의 강의는 29~99달러 정도다. 우리 돈으로 10만 원 내외이기 때문에 큰 부담이 없다. 물론 6개월 과정 강의도 있고 석사 학위를 받을 수 있는 수업은 가격이 올라가지만 다수가 듣는 강의는 시간적이든 경제적이든 부담이 낮다.

코세라도 집토스처럼 '착함'이 콘셉트다. 대학 교육을 받고 싶어도 형편상 그럴 수 없는 사람들을 위해 탄생했다. 이렇게 훌륭한 플랫폼 자체가 망하면 안 되니까 비즈니스 모델은 필수인데 여기서도 저렴한 가격으로 소비자의 부담을 덜어주었다.

'듣보잡 온라인 플랫폼 수료증으로 뭘 할 수 있느냐'라고 반문할 수도 있는데, 코세라에 강의를 제공하는 대학은 149개이며 명단은 다음과 같다. 한국의 연세대를 비롯해 듀크대, 존스홉킨스대, 미시간대, 와튼스쿨, 브라운대, 캘리포니아대, 예일대, 칼텍, 맨체스터대, 베이징대 등이다. 아시다시피 초특급 일류대다. 만약 코세라 수료증을 인정하는 대기업, 특히 글로벌 기업이 늘어난다면 주요 국가의 명문대들은 문을 닫아야 할지도 모른다. 코세라 이용객이 3000만 명에 육박하기 때문이다. 특히 코세라

플랫폼
성공의 → **착함** ┬→ 집토스 → 임차인 수수료 NO
핵심은   └→ 코세라 → 명문대 수업을
                                     저비용으로 듣고 학위 취득

졸업증이 있다는 건 영어를 유창하게 한다는 사실을 간접적으로 증명하기에 더욱 수요가 늘어날 것이다.

따라서 우리는 가장 촉망 받는 사업 모델로 비즈니스 플랫폼을 선택해야 하고, 여기에서 또 다시 성공 가능성을 키우기 위해서는 '착함'과 '기업 지속 가능성'을 모두 갖춰야 함을 알 수 있다. '착함'이라는 개념이 자본주의와 기업 경영에 어울리지 않는다고 생각하는 이들도 있을 것이다. 그렇다면 현재 플랫폼 경제 아래에서 누구나 알 만한 플랫폼으로 사업을 하고 있는 실제 브랜드의 그다지 착하지 않은 행위를 관찰해보면 '착함'이 최소한 비즈니스 플랫폼에서는 핵심 경쟁력임을 확인할 수 있지 않을까?

타다로부터 배우는 교훈

얼마 전까지 큰 이슈가 됐던 택시업계와 '타다'의 갈등을 보면 플랫폼의 '착함'이 왜 중요한지 알 수 있다.

개인택시 운전자에게 가장 중요한 건 택시 면허 가격이다. 법

인택시와 달리 개인택시는 사업면허증이 있는 사람만 영업을 할수 있다. 타다 같은 유사 택시업체가 등장하기 전까지만 해도 면허증 가격은 9000만 원 수준의 시가를 유지했다. 그런데 양측의 갈등이 극심했던 2019년 전후에는 6000만 원대로 떨어졌다.

개인택시 운행은 대부분 노후 자금을 투자한 중장년층이 선호하는 일자리다. 누군가는 집을 담보로 빌린 돈으로 매입했을수도 있는 면허증 가격이 30퍼센트가량 떨어진다면 어떤 기분일까? 뉴욕의 경우는 이보다 훨씬 심하다. 뉴욕의 상징인 옐로캡택시 면허의 가격은 2014년 12억 원에서 2018년 2억 2000만 원으로 폭락했다. 우버 이용이 보편화된 탓이다.

그렇다면 타다 서비스에 대해 복기해보자. 보통 카니발을 택시처럼 이용하기 때문에 넓고 편하게 이용할 수 있다. 요금은 택시보다 살짝 비싼 정도인데, 타다에서 쓰는 카니발은 렌터카다. 타다가 소유한 법인차량이 아니다. 무엇보다 타다의 운전사는타다 소속이 아닌 일종의 용역 직원이다. 플랫폼 사업의 본질이라고 강조한 자산을 소유하지 않는 것에 매우 충실한 셈이다. 그런데 이런 플랫폼의 본질이 사업 목적에 따라서는 소비자의 편익을 해칠 수 있다는 게 문제다.

예를 들어, 타다를 탄 승객이 접촉 사고로 뼈에 금이 가는 상해를 입었다고 하자. 택시의 경우, 택시조합에서 치료와 보상을책임진다. 하지만 타다는 애매하다. 일단 타다의 운전자는 근로 계약서 자체를 쓰지 않기 때문에 타다의 직원이 아니다. 따라서 타다에서 적극적으로 책임을 지기가 쉽지 않다. 그렇다고 타다 운전자가 책임을 전부 지느냐 하면 이 역시 애매하다. 승객은 분명히 '타다'라는 브랜드를 믿고 차를 이용했기 때문이다.

어디서 많이 본 그림 아닌가? 하청업체 노동자들은 일하다 다치거나 죽는 사고를 당해도 누구 하나 "내가 보상하겠다" "책임지겠다"는 말을 듣기 어렵다. 하청업체는 원청업체에, 원청업체는 하청업체에 책임을 떠넘긴다. 그러는 동안 피해자와 그의 가족들은 지치고, 주위 사람들도 해당 사고와 피해자를 잊는다.

물론 타다 측은 혁신을 강조하며 이런 부정적인 사례를 감안하더라도 영업을 계속할 수 있게 해달라고 요구했다. 그러나 과연 앱에서 카니발을 부르는 걸 혁신이라고 할 수 있을까? 우버가 떴다고 하니 이를 한국식으로 모방한 건 아닐까? 배달의 민족이나 직방의 사업 방식을 그대로 따라한 건 아닐까?

타다는 2020년 4월 10일 서비스를 종료했다. 하지만 타다 운전자들이 타다를 상대로 소송을 제기한 상태라 진정한 의미의 마무리가 언제 이뤄질지는 미지수다. 그러나 타다가 시작한 '탈 것 플랫폼'은 앞으로도 계속 등장할 것이다. 타다 서비스 종료가 진짜 종료가 아닌 이유다. 이름과 서비스가 약간 변형된 제2, 제3의 타다가 꾸준히 나타날 것이다.

배달 중개 플랫폼도 짚고 넘어갈 필요가 있다. 너무 많아서 업체들을 일일이 나열하기 힘들지만 구조는 마찬가지다. 식당과 소비자를 연결하는 방식인데, 직방은 사람이 결국 계약을 해야 하고 타다는 운전자가 승객을 태우러 오지만 음식은 발이 없기 때문에 누군가가 배달을 해줘야 한다는 점만 다르다. 그래서 '라이더'라는 새로운 이해관계자가 포함된다. 배달 앱은 라이더의 수익을 10~20퍼센트 가져가는 구조를 가지고 있다.

곰곰이 생각해보면 배달 앱이 나오기 전에도 우리는 배달 음식을 먹었다. 지금처럼 다양한 음식을 먹진 않았지만 그렇다고 손해를 본 일도 없다. 배달 앱의 성황으로 오히려 먹지 않아도 될 음식을 더 먹는 건 아닌지, 이에 따라 나오지 않아도 될 뱃살이 더 나오는 건 아닌지 생각해볼 문제다.

마지막 사례로 에어비앤비를 소환해보자. 내가 원하는 곳에서 호텔에서는 경험할 수 없는 현지인들의 생생한 주거 환경과 간단한 토종 음식을 만끽할 수 있다는 점은 분명 매력적이다. 그런데 집을 빌려준 사람 입장에서 생각해보자. 만약 자신의 집에 놀러온 관광객이 실수로 유리창을 깨뜨렸다거나 가보로 내려오는 도자기를 훔쳤는데 오리발을 내민다면? 반대로 여행객의 경우, 잠을 자고 있는데 갑자기 집주인이 들어와 행패를 부린다면? 자신과 전혀 상관없이 부서진 변기를 집주인이 "당신이 변상해"라고 한다면? 타다처럼 책임을 누가 져야 하는지 역시나 애매하다. 대체로 이런 일이 벌어지면 명확히 판결 나지 않는다. 현행 법이 이를 반영하지 못하기 때문이다. 현재의 상법, 민법, 부동산법에는 에어비앤비나 우버가 일으키는 부작용에 대한 설명이 없다.

비즈니스 플랫폼의 빛과 그림자

조금 더 깊이 들어가보자. 이른바 플랫폼 기업의 형태를 알아야 같은 실수를 반복하지 않을 수 있다. 일단 고객 데이터 활용 문제가 시급하다. 우버나 에어비앤비는 기본적인 고객 정보를 가지고 있다. 한두 명의 정보라면 큰 가치가 없겠지만 10만, 100만 명 이상의 정보가 모이면 엄청난 가치를 지닌다.

그러면 디지털 골드라 할 수 있는 빅데이터를 이들 기업은 고객의 허락을 받고서 사용할까? 허락을 받았다면 그 대가는 합리적으로 지불했을까? 대기업과 그 계열사들이 고객 정보를 은밀히 팔아온 사실이 드러나는 건 더 이상 놀라운 사건도 아니다. 요즘은 깜짝 놀랄 정도로 고객에 대한 정보를 상세하게 폭넓게 아는 기업들이 많다. 얼마 전 필자의 휴대전화에 다음과 같은 문자가 떴다. '고객님은 5000만 원 이상 대출을 받을 수 있는 조건을 가지고 있습니다. 가까운 ○○영업점을 방문해주세요.' 나도 잘 모르는 내 재정 상태와 부채 상태를 일면식도 없는 금융 기업이 알고 있다는 뜻이다. '혹시 내 은행 계좌를 들여다봤나?' '모바일뱅킹 비밀번호가 털렸나' 같은 안 좋은 상상을 계속 할 수밖에 없었다.

배달 앱도 마찬가지다. 경불진 스튜디오가 있는 서울 양재동에서 '오후 7시 전후 배달이 가장 많은데 피자, 순댓국 비중이 크다. 생과일 주스 비중이 큰 것도 이례적'이라는 빅데이터 조사 결과가 나왔다고 하자. 그럼 양재동 일대에서 관련 메뉴를 취급하는 점포는 전략적으로 영업에 나서 인력과 원재료 관리에 드는 비용을 대폭 줄여서 더 큰 이익을 얻을 수 있다. 빅데이터 조사 결과가 나오기 전까지 같이 팔았던 파스타, 돈가스를 만들지 않아도 되니까.

이 데이터는 어디서 나왔을까? 고객에게서 나왔다. 그런데 궁극의 이익은 매장 주인과 배달 플랫폼에만 돌아가고 있다. 재주는 곰이 넘고 돈은 왕 서방이 버는 전형적인 사례다.

첨예하게 대립하는 플랫폼 사업의 또 다른 화두는 세금 포탈이다. 누가 세금을 내느냐 하는 문제다. 당연히 플랫폼 기업이 내는 것 아니냐고 생각하겠지만 실상은 그렇지 않다. 세금을 낸다는 건 사업의 주체라는 뜻인데, 다수의 플랫폼 업체는 자신들이 사업의 주체라고 주장하지 않는다. '중개만 한다'고 역설한다. 물론 돈은 중개만 하지 않고 자신들이 직접 갖는다.

구글이 한때 유럽에서 '구글세' 논란을 겪었던 건 돈은 유럽에서 벌고 있는데도 서버가 유럽이 아닌 곳에 있다는 등 공식 지사가 남태평양에 있다는 둥 이해하기 어려운 핑계를 댔기 때문이다. 구글코리아 역시 지금도 유사한 궤변을 펼치며 우리 정부에 낼 세금을 제대로 내지 않고 있다. 그런데 아마존의 경우는 더 창의적이다. 오죽하면 트럼프 미국 대통령조차도 제프 베조스 아마존 CEO에게 세금 도둑이라고 했을까.

아마존은 오픈 마켓이다. 물건을 가진 사람과 사려는 사람을 중개하는 업체다. 이런 사업 형태를 들먹이며 아마존은 세금은 물건을 파는 사람과 사는 사람이 내야 한다는 주장을 펼치고 있다. 이런 초등학생 아니 유치원생이나 할 법한 칭얼대기가 현실에서는 통한다는 게 신기하다. 이유는 의외로 간단하다. 세금 정책이 주마다 다른 미국의 환경을 교묘하게 이용한 것인데, 50개 주 가운데 아마존의 요구를 받아주는 주에서는 투자를 늘린다, 제2, 제3의 본사를 설립하겠다 등 거부하기 힘든 당근을 제시하는 것이다.

주 정부 입장에서는 아마존 같은 거대 기업이 들어오면 엄청난 세수 확대와 일자리 창출이 보장되기 때문에 베조스의 투정을 무시하기도 어렵다. 문제는 베조스가 언제 어떤 규모로 해당 주 정부에 들어올지 알 수 없다는 점이다. 희망 고문인 셈이다.

마지막으로 생각해볼 문제는 플랫폼 업체가 우월적 지위를 이용해 갑질하는 것이다. 유명 쇼핑 앱들 치고 공급업자들로부터 원성을 사지 않은 곳이 거의 없다. 그만큼 플랫폼 사업자들이 우월적인 지위를 남용해 공급자들을 괴롭히는 사례가 많다는 뜻이다. 소비자에게 반가운 할인 쿠폰이 결국 공급자의 주머니에서 나온다는 사실이 대표적이다. 잘나가는 쇼핑 앱에 입점하려면 다른 쇼핑 플랫폼에 냈던 수수료보다 더 많은 수수료를 내야 하는 경우가 많고, 공급가 역시 인터넷 최저가를 밑돌아야 한다는 조건이 붙는다. 이렇게 되면 공급업자는 남는 게 거의 없거나 오히려 손해를 볼 수도 있다.

소비자를 울리는 플랫폼도 적지 않다. 집이나 중고차를 중개하는 경우, 가짜 매물을 올려서 고객이 발걸음을 되돌리게 하거나 더 비싼 물건을 선택하도록 하는 기만 행위가 여전하다. 전 세계 항공기를 한곳에서 비교 견적을 낼 수 있는 앱이 있는데 만약 휴가철에, 그것도 가장 좋은 시간에 출발하는 비행기의 항공권을 프리미엄 유료 회원에게만 판매하고 일반 무료 회원에게는 비수기에, 그것도 새벽에 출발하는 항공권만 보여준다면 이건 공정한 거래일까, 사기일까?

지금까지 플랫폼 비즈니스의 약점이자 부정적인 면을 실제 사례와 함께 살펴봤다. 결국 지금 이후 나타나는 거의 모든 사업체의 공통적인 모델이 될 가능성이 큰 플랫폼 생태계는 독점 능력(안 되면 과점 능력이라도), 폭넓은 확장성, 착함 이 3가지가 필수임을 알 수 있었다. '슬슬 돈 좀 벌어볼까?' '몰라서 그렇지 내가 사업에 일가견이 있어' 하는 이라면 이 3가지를 갖춘 비즈니스

〈비즈니스 플랫폼 성공 3요소〉

독점력   확장성   소비자편익
(착함)

플랫폼을 구상해 보라.

너무 어려운 것 같다며 망설이는 이들에게도 희망은 있다. 비즈니스 플랫폼의 공통점인 정보가 그다지 중요하지 않은 전통적인 사업에 대해 고민하는 것도 차선책이 될 수 있다. 킹크랩 수요가 갈수록 늘고 있는데 가족이나 지인이 수산시장에서 일하고 있다면 이를 인수받는 것도 좋은 선택이다. 미식가와 건강을 생각하는 식단이 늘면서 버섯 소비가 급증하고 있으니 버섯을 재배하는 것도 합리적인 선택이 될 수 있다. 셀프 세차장이 인기이긴 하지만 그래도 전문가가 직접 손으로 하는 세차를 따라갈 수는 없다. 병원, 교육, 복지 같은 규제가 강한 사업도 그런 카테고리에 포함된다.

하지만 전통 사업이나 규제 사업 역시 이제는 비즈니스 플랫폼을 직간접적으로 거쳐야 하기 때문에 플랫폼과 무관한 삶을 살기는 어렵다. 따라서 비즈니스 플랫폼에서 일하는 노동자들은 어느 정도 철학자가 돼야 한다. 내가 일하는 곳이 갑질을 하는 플랫폼인지, 소비자가 원하는 서비스와 제품을 진정성 있게 제공하는 곳인지, 이 핑계 저 핑계 대면서 세금을 안 내는 기업인지 잘 따져봐야 한다. 기존 산업과 달리 비즈니스 플랫폼은 한번 어긋나기 시작하면 부활하기 힘들 정도로 망가지기 때문이다. 인터파크, 싸이월드 등 수많은 비즈니스 플랫폼들이 옛 영광을 잃었거나 존재감을 상실해가고 있는 것을 기억하자.

플랫폼 비즈니스도 사람이 만든 것이다. 또 참여자에게 이익을 주기 위해 만든 것이다. 다만 참여자를 연결하는 중개자가 욕심을 부린다면 생태계는 무너져버리고 만다. 참여자에게 돌아가는 이익이 없어지기 때문이다. 생태계라는 게 원래 그렇다. 한쪽이 지나치게 탁하면 그곳은 사라지거나 자정 작용을 거쳐 다시 맑아진다. 그런데 자연의 자정 작용이 이뤄지는 데는 시간이 꽤 걸린다. 1분 1초가 아쉬운 비즈니스 생태계에서는 사실상 불가능한 일이다. 결국 남는 건 '사라짐'이다.

 함께 들으면 좋은 경불진 에피소드

 플랫폼 경제를 알아야
돈을 번다

불편한 진실

코로나와 비즈니스 플랫폼

2020년 1월부터 본격화된 코로나19 바이러스 감염증. 이로 인해 많은 변화가 있었고 상상도 하지 못했던 일들이 눈앞에 벌어지기도 했다. 가장 큰 변화는 사람을 직접 상대하는 이른바 대면 사업의 후퇴 혹은 '폭망'이다.

코로나 탓에 가장 큰 피해를 본 대면 사업의 대표 주자는 항공-여행업이다. 2020년 4월 30일(부처님 오신 날)부터 어린이날까지 이어지는 연휴 기간 제주 상품을 제외한 이들 산업의 예약률은 5퍼센트가 채 되지 않았다. 같은 기간 해외여행 건수는 전년 대비 무려 99퍼센트 줄어들었다. 항공-여행업을 대표하는 대한항공과 하나투어에서 무급 휴가, 임금 삭감이라는 칼을 빼 든 이유다.

학생들을 모아놓고 강의를 해야 하는 학원, 아파트 전세나 매입을 원하는 사람들에게 직접 만나서 정보를 제공하는 부동산 중개업, 몸을 튼튼하고 예쁘게 만드는 피트니스나 요가 센터, 불특정 다수와 함께 영상을 봐야 하는 극장 역시 코로나 직격탄을 맞았다. 이들 업체들도 매출이 90퍼센트 이상 줄어드는 초비상 사태를 겪고 있다.

반면 굳이 만나지 않아도 되는 사업군은 특수를 제대로 누렸다. 대기업이나 IT 회사에서나 하는 줄 알았던 화상회의를 가능하게 하는 장비업체, 코로나 바이러스를 막는 데 도움을 주는 마스크나 손소독제를 만드는 기업, 마트나 전통시장에서의 쇼핑을 대신할 수 있는 생필품 판매-배송업체들은 부러움을 샀다.

무엇보다 대면 접촉이 필요없는 플랫폼 비즈니스는 그야말로 대박이 났다. 앞서 살펴봤던 기업들은 원래도 많은 돈을 벌고 있었는데 코로나 바이러스가 창궐하면서 돈을 쓸어 담고 있다. 해외여행도 못 가고 극장에도 갈 수 없는데 스트레스는 풀어야 하고 시간을 재미있게 보내려니 넷플릭스를 자연스럽게 구독하게 된다. 넷플릭스의 2020년 1월 첫째 주 하루 평균 사용자는 약 80만 명이었지만 3월 둘째 주에는 평균 126만 명을 기록했다. 증가폭이 60퍼센트에 이른다.

사회적 거리 두기를 하려니 집에서 운동을 해야 한다. 역시나 '홈트(홈트레이닝)' 관련 용품들이 잘 팔리고 있고, 이들 용품을 살 수 있는 플랫폼들은 신이 난다. 가격 비교 쇼핑 플랫폼 에누리에 따르면 2020년 3월 실내 사이클 판매는 전년 같은 달 대비

47퍼센트 늘었다. 근력 운동에 쓰이는 덤벨 판매는 109퍼센트 증가했다. 지마켓 3월 판매 자료에서도 비슷한 모습을 볼 수 있다. 아령(70퍼센트), 케틀벨(55퍼센트), 덤벨·바벨(45퍼센트) 등 웨이트 트레이닝 기구가 전년 대비 평균 40퍼센트 늘었고 헬스 사이클과 스텝박스는 각각 47퍼센트, 98퍼센트 판매가 증가했다. 점핑 운동용 에어보드는 29퍼센트 늘었고, 트램펄린은 59퍼센트 성장했다.

앞서 플랫폼 비즈니스가 돈을 많이 벌 가능성이 크고 착함까지 갖춘다면 금상첨화라고 강조했다. 그런데 코로나 바이러스 같은 전대미문의 재난이나 변수가 등장하면 플랫폼 비즈니스의 가치와 위력은 더욱 커질 수밖에 없다. 우리가 살아야 할 내일에 어떤 재난과 변수가 아로새겨질지 알 수 없다. 분명한 건 인간 사회를 구성하는 거의 모든 것들이 복잡해지고 불확실해지면서 '또다른 코로나'가 닥칠 가능성이 크다는 점이다.

11장

중고라고 무시마라

중고 시장은 신제품 시장보다 항상 클 수밖에 없다. 중고 시장은 다양한 강물이 합류하는 바다와 같기 때문이다.

오른쪽, 왼쪽? 어느 쪽 에어팟이 비쌀까

애플의 무선 이어폰 에어팟이 젊은층 사이에서 큰 인기를 얻고 있다. 에어팟의 전 세계 판매량은 2017년 1500만 대로 추정됐는데 에어팟 2세대와 에어팟 프로를 포함한 2019년 매출은 120억 달러(14조 1100억 원)를 넘어선다. 기기별 판매량을 집계하지 않는 애플의 정책상 얼마나 팔렸는지 정확히 알 수 없지만 겁나게 많이, 빨리 팔리고 있다고 봐야 한다.

그런데 이 제품은 특성상 분실 위험이 크다. 유선이 아니고 손바닥에 넣을 수 있을 만큼 소형이기 때문에 잃어버릴 가능성이 상대적으로 커진다. 만약 한쪽만 분실하면 어떻게 해야 할까? 애플스토어에서 정품을 사는 방법이 가장 확실하다. 그런데 매장에 곧바로 가서 산다고 했을 때 한 짝만 팔지 않는다는 문제가 있다. 두 개를 다, 즉 완제품을 다시 사야 한다.

물론 애플 전용 앱에서 분실 또는 고장 신고한 뒤 매장 방문 날짜와 시간을 예약하면 한 쪽만 구매할 수도 있지만 가격이 8만 원대다. 원래 제품도 거의 20만 원을 주고 샀는데, 부담이 클 수밖에 없다. 그래서 등장한 차선책이 바로 중고 시장에서 잃어버린 쪽을 사는 방법이다. 가격은 1세대 3만 원대, 2세대 5만 원, 대 프로는 8만~9만 원대다.

이처럼 중고 시장에서 물건을 사는 것이 가격 부담을 낮추면서 원하는 물건도 얻을 수 있는 합리적인 소비 방법으로 자리잡고 있다. 중고나라, 당근마켓, 번개장터 등 다양한 플랫폼이 인기리에 영업하고 있으며 지마켓, 옥션, 11번가 같은 대형 오픈 마켓 역시 별도의 중고 시장을 운영하고 있다.

얼마 전 중고나라가 공개한 자료는 보는 이들에게 웃음과 궁금증을 안겼다. 에어팟에 관해 이런 질문이 올라온 까닭이다.

"왼쪽이 많이 팔릴까, 오른쪽이 더 많이 팔릴까?"

참 엉뚱한 질문처럼 느껴지기도 하지만 들여다보면 다양한 의미를 찾을 수 있다. 2019년 중고나라에 등록된 에어팟 거래 데이터를 분석해보니 전체 거래량 2만 2000건 중 오른쪽이 1만 1980건, 왼쪽이 9920건으로 집계됐다. 비율로 따지면 오른쪽 55 퍼센트, 왼쪽 45퍼센트다. 즉, 오른쪽 에어팟을 더 많이 분실했다는 것인데 이유가 재미있다. 중고나라에 따르면, 대체로 오른손잡이가 많아 신체의 오른쪽을 자주 사용하다 보니 분실 비율도 높다.

그렇다 보니 에어팟을 한 쪽만 구입할 때 가격도 오른쪽이 더 비싸다. 동일한 제품 상태라고 했을 때 중고 시장에 형성된 시세는 오른쪽은 1세대 3만 5000원, 2세대는 5만 5000원, 프로는 9만 5000원 선이다. 왼쪽은 1세대 3만 원, 2세대 5만 원, 프로는 8만 원이다. 정품 대비 60퍼센트 수준인 셈이다.

중고거래 플랫폼에서 이런 데이터를 내놨다는 건 그만큼 많은 시장 참여자들이 있다는 뜻이다. 40대인 필자의 경우, 에어팟은 고사하고 무선 이어폰도 잘 쓰지 않는 편인데 해당 데이터에 등장한 거래량이 무려 2만 건이 넘는다. 이는 신제품 시장에서 많이 팔린 물건은 시간이 지난 뒤 중고 시장에서도 볼륨 모델이 될 수밖에 없다는 뜻이다.

게다가 에어팟이라는 제품과 관련해서 빚어지는 특이한 현상을 재빨리 데이터화해 보도자료를 만들고 이를 다시 신문이나 방송에 나오게 하는 중고 플랫폼의 역량도 확인할 수 있다. 중고

나라는 불과 몇 년 전만 해도 유명 포털의 카페 중 하나에 지나지 않았다. 그런데 사용자가 급증하고 다양한 물건들이 거래되면서 아예 독립법인으로 출범했다(모텔 앱으로 통하는 야놀자가 이 방면에서는 중고나라의 선배 격인데 야놀자 역시 처음에는 포털에서 모텔 정보를 제공하는 카페였다).

중고나라는 독립한 데 그치지 않고 홍보, 마케팅 인력까지 흡수해 그럴듯한 유통 기업으로 도약하는 중이다. 당근마켓은 중고 거래 당사자들에게는 수수료를 받지 않는 대신 지역 소상공인의 광고를 유치하는 방식으로 운영 중이다.

이처럼 '중고'를 콘셉트로 한 다양한 기업과 서비스, 소비자들이 등장하면서 지금 우리는 '세컨드 핸드 이코노미' 시대를 살고 있다. 오히려 '4차 산업혁명 시대' 같은 거대한 담론보다는 중고 경제 시스템처럼 피부에 와닿는 용어가 훨씬 설득적이지 않은가. 다만 산이 높으면 골짜기가 깊은 법. 중고 거래가 활성화될수록 이와 관련된 피해도 늘어나고 있다.

대표적인 게 '사진에서 봤던 그 제품, 그 품질이 아니다' '온라인에 올렸던 가격과 다르다' '엉뚱한 물건이 왔다' 등이다. 결국 구매자가 생각하고 기대했던 상품성을 갖추지 못했다는 공통점이 있다. 중고 거래에서는 왜 이런 일들이 유독 자주 일어날까?

중고 시장이 불신 받는 이유

학생부종합전형은 잠재력 있는 다양한 인재를 선발하자는 취지에서 도입됐다. 하지만 부모가 돈과 인맥, 능력을 발휘해 자녀의 스펙을 쌓아주는 전형이라는 비판이 있다.

학생부종합전형이란 대학을 가기 위해 보는 수학능력시험 평가 대신 수상 실적, 자격증, 봉사, 동아리 등의 생활기록부 기록으로 대학에 지원하는 것을 말한다. 문제는 여기서 생긴다. '웰메이드' 학생부종합전형을 위해서는 많은 정보가 필요하다. 하지만 평범한 학생들은 이러한 정보를 얻기가 매우 어렵다. 그런데 돈 많고 인맥 넓은 부모를 둔 학생들은 많은 정보를 얻어 학생부종합전형을 유리하게 이용할 수 있다. 고려·조선 시대 과거시험을 치르지 않고 상류층 자손을 특별히 관리로 채용하던 제도인 '음서제'를 연상하게 한다. 그런데 '있는 집' 자식들은 어떻게 그렇게 귀신같이 시의적절한 정보를 얻어서 대학이 원하는 방식으로 포장해서 내놓을까?

1960년대 매사추세츠공과대학^{MIT}에서 폴 새뮤얼슨 교수와 로버트 솔로 교수의 지도를 받으며 경제 성장의 수학 이론에 대해 박사학위 논문을 쓴 조지 애컬로프. 그는 1966년 가을 학기부터 캘리포니아주립대학교 버클리 캠퍼스에서 26세에 교수 생활을 시작했다.

교수직을 얻은 지 얼마 되지 않아 애컬로프는 경제학과 동료 교수들에게 저녁 식사 초대를 받았다. 선배 교수들이 "자네는 어떤 분야에 관심을 가지고 연구하나"라고 물었는데, 선배들이 봤을 때 애컬로프의 대답은 가관이었다. 그는 "중고차 시장에서의 정보 문제와 중고차 판매가 변동이 심한 전체 자동차 판매에 어떤 영향을 미치는지에 대해 연구 중"이라고 답했다.

다시 한 번 환기하지만 이때가 1966년이다. 그의 스승인 폴 새뮤얼슨은 존 F 케네디 대통령의 경제참모로 활약했고 1970년 노벨 경제학상을 받았다. 새뮤얼슨은 '신고전파' 학자로 불린다. 고전적인 경제학에 트렌디한 케인스의 이론을 살짝 버무렸다 정도로 이해하면 될 듯한데, 나쁘게 말하면 그만큼 현실 경제와는 동떨어진 이야기를 주로 했다는 뜻이다. 그래서 애컬로프가 함께 밥을 먹던 선배 교수들은 신참의 현실 경제 이야기에는 전혀 관심을 보이지 않았다고 한다.

애컬로프 연구의 핵심은 중고차 판매자가 자동차의 성능이나 약점을 그 누구보다 더 잘 알고 깊이 있게 꿰뚫고 있다는 점이다. 안타깝게도 '그 누구'는 하필이면 잠재적인 구매자다. 판매자는 팔려는 차가 언제 물에 잠겼고, 누가 차 안에서 담배를 얼마나 피웠고, 언제 사고를 당해서 고쳤는지 같은 정보를 빠삭하게 알고 있다.

하지만 중고차를 사려는 사람은 판매자가 이러한 자동차의 결함을 감추기 때문에 그 차의 결함을 충분히 알기 어려워 차의 겉모습만 보고 판단할 수밖에 없다. 실제로 중고차 판매자들이 가장 신경 쓰는 부분은 세차와 실내 청소다. 매물로 나온 중고차가 먼지가 쌓였다거나 펜더 부분에 진흙이 그대로 묻어 있는 경우를 본 적 있는가? 가끔은 흡연자의 차인데도 일시적으로 냄새가 거의 나지 않게 하는 마술을 부리는 사람도 있다!

따라서 소비자는 중고차를 살 때 자칫하면 사기(혹은 바가지)를 당할지도 모르는 리스크를 안게 된다. 당연히 중고차 판매자는 그 차의 성능이 좋다고 강조한다. 그러면 구매자는 더 의문이 생긴다. '그렇게 좋은 차를 자신이 타지 왜 팔아?'

가끔은 정말 진실한, 진정성 있는 판매자도 있다. 이런 판매자들은 소비자를 보며 '속고만 살았나. 이런저런 핑계 추가해서 차값을 후려치려고 하는구나!' 하고 생각한다. 서로가 서로를 믿지 못하고 속고 속이는 게임을 하는 셈인데, 대부분은 판매자가 쉽게 판정승을 거둔다. 이는 마치 대학생과 유치원생 조카가 끝말 잇기 게임을 하는 것과 같다. 대학생이 아는 단어와 유치원생이 아는 단어의 수준과 수는 그 차이가 너무나 커서 게임을 하기 전 이미 승패가 결정돼 있다고 볼 수 있다.

애컬로프 교수는 "사람들이 중고차를 외면하고 새 차를 사는 이유는 중고차를 판매하려는 동기에 대한 의심 때문"이라고 지적했다. 이같이 거래의 양 당사자 사이에 그 상품에 대한 정보가 균등하지 않은 경우를 '정보의 비대칭성'이라고 한다.

애컬로프 교수는 소비자가 믿을 만한 중고차에는 웃돈을 지불할 의향이 있는데도 중고차 시장에 '레몬'(독일 폭스바겐이 특정 연도에 생산한 '뉴 비틀' 가운데 결함이 많은 것이 유독 레몬색이었던 데서 비롯됨)이 존재하며, 경우에 따라서는 성능이 좋은 중고차가 시장에서 자취를 감추는 과정을 보여주는 연구 논문을 완성했다.

애컬로프 교수는 "중고차 시장에서 거래되는 대부분의 중고차는 레몬이다. 좋은 중고차는 시장에 나오지 않는다. 결국 나쁜 중고차가 좋은 중고차를 축출해버린다"라고 결론지었다. 악화가 양화를 몰아내는 매커니즘과 너무나 유사하다(은화를 유통하는 국가는 은의 비중을 줄이려 하고 은화로 거래하는 사람들은 은의 비중이 낮은 돈을 꺼리게 마련이다. 하지만 국가가 은화 유통을 강제하면 거래 당사자들은 순도가 높은 은화는 집에 가져가 보관하고 불량 은화만 유통하게 된다. 어차피 국가가 인정한 명목가치는 보장되기 때문이다. 따라서 질 낮은 은화만 남고 언젠가는 은화 자체가 사라진다).

비대칭 정보 시장에서는 결국 정보를 갖지 못한 사람이 정보를 많이 가진 사람과 거래할 가능성이 커지는 신기한 현상이 발생한다. 애컬로프 교수는 이를 '역선택'이라고 명명했다. 역선택은 애덤 스미스가 살아 있었다면 있을 수 없는 일이다. 모든 시장과 정보는 완전경쟁 상태이기 때문에 그렇다. 하지만 우리가 사는 현실이 그런가? 완전하지 않다. 불완전하다 못해 예측 불가

레몬 마켓

먹기 전에는 신맛을 모르는 레몬처럼 구매 후에야 결함을 알게 되는 시장

판매자 > 소비자 = 정보 비대칭으로 인한 시장 왜곡
정보량

능하다.

중고차 시장에 나온 차가 다 레몬인데 어떻게 역선택이 일어날 수 있을까? 중고차 판매자의 다수(지금까지 대체로 그랬다는 게 소비자들의 생각이다. 물론 양심적인 이들도 있지만 많지 않았던 모양이다)는 자신이 가지고 있는 중고차 중 특히 결함이 많은 것을 먼저 팔려고 할 것이다. 이를 모를 리 없는 소비자는 판매자가 부르는 가격을 깎아내리고 본다.

같은 상황에서 성능이 좋은, 결함이 거의 없는 중고차를 가진 판매자가 아무리 자신의 물건이 훌륭하다고 해도 이를 믿어주는 소비자가 없다. 결국 성능 좋은 중고차를 가진 판매자는 울면서 사라진다. 세상이 나를 알아주지 않는구나 하면서……. 이제 중고차 시장에서 팔리는 물건은 '레몬', 그리고 '약간 양호한 레몬' 밖에 없다.

여담이지만, 애컬로프의 논문('레몬을 위한 시장')은 게재 된 지 40년이 지나서야 경제학에서 가장 많이 참고되는 논문이 됐다.

그가 2001년 노벨경제학상을 공동 수상했기에 논문의 인기도 올라간 덕도 있겠지만 지금은 그 누구도 정보의 비대칭성이 미치는 시장 왜곡에 대해 딴지를 걸지 않는다. 그러나 당대 경제학 석학들은 애컬로프의 주장과 이론을 망상으로 치부해버렸다(우리는 여기서 '정말 전문가들은 전문가일까'라는 의심도 해볼 수 있다).

레몬을 구별하는 법

그렇다면 정보 비대칭성 문제는 어떻게 해결할 수 있을까?

다시 국내 중고차 시장을 들여다보자. 수많은 중고 시장과 넓디넓은 중고 종목 가운데 왜 하필 자동차를 선택했느냐고 묻는다면 단일 품목 중 가장 규모가 크고 무엇보다 중고차 시장에서 만들어진 거래 습관이나 기술이 다른 품목으로 확산되기 때문이라고 답하겠다. 프로야구 KBO 리그에서 정한 룰이 2부 리그나 3부 리그에 그대로 적용되는 것과 유사한 이치다.

독자 여러분은 중고차 시장 하면 어떤 생각이 드는가? 장한평 시장, 장안동 시장, 혹은 인천 엠파크……. 그리고 허위 매물을 떠올릴 가능성이 크다. 중고차 시장에 대한 인식이 이렇게 좋지 않은 이유는 국내 중고차 판매자들이 유독 사악해서 그런 게 아니다. 정보 비대칭에서 오는, 어쩌면 필연적인 배경 탓일 가능성이 크다(물론 정도의 차이가 있고 고객을 대하는 매너의 차이는 분명히 존재한다).

2019년 동반성장위원회는 '중고 자동차 판매업'(중고차 판매업)에 대한 생계형 적합 업종 적합 여부에 대한 검토 결과, 일부 부적합하다는 의견서를 주무 부처인 중소벤처기업부에 제출했다. 시장 규모가 지속 성장하는 상황에서 대기업 점유율이 현저히 낮은 상태고 독과점인 현 상태를 방치하면 그 자체로 산업 경쟁력이 떨어지고 소비자 이익 측면에서도 부정적인 영향을 줄 수 있다는 배경 때문이다.

게다가 중고차 매매업을 생계형 적합 업종으로 지정해 대기업 진출을 막으면 한미, 한EU 자유무역협정FTA을 위반하는 행위가 될 수 있다는 우려도 감안했다. 한미, 한EU FTA는 중고차를 포함한 자동차 매매업에서 사업 주체를 제한할 수 없도록 규정했다. 한국 소상공인만을 위한 시장으로 만들면 '투자자·국가 간 소송ISD'이 일어날 수도 있다는 것이다. 사실상 대기업에 중고차 시장 문호가 개방된 셈이다.

국내 중고차 거래는 연간 220만~230만 대 규모로, 금액으로는 연간 27조 원에 이른다. 놀랍게도 신차 판매 시장보다 1.7배 큰 규모다. 레몬이 좋은 차를 몰아내는 전형적인 시장인데 어떻게 이런 일이! 결국 '미워도 다시 한 번'이 한 번이 아닌 수차례 이어지는 셈이다. 중고차 판매업을 영위하는 중소기업은 6000

여 개로 추산된다. 문제는 국내 대기업과 지역 소상공인, 수입차 업체의 이해관계가 각각 다르다는 데 있다.

현재 중고차 매매 시장에서 대기업들은 중고차 판매업자들에게 경매 방식으로 중고차를 도매로 공급하고 있다. 현대차그룹의 현대글로비스, 롯데렌터카, AJ렌터카 등이 대표적인데 이들 중 몇몇 기업은 도매와 매매업을 병행하고 있다. 중고차 판매업이 생계형 적합 업종으로 지정되지 않는다면 일반 소비자를 직접 만날 수 있게 된다. 현대글로비스가 운영하는 현대차 버전의 엔카가 생겨서 현대가 직접 그랜저나 쏘나타를 소비자에게 팔 수 있다는 뜻이다.

수입차 브랜드들은 중고차 인증 시스템이라는 차별화 또는 영리한 꼼수를 사용 중이다. 쉽게 말해, 자신들이 보증하는 중고차인 만큼 안심하고 사도된다는 마케팅을 하는 것인데, 장한평이나 엠파크에서는 보기 힘든 품질 보증 서비스와 길어진 AS 기간이 특징이다. 또한 BMW, 아우디, 폭스바겐 등 11개 수입차 업체들이 인증 중고차 시스템을 운영하고 있다. 중고차 판매가 생계형 적합 업종으로 지정되지 않으면 이들의 공세는 더욱 가속화될 전망이다.

수입차 브랜드의 중고차 인증 시스템에 감탄한 현대차도 뒤늦게 이를 벤치마킹하고 있는데, 자동차 제조사 입장에서도 그럴 만한 명분이 충분하다. 중고차 판매업은 소비자의 안전과 이익이 최우선으로 담보돼야 하고 이를 위한 정책적 지원과 검증된 품질 관리 시스템을 제도적으로 보장해야 한다는 주장이다. 언제 어느 매장에서 사더라도 믿고 탈 수 있는 중고차라야 한다는 교과서적인 이야기이지만, 사실 맞는 말이기도 하다.

실제로 지금까지의 중고차 시장은 소비자의 안전과 권리가 담보되지 않아 소비자 불만이 높고, 소비자가 적정 가격을 알기 어려우며, 결함 정보와 수리 내역 등 차량에 대한 정보를 제한적으로만 얻을 수 있었다. 레몬이 판치는 정보 비대칭성! 인증 중고차 시스템을 운영할 수 있는 능력을 갖춘 완성차 업체들이 중고차 시장에 진입하면 이런 문제들이 상당 부분 해소될 수 있다는 주장이다. 최근 한국경제연구원이 발표한 설문조사 결과에 따르면 응답자의 76퍼센트가 중고차 시장에 대해 부정적 이미지를 갖고 있는 것으로 나타났으며, 중고차에 대한 인식을 개선하기 위해 대기업이 중고차 사업자로 합류하는 것에 대해서는 51.6퍼센트가 '긍정적'이라고 답했다.

그러면 소비자 입장에서 생각해보자. 현재의 흐름을 보면 대기업이 중고차 시장에 들어올 가능성이 크고 기존 소상공인들은 일자리를 잃을 가능성이 크다. 지금까지 정보 비대칭을 미끼로 소비자를 등쳐먹던 소상공인들이 사라지고 투명한 대기업이 들어오면 소비자의 혜택이 커질까?

절대 다수의 독자들은 아마도 이런 심정일 것이다. '대기업의

영역이 확장되는 건 바람직하지 않지만 미안. 당한 게 있어 편들
어주지 못하겠다!' 필자도 동의한다. 공감한다. 양심 판매자에게
서 소비자 피해 사례를 직접 듣기도 했고 주변 지인들의 피해담,
사기담도 적잖이 들어왔기에 기존 중고차 판매자들의 만행에 대
해서는 굳이 반복해서 언급하지 않아도 될 듯하다.

소비자와 소상공인이 상생하는 길

그런데 우려되는 부분을 지적하지 않을 수 없다. 현대차와 기아
차의 계열사가 대놓고 자사의 중고차를 판다면 어떤 일이 벌어
질지 쉽게 예상할 수 있다. 먼저 중고차 값이 상승할 것은 불을
보듯 뻔하다. 수입차 브랜드가 하고 있는 중고차 인증만 봐도 그
렇다. 이들 업체가 인증하는 차들은 일반 중고차보다 가격이 높
다. 물론 관리를 잘 받아서, 꼼꼼히 살펴서 그렇다고 하지만 이
말을 얼마나 믿을 수 있을까? 인증 중고차가 아닌 제품은 그렇
다면 쓰레기인 것일까?

현대기아차가 이미 비슷한 제도를 운영하고 있고, 적합 업종
지정이 이뤄지지 않으면 지금의 새 차 판매 영업점만큼이나 공
을 들일 가능성이 크다. 시장 자체가 신차 시장보다 큰 데다 신
차 판매량 역시 현대기아차가 가장 많기 때문에 중고차 매물을

좌지우지하기 쉬울 게 당연하다. 즉, 신차든 중고차든 상품에 대한 통제력은 더욱 커질 것이다. 마치 6개의 인피니티 스톤을 다 가진 타노스의 위력처럼 말이다(내로라하는 어벤져스 멤버들도 완성체가 된 타노스에게 한방에 나가 떨어지지 않았나!).

예를 들어, 그랜저 신형을 판다고 했을 때 중고차 인증 패키지를 강매 아닌 강매 방식으로 선보일 수 있다. 그랜저 가격이 4000만 원이라고 하면 중고차 인증 패키지를 원하는 고객에게는 500만 원을 더 받고 파는 것이다. 이때 최종 가격은 4500만 원이 되는데 영업 사원들은 "중고차로 넘길 때 500만 원 이상 웃돈을 받을 수 있다. 이는 우리가 책임진다"고 설명하는 식이다.

물론 그랜저 소유주는 가까운 미래에 자신의 차를 중고로 내놓을 때 최소 500만 원 이상 더 받을 수 있을 것이다. 하지만 이를 위해 이 차를 사는 중고차 고객은 그만큼 돈을 더 내야 한다. 만약 현대차가 신차 그랜저를 팔 때 4000만 원만 받아도 충분히 마진이 남는다고 하면? 그렇다. 새 차 고객도 500만 원 손해, 중고차 고객도 500만 원 손해를 보는 것이다. 현대차는 신차 판매와 동시에 500만 원의 추가 수입이 발생하면서 중고차를 500만 원만큼 비싸게 팔아서 추가 수수료를 얻을 수 있다.

500만 원 더 받을 수 있다는 말만 믿고 중고 매물로 내놓을 때는 신차와 다름없는 상태를 유지해야 한다는 조건이 붙을 가능성이 크다. 강판이나 휠의 긁힌 자국, 총주행거리 10만 킬로미터 미만, 무사고, 무침수, 금연 등의 조건을 내걸어 더 받게 해주겠다고 했던 500만 원이 400만 원으로, 200만 원으로 줄어들 가능성도 있다.

더불어 대기업 입장에서는 신차 시장과 중고차 시장에서 더 많은 고객을 확보하는 덤까지 누릴 수 있다. 현대차를 비롯한 대기업이 중고차 시장에 뛰어들려는 이유가 바로 여기에 있다. 대기업에서 만든 신차를 산 고객들에게 조금이라도 혜택을 줘서 자사 중고차 플랫폼으로 유도하려는 것이다. 제조사로선 한 번 팔았던 차를 두 번 팔아서 두 차례 마진을 올릴 수 있으니 마다할 이유가 없다.

그런데 여기서 가장 큰 문제가 생긴다. 이런 선순환이 이뤄지면 신차나 중고차 가격이 계속 높아지니 대기업들은 딴 생각을 하게 된다. '중고차 가격을 잘 쳐준다고 하니 우리 차를 마구 사네. 차 값을 더 올려도 되겠는걸.' 이런 속내를 드러낼 것이다. 지금도 일이백만 원 더 줘도 엔카나 K카 중고차를 사서 마음이 편하다는 이들이 적지 않다. 하지만 이 경우 현대차는 일이백만 원만 더 받을 리 없다는 데 500원(?)을 걸겠다.

여기서 질문 하나. 대기업이, 대형화된 중고차 소매 기업이 중고차를 팔면 무조건 안심해도 될까? 지금 상태에서는 '안심해도 된다'에 한 표를 던지고 싶다. 하지만 역시나 가까운 미래에 대기업과 유명 소매 기업들이 중고차 시장을 과점해서 대다수 중고차 매물이 이들에게 몰린다면 과연 지금처럼 꼼꼼한 점검과 사후 관리가 가능할까?

40대 이상 된 사람이라면 어렸을 적에 쥐를 잡아본 경험이 있을 것이다. 연탄집게로 잡았던 쥐! 이때 핵심은 쥐가 도망갈 수 있는 곳을 열어줘야 한다는 점이다. 사방이 막힌 곳에서 쥐를 몰면 이 녀석이 되레 사람을 무는 경우가 많다. 동서고금을 막론하고 전쟁의 승부가 기울면 대체로 승자는 패자를 끝까지 추격하지 않고 살려 보낸다. 패자는 어차피 이렇게 된 거 너 죽고 나 죽자 심정이 되기 때문에 너그럽게 살려 보내는 게 낫다.

따라서 중고차 시장에서도 기존 소상공인들을 보호할 필요가 있다. 물론 이들이 잘해서, 예뻐서 그런 게 결코 아니다. 이들의 존재 자체가 대기업과 유명 유통 기업의 폭주를 막는 데 도움이 되기 때문이다. 소비자 편익이라는 명목으로 대기업과 수입차 업계가 원하는 그림이 그려질 가능성이 크지만 또 다른 측면의 소비자 편익을 위해 최소한의 소상공인 보호 대책이 병행돼야 하지 않을까.

결국 모든 것은 소비자들의 손에 달렸다. 정부가 대기업 진출을 허용하든 불허하든, 우리가 가급적 대기업에서 파는 중고차를 사지 않고 가능하면 중고차 매물도 내놓지 않으면 된다. 소상공인들이 파는 중고차, 이들이 운영하는 플랫폼에 중고차를 올려야 한다. 단, 소상공인들의 영업 마인드와 고객을 대하는 방식 역시 환골탈태해야 한다는 전제는 필수다. 단 1명의 고객이라도 소상공인들로부터 피해를 본다면 그 반작용은 이전과 다른 규모로 나타날 것이다. 그때는 대기업만 웃을 수 있게 된다.

그래도 그동안 당한 게 있어서 소상공인들과는 엮이기 싫다면 커뮤니티 내 거래를 해보는 게 어떨까? 커뮤니티는 자신이 사는 지역, 다니는 회사, 사귀는 친구 등을 뜻한다. 친구가 몰던 차는 타봤을 가능성이 크고 무엇보다 친구 차에 결함이 있다면 어느 정도는 이전부터 알았을 것이다. 따라서 두 사람이 중고차 거래를 해도 충분히 잡음을 조율할 수 있다(정보 비대칭성이 있더라도 공동체이기 때문에 정보를 공유할 가능성이 커진다. 제아무리 망나니인 청소년들도 자주 보는 동네 어른들에게는 공손한 이유다. 싸가지 없다는 정보가 부모님에게 공유되면 안 되니까).

요즘은 이렇게 커뮤니티 내에서의 거래에서도 혹시 있을지 모를 문제나 신뢰 추락을 덜어주기 위해 전문가들이 차를 꼼꼼하게 모니터링해주는 업체나 앱이 적지 않다.

그러함에도, 중고 시장이 대세다

중고 자동차를 예로 들어 중고 시장에서 나타날 수밖에 없는 문제점, 그리고 국내 중고차 시장에서 벌어지는 현상들을 살펴봤다. 그리고 이에 대한 소비자들의 대응도 짚었다.

국내 중고 거래 시장은 나날이 커지고 있다. 특정 물건만 다루는 사이트나 플랫폼이 등장할 정도로 다양성과 깊이 모두를 만족시키고 있다. 이미 피아노, 컴퓨터, 옷, 핸드백, 레고 장난감, 게임기 등을 전문적으로 다루는 중고 장터가 성황리에 소비자와 소통하고 있다.

이 대목에서 이런 질문을 던지는 경우도 있다.

"혹시 중고 시장이 활성화되면 신제품 시장은 침체되는 것 아닌가? 중고 제품이 잘 팔리면 제조업 위축을 가져올 수 있다."

매우 그럴듯한 질문이자 답변이다. 그런데 이런 질문을 받을 때마다 필자는 이렇게 답변한다.

"재혼하는 사람이 늘어난다고 초혼하는 사람이 줄어들까요? 재혼을 많이 한다는 건 그만큼 초혼도 많다는 뜻 아닐까요?"

사람이 하는 결혼과 중고 물건 거래를 비교하는 게 부적절해 보일 수도 있지만 개념을 이해하는 데 가장 적확한 사례가 아닐까. 중고 제품을 쓰면 자원을 재활용해서 환경오염을 줄일 수 있다는 건 굳이 강조하지 않아도 누구나 아는 상식이다. 그런데 중고 시장이 커지면 신제품 시장도 커지는 효과도 있다. 더 정확히 표현하면 '신제품 시장과 중고 제품 시장은 밀접한 관계를 지니고 있으며, 선순환 구조를 만들 수 있다'쯤 되겠다.

앞서 살펴본 에어팟도 그렇고 현대차도 그렇고, 처음 나왔을 때의 상품, 즉 신제품이 많이 풀렸기 때문에 이를 사용하던 소비자들이 중고 시장에 내놓는 것이다. 또한 중고 시장에서 이들 품목의 거래가 활발해지면 이 제품을 써본 소비자들이 새 제품에 대한 욕구도 커질 수 있다. 무엇보다 중고 시장에서의 강력한 수요를 확인했기 때문에 새 제품을 사서 쓰다가 중고 시장에 팔아도 좋은 가격에 팔 수 있다는 확신이 생긴다. 형편없는 신제품은 중고 시장에 나올 수도 없다. 중고 시장에서만 인기 있는 신제품이 없고, 중고 시장에서는 인기가 없는 베스트셀링 신제품이 드문 이유다.

중고 책 장터로 익숙한 알라딘. 원래 알라딘은 예스24처럼 온라인에서 새 책을 파는 사업이 핵심이었는데, 어느덧 중고 책방으로 더 유명해졌다. 실제로 알라딘 중고 매장은 전국 45개로 한 자릿수 매장에 불과한 경쟁업체들을 압도하고 있다. 기존 관념에 따르면 중고 책이 잘 팔리면 새 책은 안 팔려야 하는데 실제로는 어떨까?

알라딘, 예스24처럼 온라인에서 새 책을, 오프라인에서 중고 책을 파는 서점의 베스트셀러만 해도 새 책과 중고 책의 순위는 큰 차이가 없다. 아쉽게도 이들 서점은 중고 책 판매량을 공개하지 않는다. 다만 미루어 짐작할 수 있는 부분이다. 독자가 예스24나 알라딘에 중고로 책을 팔 때의 매입가가 그 증거다. 책값의 절반에서 60퍼센트가량을 받는 경우가 있는데, 이런 책은 십중

팔구 신간 베스트셀러다. 참고로 새 책을 중고로 판다고 해서 다 높은 가격을 받는 건 아니다. 판매가 부진한 새 책들은 대부분 헐값에 판매된다.

익명을 요구한 국내 대형 출판사 영업 담당자는 "몇 년 전만 해도 중고 서점을 우려의 시선으로 바라봤는데 중고 책이 새 책 시장에 미치는 영향이 미미한 것으로 파악돼 크게 신경쓰지 않고 있다"며 "오히려 정가보다 낮은 가격에 책을 볼 수 있어서 독서 경험을 확장하는 긍정적 효과에 주목하고 있다"고 설명했다.

실제 예스24는 지난해 3년 만에 120억 원대 흑자 전환했고, 온라인 도서 유통 시장은 매년 5~7퍼센트 성장을 지속하고 있다. 중고 책방 매출이 실적에 적잖이 기여했음을 알 수 있다. 책은 일반 제조 상품과 다소 차이가 있지만 넓게 보면 가격, 수요, 공급에 따라 움직이는 물건인 것은 마찬가지다. 책도 자동차나 피아노처럼 새것이 잘 팔리면 중고도 잘 팔리고, 중고가 잘 팔리면 새것도 잘 팔리는 선순환 효과에서 크게 벗어나지 않는다.

이제 중고 시장에 대해 최종 정리를 해보자. 소비자 입장에서는 어떻게 해야 합리적인 소비를 할 수 있을까? 선택의 자유, 선택의 폭, 개성 있는 소비 같은 테마에서 조금만 자유로워진다면 새 제품을 살 때 이왕이면 잘 팔리는 것들, 중고 시장에서도 사고파는 행위가 원활한 것들을 고르는 게 좋다. 추후에 중고 시장에 내다 팔 때 돈을 조금이라도 더 챙길 수 있기 때문이다. 부품이 많이 들어가는 상품의 경우, 풀린 물량이 많으면 나중에 AS를 받을 때 비용, 시간이 절약된다.

　물론 잘 팔리는 신상 위주로 구매해서 중고로 팔 때 높은 값을 받는 전략이 빠르다고 생각하는 이들도 있을 것이다. 그렇다면 줏대를 발휘해도 된다. 앞서 언급한 중고 시장은 일반적인 소비자를 대상으로 한다. 그런데 독특한 취향을 가진 소수의 사람들이 모이는 중고 시장도 분명히 있다. 고급 시계나 만년필을 중고로 거래하는 장터가 대표적이다.

　가격이 다소 비싼 시계나 만년필은 대체로 대량 생산보다는 다품종 소량 생산의 산물이다. 예를 들어, 몽블랑이 1998년 프랑스 월드컵 개최를 기념해 500개만 생산한 만년필이 있다고 하자. 전 세계에 200개가 넘는 나라가 있으니 산술적으로 각 나라에 3개가 채 되지 않는 수량만 풀린다. 전 세계에 있는 몽블랑 만년필 애호가들은 이 제품의 희소성을 감안해 원래 가격의 2배 이상을 내걸며 중고 제품을 매입한다.

　물론 일부 고가 제품에 한정된 사례로 볼 수 있으나 시간이 갈수록 이런 카테고리에 포함되는 물건이 늘어날 것이다. 필자의 경우, 최근 15년 전에 사용했던 자동차용 오디오 장비를 구매가의 70퍼센트 가격에 팔았다. 먼저 가격을 제시한 것도 아니다. 상대방이 정한 가격을 '매우 합리적'이라고 생각해서 받아들인 것뿐이다. 15년 된 고물을 이 가격에 사도 괜찮냐고 물었더니 상대방은 "예전부터 찾던 제품이라 사실 부르는 대로 돈을 줄 작정"이었다고 말했다.

어떤 사연이 담긴 물건인지 혹시 오디오 장비 마니아 커뮤니티에 되팔 생각인지 등은 물어보지 않았지만, 대량 판매된 제품이 아니더라도 틈새 수요를 가진 중고 제품이 적지 않다는 걸 보여주는 적절한 예가 아닐까. 오히려 대량 판매된 물건이었다면 고물상으로 직행했을 것이다.

그리고 또 하나, 요즘은 대부분 제조 기술이 좋고 AS도 나쁘지 않기 때문에 중고 물건을 사서 오래 쓰는 게 가능하다. 무엇보다 아이폰이나 갤럭시폰처럼 새 상품이 매년 나오는 볼륨 모델의 경우, 신제품과 중고 제품의 차이가 크지 않기 때문에 중고 제품을 선택하면 적지 않은 돈을 아낄 수 있다. 현재 우리가 접하고 있는 중고품은 '신상'이 가진 장점 중에 '갓 나온 따끈따끈함' 빼고는 거의 다 갖추고 있다는 사실을 기억하자. 네이버쇼핑, 쿠팡, 지마켓 앱을 터치하되 중고나라, 당근마켓 앱도 같이 체크하자!

 함께 들으면 좋은 경불진 에피소드

 지금은 중고거래 앱 전성시대…
당근마켓은 쿠팡 추격자?

불편한 진실

신상의 꼼수, 계획적 노후화

합성섬유 하면 생각나는 나일론. 나일론은 제2차 세계대전 당시
낙하산이나 방탄복 제작에 쓰이면서 인기를 끌기 시작했다. 워
낙 질기다 보니 로프, 타이어에도 쓰이기 시작했다. 이때 글로벌
화학기업 듀폰이 나일론의 가능성을 예측하고 특허권을 사들였
다. 이후 등장한 제품이 스타킹이다. 1939년 처음 등장한 스타킹
은 지금까지 사랑받고 있다.

나일론이 잘 팔린 이유는 미적인 측면도 있으나 오래 신을 수
있다는 장점 덕이 컸다. 몇 번 신으면 구멍이 나는 일반 양말과
달리 스타킹은 일부러 가위질하는 등의 훼손 행위가 없으면 반
영구적으로 사용할 수 있었다. 그런데 세기의 발명품 덕에 듀폰
의 주주들은 우울해졌다. 너무 질긴 스타킹 탓에 수요가 줄었고
덩달아 매출도 감소했던 것이다.

이에 듀폰은 상상을 초월하는 선택을 했다. 질긴 스타킹을 덜
질기게 만든 것이다. 오래 신을 수 있었던 스타킹이 몇 번 쓰고
나면 올이 나가는 면 양말처럼 변신 아니 퇴보했다. 이처럼 물건

의 수명이나 질을 의도적 낮추는 행위를 '계획적 노후화'라고 하는데, 관건은 소비자들이 눈치채지 못하게 하는 것이다. 소비자들은 굳이 명품이 아니더라도, 이탈리아 장인이 한 땀 한 땀 정성 들여 만드는 제품이 아니더라도 돈을 주고 산 물건에 대해 일반적 기대가 있게 마련이다.

듀폰은 이미 그런 기대를 저버린 지 오래됐고, 첨단 IT기업들 역시 이 대열에 조용히, 은근히 합류하고 있다.

북유럽 나라, 특히 핀란드에는 유독 중고 매장이 많다. 두세 블록마다 중고용품을 파는 가게가 있고, 마을마다 최소 1개 이상 중고매장이 있다. 경제적 수준, 여유로운 삶 등 거의 모든 부문에서 세계 최고 선진국으로 인정받는 이들 나라에서 왜 중고 물건을 활발히 사고 파는 걸까? 중고 시장이 발전할 수밖에 없는 다양한 이유를 이미 설명했다. 그런데 하나가 빠졌다. 바로 중고 물건 자체가 신제품보다 오히려 질이 뛰어나다는 점이다!

"신상보다 뛰어난 중고 물품이 가당키나 한가?"

그런데 의외로 신상보다 나은 중고가 많다. 앞서 듀폰의 스타킹 사례를 인용한 것은 바로 이 때문이다. 물론 남이 신던 스타킹을 굳이 중고로 사서 사용하는 사람은 거의 없겠지만 물건의 질, 상품성만 놓고 따져보자는 얘기다.

질기고 오래가는 물건은 스타킹에만 국한된 게 아니다. 북유럽 하면 생각나는 가구도 마찬가지다. 북유럽에서는 할아버지, 아버지, 할머니에게 물려받은 책상, 의자를 쓰는 사람들이 많다. 북유럽 가구가 클래식하게 느껴지는 이유도 어찌 보면 이 때문이다. 별도로 클래식하게 앤틱하게 만든 경우도 있지만 원래부터 쓰던 물건이었기 때문인 경우도 적지 않다. 우리나라에도 자개장을 쓰는 가구가 더러 있는데, 대부분 이전 세대들이 쓰던 물건을 물려받은 경우다.

즉 '환경을 살릴 수 있어서' '구입 비용을 절약할 수 있기 때문에' '취득록세를 아낄 수 있으니까' '손때가 묻어나는 연륜이 있어서' 같은 중고용품의 장점과 별개로 그 자체가 이미 뛰어나기 때문에 매입할 수밖에 없다는 것이다. 어쩌면 북유럽인들은 윤리적 소비, 친환경적 소비를 뛰어넘어 실용적 소비를 가장 중요시하는 것인지도 모른다.

참고로 북유럽 국가들은 1980~1990년대 고도성장기를 보냈다. 이후 성장률은 대폭 떨어졌고 이때부터 분배에 집중하기 시작했다. 물건이 만든 만큼 팔려야 하는 데 낮은 성장률에서는 이게 불가능하다. 결국 먼저 만들어놓은 물건, 쓰던 물건을 소비하는 수밖에 없다. 선진국 국민의 의식 수준이 원래 대단해서, 친환경적이서 그랬던 것이 아니라고 충분히 위로할 수 있는 대목이다. 신제품을 소득 수준에 따라 사는 것보다 중고 제품을 지역민들이 합리적으로 거래하는 모습이 진정한 분배 아닐까.

12장

인공지능과 인간은 상생할 수 있을까

천재 과학자 뉴턴은 "내가 다른 사람보다 더 멀리 내다볼 수 있다면 그것은 거인의 어깨 위에 서 있었기 때문"이라고 말했다. AI와 살아야 하는 똑똑한 사람들도 "내가 다른 사람보다 더 오래 일자리를 유지할 수 있는 건 AI의 어깨 위에 있었기 때문"이라고 말할 것이다.

특이점

2020년 2월 6일, 지상파의 한 다큐멘터리를 본 시청자들은 자신도 모르게 눈물을 흘렸다. 이별, 사별, 난치병 같은 주제를 다룬 비슷한 프로그램이 그간 없지 않았으나 이날 방송은 매우 특이했다. 죽은 자와 산 자가 만나는 과정을 다뤘기 때문이다. 그렇다고 무속인을 매개로 한 굿판이 벌어진 것은 아니다.

MBC 휴먼 다큐 〈너를 만났다〉 편은 일곱 살 때 희귀 난치병으로 세상을 떠난 딸과 엄마가 가상현실VR로 만나는 과정을 담았다. 엄마가 딸을 볼 수 있었던 건 최신 IT 기술 덕이었다. AI(인공지능) 기술을 이용해 생전 딸의 목소리, 표정, 얼굴과 몸짓을 사실적으로 구현했고 엄마는 딸을 만나기 위해 가상현실VR 장비를 착용했다.

딸은 "엄마 어디 있었어? 내 생각했어?"라고 물었고, 엄마는 "매일 해"라고 답했다. 이어 딸이 "나는 엄마 많이 보고 싶었어"라고 하자 엄마도 "엄마도 너 보고 싶었어"라며 따뜻하게 말했다. 방송을 본 많은 사람들은 슬프지만 한편으로는 기쁘고 가슴 뭉클한 상황을 간접체험하면서 영상을 공유했고, 무려 1900만 명의 눈시울이 뜨거워졌다.

지금부터 우리는 엄마의 관점이 되어보자. 물론 너무 안타깝고 슬픈 일이지만 딸을 만나기 전과 만나고 있는 엄마의 입장에서 생각해보자는 뜻이다. 가상현실 속 딸이긴 하지만 '진짜 우리 딸과 닮지 않았다면? 자동응답전화에서 나오는 그런 목소리라면?' 같은 걱정을 했을 것이다. 그런데 방송에서 확인할 수 있듯이 엄마는 진짜 딸과 소통하는 듯했다. 우리 역시 돌아가신 부모님이나 할아버지, 할머니, 그리고 절친했던 사람과 이런 방식으로 만난다면, 실제 그 사람을 만나는 듯한 환경에 놓인다면 어떤 감정이 될까.

특이점singularity. 물리학에서 특정 물리량들이 정의되지 않거나 무한대가 되는 공간을 의미하는 용어로 쓰였으나 IT 분야에서는 인공지능이 비약적으로 발전해 인간의 지능을 뛰어넘는 기점을 말한다. 이 용어가 대중화된 것은 미래학자이자 AI 전문가이자 구글 엔지니어링 이사인 레이 커즈와일이 2007년《특이점이 온다》에서 언급하면서부터다. 커즈와일에 따르면 특이점은 2045년이 될 것이고, 이때는 전 인류의 지능을 합치더라도 인공지능을 이기기란 불가능할 것이라고 전망했다.

AI라는 용어가 처음 등장한 것은 1950~1960년대라는 게 통설이다. 로봇이라는 단어가 1921년에 나왔으니 그리 놀랄 일은 아니다. 그런데 특이점을 주장하면서 자의반 타의반 AI 최고 권위자가 된 커즈와일의 오늘이 있기까지 큰 역할을 한 사람이 그의 아버지라는 점에 주목할 필요가 있다. 커즈와일은 돌아가신 아버지를 추억하기 위해, 어쩌면 아버지를 불러내기 위해 AI 연구에 집중했다.

커즈와일은 아버지의 모습이 담긴 사진, 영상, 목소리 등을 집중적으로 확보했고 AI 기술과 VR 기술을 통해 아버지와 교감하는 데 어느 정도 성공했다고 알려져 있다. 커즈와일의 예측대로 기술이 발전한다면 특이점이 오는 2045년이 되면 커즈와일의 아버지는 정말 살아 있는 듯한 느낌을 주는 홀로그램이나 어쩌면 만질 수도 있는 또 다른 형태를 지닐지도 모른다.

이렇게 AI는 알게 모르게 우리의 현실이 되고 있다. 엄마와 딸의 가상 만남은 수많은 AI 기술 가운데 하나를 적용한 것에 불과하다. 수준 차이는 있지만 신용카드사에서 활용하는 고객 데이터 분석 기술, 출입문에 설치된 안면 인식 기술, 인터넷 쇼핑몰에서 쓰는 고객 맞춤형 상품 추천 기술 등 다양한 AI 기술이 우리 일상을 서서히 지배하고 있다.

인공지능 디스토피아

AI와 관련된 다양한 주제를 이번 장에서 다룰 생각은 없다. 다만 독자들이 가장 관심을 가질 일자리와 직업에 대해 짧고 굵게 살펴볼까 한다. AI 기술과 알고리즘에 대한 이야기는 전문서를 참고하기 바란다. 이 책에서 다루는 AI는 '내가 먹고사는 것과 어떤 관련이 있고 내가 더 잘 먹고 더 잘 살기 위해서 AI를 어떻게 바라보고 대해야 할지'에 한정될 것이다.

AI와 일자리의 상관관계에 대한 전망은 대체로 부정적이다. 대부분의 연구기관, 대학, 전문가들이 특이점이 오면 현재 직업의 50퍼센트가 사라지고, 최악의 경우 인류의 80퍼센트가 백수

신세를 면치 못할 것이라 전망한다. 3년 전 서울대 건설환경공학부 유기윤 교수 연구팀이 전망한 우리의 미래는 가히 디스토피아라 할 수 있다.

연구팀은 '미래의 도시에서 시민들은 어떻게 살아갈 것인가'라는 주제 연구 보고서에서 도시에 대한 시뮬레이션 연구 결과를 발표했는데 너무 충격적이었다. 99.99퍼센트, 즉 거의 모든 사람들이 플랫폼에 종속돼 AI와 일자리를 놓고 싸우는 단순 노동자가 될 것으로 전망했다. 연구팀이 예측한 미래 사회에는 4가지 계급이 있다. 최상위에는 '플랫폼 소유주' 계급이 있는데 제프 베조스, 빌 게이츠 같은 글로벌 플랫폼 공룡의 설립자와 투자자들이 대표적이다.

2~4계급이 더욱 흥미로운데 정치인, 프로 선수, 연예인같이 인지도가 높은 사람들이 2계급, 플랫폼에 종속돼 프리랜서처럼 사는 이들이 4계급이다. 그렇다면 3계급은 누구일까? 1~2계급과 4계급 사이에서 양측을 조율하고 중간관리자 역할을 하는 AI다. 사실 미래를 전망한다고는 했지만 현재 사회와 너무나 흡사하다. 계급이라는 표현을 쓰지 않을 뿐, 이미 우리는 크게 4개의 영역에서 살고 있지 않나.

더 짚어볼 부분은 그나마 현재는 아직 오지 않은 미래라는 점이다. 즉, 연구팀이 예측한 암울한 수치처럼 99.99퍼센트의 사람들이 4계급으로 살아간다는 대목 말이다. 달리 이야기하면

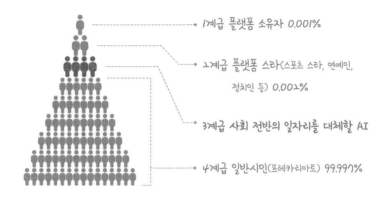

<AI 디스토피아>

- 1계급 플랫폼 소유자 0.001%
- 2계급 플랫폼 스타(스포츠 스타, 연예인, 정치인 등) 0.002%
- 3계급 사회 전반의 일자리를 대체할 AI
- 4계급 일반시민(프레카리아트) 99.997%

AI가 노동시장을 잠식한 2090년 사회계급도

0.001퍼센트에 속하는 극소수의 사람만 AI의 지배를 받지 않고 AI를 지배한다는 메시지다. 더욱 우울한 것은 지금도 제프 베조스나 빌 게이츠 같은 천문학적 규모의 재산을 가진 부자가 새로 등장하는 속도보다 줄어드는 속도가 더 빠르다는 사실이다. 이는 전 세계적인 양극화의 맹점 탓인데 특이점이 올 즈음에는 이런 현상이 더 심각해질 가능성이 크다. 따라서 지금은 2계급이라 할 수 있는 전문직 종사자들도 가까운 미래에는 99.99퍼센트에 들어갈 수밖에 없다(인싸, 셀럽들도 안심하면 안 된다!).

'나는 플랫폼과 상관없는 일을 하기 때문에 괜찮다'는 사람들도 있을 것이다. 하지만 우리가 직관적으로 인식하지 못할 뿐, 거의 모든 사람들이 플랫폼과 연결된 삶을 살고 있다. 갈수록 그 연결의 폭은 커지고 수준은 깊어질 것이다.

중국요리 식당에서 장사하는 사장님은 플랫폼과 관련이 없을까? 배달을 전혀 하지 않고 홀에서만 손님을 받는다면 물론 플랫폼에 종속되지 않는다고 할 수 있지만, 매출을 늘리기 위해서는 배달을 해야 한다. 자체 배달 직원을 쓰는 방법도 있으나 아무래도 비용 대비 성과가 떨어질 것이다. 직원을 뽑을 때는 어떻게 하나? 지나가는 사람 중에 마음에 든다고 "우리 식당에서 배달할 생각 없나?" 하고 물을 수는 없는 노릇이다. 결국 구직-취업 플랫폼과 배달 앱에 의존해야 한다.

음식 나오는 과정도 마찬가지다. 중국요리를 만들기 위해서는 양파, 마늘, 무 같은 재료가 필요한데 이를 농산물 시장에 가서 직접 사 오는 경우는 드물다. 대부분 원자재 공급 업체의 도움을 받아야 하는데, 이를 위해 어쩔 수 없이 플랫폼을 이용해야 한다. 취업포털이나 알바 앱, 택시 앱, 쇼핑 앱, 렌터카 앱 등 수없이 많은 플랫폼을 이용하는 우리는 플랫폼 소비자이자 플랫폼 노동자이기도 하다. 결국 우리와 후손들은 0.001퍼센트가 아닌 99.99퍼센트에 속하는 계급이 될 처지다.

인공지능의 약점

커즈와일의 전망처럼 가까운 미래에 AI가 지배하는 세상이 올지 여부는 아직 알 수 없다. 하지만 너도나도 AI 공포에 눌려 현재를 불안에 떨며 사는 것은 바람직하지 않다. 알고 보면 AI도 빈틈이 있기 때문이다. AI의 약점을 알려면 장점을 먼저 알아야 한다. 너무 식상한 사례이긴 하지만 프로 바둑 이세돌 9단과 AI 알파고가 2016년 벌인 세기의 대결을 복기해보자.

이세돌과 알파고의 바둑 대결이 성사되자 다수의 전문가들은 이세돌의 승리를 점쳤다. 그럴 만도 한 것이 퀴즈 대결, 체스 대결에서 AI가 승리한 것과 달리 바둑은 경우의 수가 사실상 무한에 가깝기 때문이다. 즉, 연필과 종이와 피아노를 주고 음악을 만들라고 하면 작곡가가 어떤 사람인지에 따라서도 결과가 달라지지만, 같은 작곡가라도 매번 다르게 만들 수 있는 것과 같은 이치다. 컴퓨터가 아무리 열심히 경우의 수를 분석하고 암기하더라도 무에서 유를 창조하는 바둑에서만큼은 인간을 이기기 어려울 것으로 기대했다.

그런데 결과는 1 대 4로 알파고의 압도적인 승리였다. 이세돌은 대국 후 "감정적으로 바둑을 뒀기 때문에 졌다"고 말했다. 이를 해석해보면 알파고는 감정이 아닌 계산을 했다는 뜻이고, 이세돌뿐 아니라 바둑을 두는 인간은 대체로 상대방의 수에 따라 대응을 달리하는 '그때그때 달라요' 식으로 감정적으로 돌을 놓는다는 뜻이다.

이세돌의 대응을 분석하고 나서 "프로 기사가 이성적이지 않았다니 이해가 되지 않는다"고 하는 사람들도 있지만 따지고 보면 우리 대부분은 회사에서든 학교에서든 가정에서든 이성적이 아닌 감정적으로 움직일 때가 많다. 예를 들어, 일주일 안에 PT를 완성해서 발표하는 일을 맡았다고 하자. 평균 이상의 능력이 있는 사람이라면 사흘 만에 PT를 다 만들 수 있을 것이다. 하지만 주어진 기한이 4일 더 남았기 때문에 완성본을 굳이 예정보다 빨리 제출하지는 않는다. 빨리 내봤자 마음에 안 드는 부분이 있다면서 수정을 요구하거나 또 다른 일을 시킬 가능성이 크기 때문이다.

더구나 PT 발표를 지켜보는 임원의 성향에 따라 자료와 발표 태도는 달라질 가능성이 크다. 결정권자의 입맛에 맞는 결과물을 만드는 것이 직장인들에게는 지상 과제이니까 말이다. 하지만 이런 행동과 사고는 지극히 감정적이다. 이성적이었다면 나머지 4일과 관계없이 바로 PT를 제출해야 하고 임원이 누구든지 최선의 PT를, 최신 동향이 담긴 PT를 객관적으로 만들어야 한다. 발표 방식 역시 누가 봐도 공감할 수 있는 보편적인 형태여야 한다.

AI가 이성적인 이유는 태생이 반복과 노력의 결과물이기 때문이다. AI가 꾸준한 반복과 노력을 한다는 것이 낯설 수 있지만 AI가 정말 사람처럼 생각할 수 있다면 아마도 개발자에게 이렇게 말할 것이다. "여보세요, 박사 양반. 나 일 좀 그만 시키세요. 힘들어 죽겠어요!"

물론 AI는 육체도 없고 정신이 없기 때문에 고통도 없고 스트레스도 받지 않는다.

중요한 건 AI기술의 방식이 그렇다는 것이다. 알파고도 마찬가지다. 지금까지 바둑을 좀 둔다고 하는 사람들이 썼던 방식을 100퍼센트에 가깝게 배우고 반복했다. 사람과 달리 잠도 자지 않고 화장실도 가지 않고 술을 먹고 퍼지지도 않기 때문에 그 속도와 양은 상상하기 힘든 수준이다. 무엇보다 한 수를 둔 다음 상대방의 의중을 파악하려는 사람과 달리 알파고는 한 수 한 수가 이기기 위한 목적으로 행해진다. 상대방을 떠보려고 돌을 놓는 프로 기사와 이기기 위해 돌을 계산하는 AI의 승부는 어쩌면 처음부터 결정돼 있는 것인지도 모른다.

AI의 기본은 엄청난 학습과 반복이라고 했다. 이 대목에서 우리는 빈틈을 찾아 파고들어야 한다. 죽을 만큼의 학습과 반복을 계속하는 존재는 약점이 있다. 먼저 비용이다. 꾸준한 학습과 반복은 공짜로 되지 않는다. 돈을 많이 써야 한다. 학습량과 반복횟수에 비례해 비용도 급증한다.

예를 들어보자. 국내에도 AI를 도입한 병원이 있다. 인천 길병원에는 IBM이 자랑하는 AI 왓슨이 있다. 당초 인간 의사보다 뛰어나기 어렵다는 우려가 있었지만 실제 환자와 보호자의 만족도는 높다. 2017년 10월 26일부터 2017년 12월 1일까지 왓슨을 이용한 암 진료에 대한 환자들의 만족도를 조사한 결과, 10점 만점에 9.4점으로 나타났다. 물론 길병원은 인간 의사와 왓슨이 협진하는 방식으로 왓슨을 운영하고 있지만 인간 의사에게서만 진료 받은 환자들의 만족도도 조사했더라면 어떤 결과가 나왔을까? 매년 증가하는 의료 사고 분쟁을 보면 길병원이 따로 조사하지 않은 이유를 짐작할 수 있다.

이처럼 환자의 만족도가 높은 AI 왓슨이지만 길병원 경영진까지도 만족시켰는지는 의문이다. 길병원이 왓슨을 사용하는 대가로 지불하는 돈은 연간 10억 원 정도인데 주로 IBM의 클라우드 이용료다. 의사의 평균 연봉이 1억 7000만 원이라는 것을 감안하면 왓슨 한 녀석이 의사 6명의 인건비를 쓴 셈이다. 만약 의사 6명을 써서 의료 환경을 개선할 수 있다면, 기존 의사들에게 충분히 쉴 수 있는 여유를 준다면 왓슨은 그 기회를 가로막는 장애물인 셈이다.

그나마 연간 10억 원은 싼 편이다. 만약 2020년 초처럼 코로나19 같은 새로운 바이러스가 나타나거나 새로운 암세포가 발견되면 그동안 왓슨이 해왔던 학습과 노력은 무용지물이 될 수도 있다. 왓슨이 인간 의사보다 정확한 진단율을 자랑하는 비결은 꾸준한 학습과 반복, 그리고 감정이 아닌 이성 덕이다. 즉, 환자의 CT, MRI 사진을 보면서 그전에 자신이 학습한 데이터와 비교 분석해서 진단한다. 특정 질환을 가진 환자의 영상 자료를 10만 건, 100만 건 봤기 때문에 오진을 내릴 가능성이 줄어드는 것이다.

하지만 새로운 병이 나타난다면, 새로운 병원균이 등장한다면 사정이 달라진다. 다시 상당한 시간과 비용을 들여 학습하고 반복해야 한다. 물론 이전에 등장했던 질환이나 암세포를 응용하거나 추리하는 방식을 사용할 수 있으나 AI의 본질은 계산이다. 응용, 추리는 AI의 영역이 아니다. 결국 많은 돈을 다시 들여야 한다.

AI의 두 번째 약점은 의미 파악의 한계다. 알파고는 이기기 위해서 한 수를 뒀지만 이기는 것, 승리의 의미를 모른다. 이게 무슨 뜻일까?

아이폰을 쓰는 사람들은 종종 '시리' 놀이를 한다. 일종의 AI 음성 비서라고 할 수 있는 시리는 사용자의 음성에 대답하고 스마트폰의 일부 기능을 실행하기도 한다. '시리' 놀이 중 가장 흔한 게 사용자가 "너 바보니?" "나는 너를 사랑해" 같은 뜬금없는 질문을 던지는 방식이다. 그러면 시리는 "어쩜 그런 말을 하세요" "다른 스마트폰에는 사랑한다고 말하지 마세요" 등 기발하거나 재미있는 답변을 내놓는다.

얼핏 들으면 제법 똑똑한 응답인 것 같지만 사실 개발자들이 미리 작성한 대답 패턴의 일부에 불과하다. 개발자들이 가장 많이 물어볼 것 같은 질문을 정해놓고 이에 어울리는 답변을 마련해둔 것이다. 결국 시리는 사용자가 하는 말을 분석해 단어의 쓰임새에 따른 답변을 하는 셈이다. 바늘 가는데 실 가듯 특정 단어에는 특정 단어로 맞불을 놓는다고 할까. 사용자의 질문을 진정 이해한 것이 아니다.

AI가 기사를 쓰고 소설을 쓴다는 이야기를 들어봤을 텐데, 이는 지극히 초보적인 수준에서나 가능하다. 특히 작품 인물들의 내면을 그리는 소설을 써야 할 때 AI는 큰 어려움을 겪을 수밖에 없다. 우리 인간은 "비가 오면 생각나는 그 사람"이라는 문장의 의미를 알 수 있다. 하지만 AI는 이런 문장을 쓸 수도 없거니와 설사 쓰더라도 '비가 오면 생각나는 그 사람＝우산 장수 또는 기상캐스터 또는 심수봉'이라고 해석한다.

'AI는 의미를 모른다'는 명제는 매우 중요하다. 많은 사람들이 알파고가 이세돌에게 압도적인 승리를 거뒀을 때 기계가 인간을 지배한다는 영화 〈터미네이터〉를 떠올렸다고 한다. 하지만 알파고가 이세돌을 이겼다고 해서 AI가 인간 전체를 이긴 게 아니다. 무엇보다 바둑 잘 두는 AI가 있다고 해서 이 녀석이 우리 인류를 멸망시킬 수는 없는 노릇이다. 꾸준한 반복과 학습으로 탄생한 AI는 결국 인간이 의미를 찾고 만들기 위해 사용하는 도구에 불과하기 때문이다.

그렇다면 미래 일자리에 대한 걱정과 우려, 기대도 '의미'와 관련해서 정리해볼 수 있다. 결론부터 말하면 의미 있는 일자리를 가진 사람과 의미가 없거나 찾기 쉬운 일자리를 가진 사람의 희비가 교차할 것이다. 반복적인 일, 노력만으로도 가능한 일을 하는 사람들은 일자리를 잃을 가능성이 크고 행동 하나에 의미가 있는 일, 창의적인 일을 하는 사람들은 계속 밥벌이를 할 수 있을 것이다.

'버스 안내양'을 아시나요?

그럼 지금 내가 하는 일은 어떤 쪽일까? 아쉽게도 대기업이든 중소기업이든 관리, 생산 공정에서 일하는 이들은 대체로 전자에 속한다. 어제 했던 일과 지난주에 했던 일이 같다면, 작년에 했던 일과 올해 했던 일이 같다면 앞으로 그 일자리는 사라질 가능성이 크다. 물론 5년 전 했던 일이나 10년 전 했던 일을 지금도 하고 있다면 특이점이 오기 전에 일자리를 잃을 가능성이 크다.

1980년대 초반까지도 버스에서는 두 사람이 일했다. 버스를 운전하는 기사와 요금을 받고 출발을 알리는 '안내양'이 그 주인공들이다. 안내양이라는 용어는 오래전 사라졌지만 예전에는 꼭 필요한 직무였다. 일단 손님들이 버스에 타려면 문을 열어야 하는데 당시에는 수동으로만 개폐가 가능했다. 바쁜 출퇴근길에 기사가 매번 일어나 문을 열고 닫을 수 없는 노릇이었다. 요금을 받는 일도 일일이 안내양이 수작업으로 했다. 승객이 모두 탑승한 다음 출발해도 된다는 신호를 보내는 것도 안내양의 몫이었다.

하지만 자동문이 도입되고 승차권과 요금을 넣을 수 있는 장비가 운전석 옆에 장착되면서 안내양은 사라졌다. 내리는 쪽 문이 닫힐 때 승객이 있는 경우 "삐"소리가 나면서 닫히지 않는 안전장치가 갖춰지자 안내양의 존재는 더더욱 필요 없게 됐다. 지금 우리가 타는 버스는 어떤가. 이제는 스마트폰이나 신용카드를 태그할 수 있는 단말기가 대세다. 조만간 버스 기사도 사라질지 모른다. 이미 몇몇 나라에서는 자율주행차가 시범 운행되고 있는데, 안전 문제와 완성도가 해결되면 본격적으로 투입될 전망이다.

버스 기사와 안내양은 그 당시 기준으로 1년 전 했던 일을 올해도 했다. 5년 전 했던 일을 올해도 했다. 물론 버스 기사는 상대적으로 더 오래 일자리를 유지하고 있지만, 이제 어떻게 될지 모른다. 우리 중 과연 몇 퍼센트가 버스 기사와 안내양의 전철을 밟지 않는다고 할 수 있을까?

그럼 창의적인 일과 의미있는 일에 대해 살펴보자. 창의적인 일은 개념 자체가 뜬구름 잡는 듯하지만 바로 이해된다. 그런데 의미있는 일은 좀처럼 감을 잡기가 쉽지 않다. 일본에는 고학력 고임금 여성만 고객으로 하는 이른바 '사랑의 큐피트'라는 직업이 있다. 수식어 다 떼고 말하면 일본판 듀오인 셈인데 '고학력 고임금 여성'이 타깃이라는 점에서 차이가 있다.

사랑의 큐피트는 일본 특유의 사회상과 관습이 빚은 아이러니 덕에 인기 상한가를 달리고 있다. 일본 사회, 특히 남성들은 자신보다 학벌이 높고 임금을 더 많이 받는 여성을 껄끄러워한다. 남성인 자신보다 덜 배우고 덜 벌어야 결혼할 상대로 여긴다는 뜻이다. 이는 가정에서나 직장에서 남성을 우대하는 일본의 관습이자 철학 탓인데 안타깝게도 고학력 고임금 여성들이 피해를 보고 있었던 것이다.

그래서 사랑의 큐피트는 관습에 얽매이지 않는, 자신보다 잘나가는 여성과도 사랑할 수 있는 남성 회원들을 모으기 시작했다. 그러자 더 많은 고학력 고임금 여성이 가입하는 선순환이 일어났다. 사업은 대박이 났다. 사랑의 큐피트를 자처하는 사람들은 의미를 찾았다. 자신들이 하는 일은 '골드 미스'들의 외로움을 달래주고 나아가 결혼에 이르게 하는, 무엇보다 인구 절벽을 맞은 일본의 상황에서 출산에도 긍정적인 영향을 줄 수 있다는 의미, 더 나아가 일본이라는 나라 자체를 유지할 수 있게 하는 보이지 않는 애국자라는 의미까지 부여했다(일코노미 시대에 제대로 먹힐 수 있는 또 다른 직업이다).

이처럼 의미있는 대표적인 일자리는 남에게 직접적으로 도움을 주는 행위와 관련된다. 앞서 언급한 AI 의사 왓슨은 현재 진단 위주로 활동하고 있지만, 머지않아 수술에도 참여할 것이다. 안전성이 입증되면 로봇 팔이 집도하고, 로봇 팔은 AI의 명령을 따르면 된다. 하지만 수술이 끝난 환자는 누가 돌보나? 그렇다. 환자가 건강을 되찾을 때까지 간호사와 간병사가 몸과 마음을 다해 돌봐야 한다.

AI가 간호사나 간병사도 대체할 수 있을까? 로봇이 부분적인 도움을 줄 수는 있지만 인간 간호사와 간병사를 대신하기는 매우 어려울 것이다. 하나의 로봇이 주사를 놓고 밥을 먹이고 옷을 갈아입히고 오염된 침대 시트를 갈고 바닥이 보이는 링거병을 교체할 수 있을까? 무엇보다 몸과 마음을 다친 환자에게 인간적인 말을 건네고 위로를 할 수 있을까? 시리의 뜬금없는, 영혼 없는 대답만으로는 환자의 아픔을 어루만질 수 없다. 감정이 다소 격한 환자라면 자신을 위로한답시고 떠들어대는 이 장비를 창문 밖으로 던질지도 모른다.

10년 뒤 사라질 직업은

오른쪽의 표는 옥스퍼드대학교 연구팀이 예측한 '10년 뒤에도 살아남을 직업'이다. 위로 갈수록 사라질 가능성이 큰 직업인데 텔레마케터나 화물 관리자의 경우 99퍼센트다! 반면 사라질 가능성이 거의 없는 직업 1위 레크리에이션 지도자고 2위는 사회복지사다. 두 직업이 없어질 확률은 각각 0.28퍼센트, 0.39퍼센트인 만큼 인류가 멸종하는 날까지 존재한다고 봐야 하지 않을까. 그런데 살아남을 직업 상위권을 보면 어느 정도 공통점이 보인다. 공감하는 능력이 필요하다는 사실이다.

레크리에이션 지도자는 무엇보다 자신이 하는 일이 즐거워야 한다. 자칫 잘못하면 하기 싫은 일을 남들에게 강요하는 꼴이 돼버리기에 스스로 흥이 많아야 한다. 그리고 자신이 신나는 만큼 다른 사람들도 즐겁게 하는 몸짓과 게임, 운동을 만들어서 참여하도록 해야 한다. 사람들이 언제 즐거워하고 언제 기뻐하고 언제 당황하는지 잘 알아야 가능한 일이다.

사회복지사는 요즘 뜨고 있는 직업이다. 양극화 현상이 심해지고 독거노인이나 다문화 가정, 한부모 가정이 늘면서 수요 대비 공급이 달리는 상황이다. 전 세계적으로 복지를 강조하는 추세이기 때문에 사회복지사의 대우와 지위는 갈수록 향상될 전망이다. 서바이벌 가능성 1위 레크리에이션 지도자부터 25위 환경

<10년 뒤 살아남을 직업 순위>

직업	사라질 가능성(%)
텔레마케터	99
화물, 창고 관련 업무 종사자	99
시계 수리공	99
스포츠 경기 심판	98
모델	98
⋮	⋮
외과, 내과 의사	0.42
영양사	0.39
구강 악안면술 외과 의사	0.39
헬스케어 부문 사회복지사	0.39
레크레이션 활용 자료 전문가	0.28

출처 : 옥스퍼드대 연구팀

엔지니어까지 살펴보면 대체로 공감 능력이 우선시되는 직업이다. 교사, 큐레이터, 세일즈 매니저, 홍보 담당자, CEO, 심리학자 등은 자기 혼자 잘났다고 해서 돈을 많이 벌 수 있는 직업들이 아니다.

지금 하는 일만 가지고서는 앞으로 10년은커녕 5년도 버티기 힘들 것 같다고 판단한다면 공감할 수 있는 능력이 필수인, 의미를 가진 일자리로 눈을 돌릴 것을 추천한다.

길을 걷다 가끔 마주하는 폐지가 가득 담긴 리어카와 리어카를 어렵게 끌고 가는 노인을 보면 어떤 느낌이 드는가? 나아가 그 상황에서 어떤 의미를 찾을 수 있는가? 이번 사례는 우리나라에서 의미를 찾아 의미있는 삶을 공유하는 기업이 그 주인공이다. 인천에 있는 사회적 기업 러블리페이퍼는 아주 유별난 사업을 하고 있다. 폐지를 줍는 노인들을 대상으로 폐지를 시중가 대비 많게는 10배가량 비싸게 사준다. 비싸게 사서 어떻게 돈을 벌까?

러블리페이퍼는 폐지를 킬로그램당 600원가량에 매입한다. 일반적인 고물상에 폐지를 팔면 킬로그램당 50원에서 100원을 받는다. 폐지를 줍는 이들은 대부분 독거노인이거나 기초생활수급자인 경우가 많은 만큼 러블리페이퍼는 이들에게 큰 힘을 주고 있는 셈이다. 그런데 아무리 사회적 기업이라고 하지만 지속가능성을 위해서라도 적정 수준의 이익을 올려야 한다. 그래서 이 회사가 선택한 방식은 업사이클이다.

재사용을 뜻하는 리사이클과 달리 업사이클은 재사용하면서 그 가치도 향상시키는 것을 의미한다. 러블리페이퍼가 업사이클하는 대상은 캔버스다. 러블리페이퍼는 매입한 폐지를 여러 겹 붙여서 가공한 다음 최종적으로 천을 덧댄다. 특유의 공정과 기술을 거치며 폐지는 시중에서 파는 전문가용 캔버스에 버금가는 상태로 다시 태어난다.

여기서 또 한 번 의미를 찾는 사람들이 등장한다. 바로 전문 작가들이다. 화가나 그림에 소질 있는 사람들이 재능 기부 방식으로 캔버스에 그림을 그리고 일반 소비자들이 이를 매입한다. 러블리페이퍼의 그림을 사는 사람들은 작품의 예술성과 함께 폐지 줍는 소외된 이들의 마음과 고생을 어루만지고 앞으로의 편안함을 기대하는 것이다.

러블리페이퍼는 현재 따뜻한 마음을 함께 나누려는 소비자가 늘어나면서 매출이 증가하고 있으며 재능 기부를 하려는, 의미를 찾는 실력자들도 속속 문을 두드리고 있다. 입소문이 나면서 유한양행 같은 대기업에서도 직원들을 캔버스 제작 공정에 참여시키는 봉사 활동을 알선하고 있다. 대기업의 참여가 늘수록 러블리캔버스의 인지도와 매출은 올라갈 것이다.

인간과 인공지능이 공존하려면

지금까지 AI를 만들고 직접 명령을 내리는 0.01퍼센트의 계급과 AI의 지배를 받아야 하는 99.99퍼센트의 계급이지만 나름 독립적으로 생활을 이어갈 수 있는 일자리에 대해 살펴봤다. 자, 그런데 세상일은 대체로 그렇듯이 타협점은 있다. AI와 인간이 공존하면서 상생하는, 아니 인간이 디스토피아로 추락하는 것을 막을 방법도 생각해볼 수 있다.

최근 미국 메이저리그ᴹᴸᴮ의 화두는 로봇 심판이다. 주로 홈플레이트 뒤에 서 있는 주심을 로봇으로 바꾸자는 논의가 진행 중이다. 물론 사람 대신 로봇이 직접 그 자리에 서는 것이 아니라 AI 기술을 이용해 스트라이크와 볼을 가리자는 것이다.

이미 마이너리그에서는 로봇 심판이 활약 중이고, 국내 프로야구에서도 로봇 심판 도입을 놓고 찬반이 엇갈리고 있다. 이런 일은 우리 주위에서, 회사에서도 얼마든지 일어날 수 있다. 대형 마트를 생각해보자. 지금은 카트에 물건을 싣고 계산대로 와서 다시 이를 꺼낸 뒤 계산원들이 바코드를 확인하는 과정을 거친다. 그런데 미국 아마존의 오프라인 매장인 아마존고에는 계산원이 없다. 카트에서 물건을 꺼내지 않아도 물건값을 확인하는 일종의 AI가 있기 때문이다. 사전에 등록된 신용카드만 가지고 있으면 자동으로 결제가 끝난다.

야구장의 심판, 대형 마트의 계산원은 이대로 사라져야 할까? 야구 관람의 묘미 가운데 하나가 심판의 과장된 액션이다. 타자가 삼진을 당했을 때 "스트라이크 아웃"이라고 큰소리를 내면서 양손을 자신의 가슴 쪽으로 당기는 심판, 한 손을 땅으로 꽂을 듯한 동작을 하는 심판 등 다양한 움직임을 보여준다. 아웃과 세이프를 판단할 때, 판단을 놓고 감독이나 코치와 다툴 때 다양한 볼거리를 보여주는 존재가 심판이다.

게다가 스트라이크와 볼 판정을 AI에만 맡기면 타자도 그렇고 투수도 그렇고 원칙대로만 움직일 가능성이 크다. 그러면 야구의 재미 중 하나인 이른바 '각본 없는 시나리오'가 가능할까? 잘 던지던 투수가 주심의 갑작스러운 부상으로 새로운 주심을 만난 뒤 알 수 없는 부진에 빠지는 경우가 있는데, 이런 계획에 없었던 일들이 벌어지는 묘미가 사라질 수 있다.

그렇다면 논란이 심한 스트라이크와 볼 판정은 AI에 적당히 맡기고 나머지 부분은 인간 심판들에게 부탁하면 어떨까? 즉, 주 6일 경기 중 절반을 AI 주심에 배정한다든지, 인간 심판이 가장 꺼리는 한여름철 경기에만 AI를 배치하는 방식을 쓰면 어떨까? 판정의 정확성은 높이면서 인간 심판이 주는 재미도 살리는 방법이지 않을까?

대형 마트의 계산원은 어떤가. 손님들에게 미소를 건네며 물건 값을 계산한다. 특정 물건이 어디에 있는지 물으면 친절히 대답한다. 특히 구매한 상품에 문제가 있거나 포장이 부실할 경우 해결책을 일러준다. 그런데도 AI가 계산원을 대신하면 어떤 일이 생길까? 편리함만을 생각한다면 굳이 대형 마트에 갈 일도 없을 것이다. 온라인이나 모바일로 쇼핑하면 물건을 드는 일조차 하지 않아도 된다. 그리고 물건의 위치를 묻거나 상품에 문제가 있을 때 물어볼 사람이 없으면 매장을 다시 찾는 일은 없을 것이다.

대형 마트의 특성상 대규모 땅과 건물이 필요한데 어찌 보면 계산원을 줄이는 일은 자사의 부동산 가치를 떨어뜨리는 일이 될 수 있다. 직원이 줄어드는 만큼 공간도 줄어야 하지 않을까. 대형 마트가 들어서려면 해당 지자체 담당 부서의 허가가 필요하다. 일반 기업이라면 불가능하지만 대형 마트니까, 즉 지역 주민들을 대거 고용할 것이라 약속했으니까 영업을 허락해주는 것이다. AI를 써서 비용을 줄이고 편의를 높이고자 했지만 결과는 반대로 나타날 수 있다.

따라서 AI 계산대와 계산원이 있는 계산대를 함께 운영하면서 인간미를 완전히 놓치는 일은 없도록 해야 하지 않을까. 무엇보다 계산원의 가족과 친구들이 올려주는 매출, 그가 계산원으로서 올린 소득과 내야 할 세금은 지역사회에 적잖은 힘이 된다. 무엇보다 인간 계산원만이 매의 눈으로 확인할 수 있는 도난품! 도난품이 줄수록 회사에 도움이 되는 건 당연지사다.

길병원의 왓슨 이야기를 다시 해야 할 것 같다. 2017년 처음 왓슨을 도입한 이래 이 병원의 인간 의사들은 여전히 왓슨과 협진하고 있다. 환자가 어떤 질환에 걸렸는지, 어떤 약과 주사를 처방해야 할지를 놓고 머리를 맞대고 있는 것이다. 그렇기 때문에 인간 의사와 왓슨의 견해차가 꽤 있었다. 하지만 양측의 견해차는 점점 줄어 최근에는 7퍼센트에 이르렀다. 인간 의사들이 왓슨의 견해에 동조하는 사례가 늘어났다고 볼 수도 있으나 서로가 환자에게 최선이 되는 대안을 점점 더 잘 찾아내고 있다고 봐야 하지 않을까.

지금까지 AI를 창조하는 직업, AI에 휘둘리지 않는 직업, AI와 공존하는 직업에 대해 알아봤다. 그런데 이런 생각을 하는 이들도 있을 터. '갈수록 인구가 줄어드는데 일자리 걱정을 해야 하나? 요즘 일본 청년들은 회사를 골라서 간다고 하던데……'

이는 맞는 생각이면서 틀린 생각이기도 하다. 일단 일본 사례를 들어보자. 일자리가 넘치는 건 사실이다. 2020년 3월 기준 대학 졸업생들에게는 평균 1.8개의 일자리가 있었다. 두 회사 가운데 가고 싶은 곳을 다닐 수 있다는 뜻이니 부럽기도 하다. 그런데 더 파고들면 부러움이 사라진다. 한국 청년들이 그렇듯이 일본 청년들도 대기업 정규직을 선호한다. 대기업 정규직만 놓고 보면 0.4개의 일자리가 나온다. 즉, 3명 가운데 2명은 대기업 정규직이 될 수 없다. 즉 1인당 1.8개 일자리는 중소기업 1인당 8.6개 일자리와 합쳐지면서 생긴 신기루인 셈이다.

더 놀라운 사실은 일본 기업의 희망퇴직 규모다. 작년에 상장사에서 잘린 인원만 무려 1만 1000여 명이었다. 35개사가 희망퇴직을 받았는데, 일본 직장인들이 1만 명 넘게 구조조정을 당한 것은 6년 만이다. 결국 일본에는 일자리가 넘친다느니, 고용이 살아나고 있다느니 하는 이야기는 아베 정부가 자산의 치적을 포장하기 위한 꼼수에 지나지 않은 것이다.

불편한 진실은 또 있다. 대기업 정규직은 아니지만 한국인들의 취업이 예전보다는 수월해진 건 사실이다. 하지만 대부분 비정규직이고 앞서 언급했던 반복적인 업무가 주를 이룬다. 일본 산업의 핵심 요직에서 일하는 한국인은 찾아보기 힘들다. 반복적인 학습과 노력으로 가능한 일자리는 일본에서도 마찬가지로 사라지게 마련이다.

쓰레기를 넣으면 쓰레기가 나온다

우리가 AI에 대해 알아야 할 마지막 요소는 윤리적인가 여부다. AI는 인간을 위해 개발된 도구이기 때문에 인간의 행복과 안전을 위해 쓰여야 한다. 그런데 이게 말처럼 쉽지 않다. 논술시험에 단골로 등장하는 소재 '트롤리의 딜레마'가 좋은 예다.

브레이크가 고장 난 트롤리 기차가 달리고 있다. 레일 위에서 다섯 사람이 일을 하고 있는데 트롤리가 멈추지 않으면 이들은 반드시 죽는다. 대안은 트롤리의 방향을 바꾸는 것뿐이다. 그런데 다른 레일 위에는 한 사람이 일하고 있다. 여러분은 어떤 선택을 할 것인가?

다수의 사람이 5명을 살리는 선택을 했다. 즉, 소수를 희생하더라도 다수를 살리는 게 낫다는 판단을 보편적으로 했다는 의미다. AI를 설계하는 사람도 마찬가지다. 모든 사람을 살릴 수 없다면 적어도 더 많은 사람을 살리는 선택을 해야 한다. 그런데 만약 이런 로직이 없다면, 다수를 희생하는 선택을 하도록 놔둔다면 어떻게 될까? 살상용 무인 드론이나 로봇까지 갈 것도 없다. 이미 현실에서 작동하고 있는 AI가 인간이 가지고 있는 보편적인 철학이나 윤리에 어긋나는 선택을 하면 이는 곧 재앙이 될 수 있다.

지금도 잊을 만하면 벌어지는 참사, 그것도 인간의 실수에서 비롯된 인재가 그렇다. 호주나 미국 서부의 대형 산불, 러시아 체르노빌이나 미국 스리마일 섬의 원전 사고, 타이타닉 호의 침몰 등 따지고 보면 인간의 부주의와 무지에서 비롯된 경우가 대부분이다. 만약 인간이 했던 실수를 막기 위해 AI에 그 결정을 맡긴다면 어떻게 될까? 당연히 올바른 윤리 의식과 바른 생각을 가진 사람이 설계한 AI가 그 주인공이 돼야 할 것이다.

사람의 목숨이 달린 선택, 많은 사람들이 죽은 참사. 이런 예를 드니 AI의 윤리가 피부로 와닿지 않을 수 있다. 자, 그럼 AI가 펀드매니저나 주식중개인 역할을 한다고 가정해보자. 실제 몇몇 금융 기업은 AI를 내세워 영업을 하고 있으며 이 녀석들의 실적이 사람보다 더 낫다고 홍보하고 있다. AI 펀드매니저나 주식중

개인은 확률상 인간 전문가들보다 나은 실적을 올릴 수 있다. 바둑에서처럼 인간 전문가들은 데이터 분석도 하지만 가끔은 감정에 휩쓸리기 때문에 큰돈을 잃을 수 있다.

반면 AI 금융 전문가는 철저히 데이터를 기반으로 냉철한 판단을 한다. 그런데 만약 특정 펀드를 빨리 파는 게 고객에게는 이익인데 회사에는 큰 손해가 간다면 이때 AI는 어떤 결정을 할까? 특정 주식을 지금 바로 팔면 회사에는 큰 이익인데 고객들은 깡통을 차야 한다면? AI 설계자가 고객을 위한 마음으로 일을 했는지, 기업의 대주주를 위해 일을 했는지에 따라 양측의 희비가 엇갈릴 것이다.

기존 거짓말탐지기보다 훨씬 정확한 결과를 주는 AI가 있다. 용의자의 심장박동 수와 강도, 혈압의 미세한 차이, 동공 반응의 정도는 물론 답변을 토대로 부정확한 발음을 몇 번이나 했는지 말을 더듬는 빈도는 어땠는지, 같은 질문에 다른 대답은 어떤 수준으로 했는지 등을 반영해 결과적으로 99퍼센트에 가까운 정확도를 나타낸다고 하자.

그런데 AI 거짓말탐지기에는 결정적 오류가 있었으니 바로 인종 차별이다. 유색인종에 대한 혐오감을 지닌 설계자가 흑인이나 히스패닉 인종 용의자에게는 유독 데이터에서 어긋난 판단을 내리게끔 설계할 가능성이 있다. 실제 미국 경찰이 사용하는 유사한 시스템에서 이런 문제가 발생한 적이 있다. 즉, AI를 만드는 사람의 가치관이나 편견까지 고스란히 이식될 가능성이 존재한다.

따라서 AI로 기술 혁신을 한 기업, AI 기술 덕에 큰돈을 번 기업, AI 기술 덕에 좋은 일자리를 계속 유지하는 개인은 지속 가능성과 성공 가능성을 더 키우기 위해서라도 AI의 윤리에 심혈을 기울여야 한다. 엄밀히 말해 AI의 윤리가 아닌 사람의 윤리이긴 하지만, 특이점 이후 지시한 주문을 넘어선 전혀 새로운 주문에 대한 답을 내놓는 AI의 등장 가능성까지 염두에 둔다면 애초 설계 시점에 바르고 올바른 판단을 할 수 있는 AI를 선보여야 한다.

다행인 것은 지금 당장 우리 인류가 AI를 대상으로 일자리 전쟁을, 일자리 타협을 해야 할 것 같지는 않다는 점이다. 인류의 역사를 돌아보더라도 새로운 혁신이 이뤄진 뒤 그로 인한 영향이 다수의 사람에게 미치기까지는 적지 않은 시간이 걸렸다.

18세기 중후반 영국에서 시작된 산업혁명을 살펴보자. 증기기관의 등장으로 이전까지 사람과 동물의 힘에 의존했던 생산 방식을 한층 업그레이드할 수 있었다. 말이 끌던 마차를 증기기관 자동차와 기차가 대신하고, 사람이 돌리던 방적기를 증기기관이 돌렸으니 엄청난 생산 증가 효과가 생겼을 것이라 확신하겠지만 놀랍게도 1800년대 후반까지 영국의 GDP 증가율은 매년 1퍼센트대에 그쳤다. 무엇보다 노동자들의 임금이 오른 시기는 1830년대인데 이때부터 소비가 조금씩 늘어서 세기 말 무렵에야 GDP 증가율이 1퍼센트대를 벗어났다.

계산해보자. 영국 산업혁명이 1770년대에 일어났으니 GDP가 본격적으로 늘어나는데 약 100년이 걸린 셈이다. 물론 지주와 자본가들이 잉여 생산물을 독식하는 등의 요인도 있었지만 새로운 기술이나 혁명이 생각만큼 빨리 일반 대중에게 영향을 미치지 않는다는 사실을 보여준다. 3D 프린터가 세상을 바꾸고 사람들이 집에서도 자신이 원하는 물건을 만들 거라고 오두방정을 떨었던 게 벌써 10년 전이다. 당시의 열기와 기대 같아서는 1~2년 뒤에는 많은 사람들이 직접 집을 짓고 음식 재료도 만드는 게 정해진 수순처럼 보였다. 하지만 2020년 현재 3D 프린터는 여전히 일부 전문가 집단에서만 사용하고 있다.

3D 프린터가 대중화될 가능성은 크다. 하지만 시간이 걸린다. 특히 대중 속으로 파고들려면 더 많은 시간이 걸릴 것이다. AI도 마찬가지다. 당장 내년에, 가까운 미래에 천지개벽할 일이 생길 것 같지만 기술의 역사는 꼭 그렇지 않다는 교훈을 준다.

"쫄지 마시라!"

AI 기술은 이미 인간의 고유 업무 영역에 침범했다. 앞으로 더 많은 일이 AI와 관련될 것이다. 그런데 마지막으로 우리가 짚어 봐야 할 대목이 있다.

병원에서 수술하는 사람은 의사다. 그런데 요즘은 로봇이 수술을 하는 빈도가 늘고 있다. 인간 의사의 인건비를 줄이는 효과도 있고 수술의 정확성 측면에서도 긍정적인 성과가 있기 때문이다. 그렇다고 모든 걸 로봇에게 맡기기에는 아직 리스크가 큰 만큼 집도의 한 사람은 반드시 수술실에 있어야 한다고 하자.

〈종합병원〉, 〈낭만닥터 김사부〉 같은 의학 드라마에 자주 등장하는 수술하는 장면을 떠올려보라. 대체로 집도의 한 사람을 중심으로 한두 명의 의사와 간호사가 보조 업무를 한다. 그리고 한참 어려 보이는 청년 의사들이 이런 모습을 어깨너머로 지켜본다. 그렇다. 선배 의사가 하는 수술을 가까이서 지켜본다. 이게 어떤 의미일까?

병원뿐만 아니라 신문사나 방송국 등 뭔가를 만들어내는 기업들은 대부분 비슷한 시스템을 가지고 있다. 먼저 입사한 사람들이 숙달된 실력으로 일할 수 있는 건 당연하기 때문에 나중에 입사하는 사람들은 이들을 보고 배우게 마련이다. 수습, 인턴이라는 명칭의 사람들은 주로 구경하고 배우는 역할을 한다. 하지만 AI 기술 도입이 늘어나고 이에 따라 현장에는 시니어만 있고 주니어는 사라질 수밖에 없는 상황이 온다면 어떻게 될까?

수술실에서 시니어 의사 1명이 로봇이나 AI의 도움으로 수술을 한다고 치자. 보고 배우는 사람이 없으니 당장 시니어 의사가 결근하거나 사표를 내면 이 병원은 어떻게 될까? 시니어 의사에 버금가는 경력의 또 다른 의사가 있다고 해도 사정은 마찬가지여서 언젠가 인력 결핍에 시달리게 될 것이다. 결핍의 바통을 계속 이어가다 보면 결국 바닥이 드러날 것이고, 그때 이 병원은 문을 닫아야 할 것이다.

즉, 병원 경영진의 필요로, 몇몇 환자의 요구로 도입한 로봇 의사와 AI 의사 탓에 병원은 망하고 말 것이다. 비용과 수술 완성도를 감안해 최소한의 인턴, 레지던트 인력을 수술실에 배치해 선배들의 노하우를 배우게 했다면 최악의 결과는 피할 수 있을 것이다. 아무리 과학기술, AI 기술이 발달해도 기본적인 업무와 지식 개발을 인간이 감당하지 않는다면 호모 사피엔스 종은 사라질 수도 있다.

게다가 소수의 악덕 사업자들 탓에 AI 기술을 더 이상 쓰기 어려워지는 상황이 올 수 있다. AI의 편리함과 퍼포먼스에 맛들인 기업 경영인들을 상대로 심한 장난을 칠 수 있다.

"더 쓰고 싶으면 지금까지 냈던 돈의 3배를 주세요."

"소프트웨어 업데이트를 하지 않으면 장비가 고장 날 수 있는데 업데이트 비용이 10억 원이네요."

AI만 믿고 인력을 최소화했는데 이제 와서 어떻게 하라는 것이냐고 하소연해도 소용없다. 그렇다고 다시 인간 노동 집약의 예전 방식으로 돌아가기도 어렵다.

기업을 경영하는 이들과 직장에서 노동하는 이들 모두 유념해야 한다. AI에만 의존해서는 안 된다는 것을. 특히 약자인 경우가 많은 노동자들은 AI를 능수능란하게 다루되 AI가 없을 때도 업무에 큰 지장을 주지 않을 정도의 기본적인 기술과 지식을 갖추고 있어야 한다.

병원이나 대기업만의 문제가 아니다. 동네 카센터도 마찬가지다. 요즘 카센터에는 차량의 문제를 바로 진단해주는 일종의 디지털 키트가 있다. 자동차와 키트를 연결하면 화면상에 문제점이 바로 나오는 기기다. 그런데 신기하게도 디지털 키트가 널리 도입된 이후 카센터에서 일하는 노동자의 연령층이 낮아지기 시작했다. 자동차 수리 경험이 많지 않아도 키트가 다 알려주니까 굳이 경험이 많은, 그래서 몸값이 상대적으로 비싼 노동자를 채용할 이유가 없어진 것이다.

하지만 디지털 키트를 쓸 수 없는 상황이 되면 과연 누가 차를 수리할 것인가? 키트 제작사가 공급 가격, 소프트웨어 업데이트 가격을 갑자기 3배로 올리면 어떻게 대처할 것인가? 결국 믿을 건 사람이다. 디지털 키트를 아예 쓰지 않고서 수리하기는 어렵지만 디지털 키트에 100퍼센트 의존해서도 안 된다. 자동차 정비공이라면 최소한의 실전 지식과 노하우를 갖추고 있어야 한다. 의사와 자동차 정비공의 사례이긴 하지만 이는 우리 모두의 사례이기도 하다.

알파고가 수정과 업데이트를 계속해서 절대로 지지 않는 상태가 됐다고 하자. 그러면 누가 바둑을 둘까? 덤벼봐야 100퍼센트 질 텐데. 아마 바둑이라는 스포츠 자체가 없어지지 않을까? AI의 참여와 간섭이 적당해야 하는 이유다. 인간에게 AI 기술이 필요하듯, AI도 인간이 있어야 존재할 수 있다. 소와 외양간에 대한 완벽한 정보가 있으면 뭐하나 소 키울 사람이 없으면 그만인데. 독자를 포함한 우리 인류에게 당부의 말씀을 드리고 싶다.

"AI에 너무 쫄지 맙시다!"

 함께 들으면 좋은 경불진 에피소드

 AI와 잘 지내는 사람이
성공한다?

불편한 진실

적응의 화신, 인간

2020년 4월. 국내 은행권에서 아주 보기 드문 장면이 연출됐다. 돈을 꿔준 은행이 대출자의 명단과 부채를 일일이 손으로 적은 것이다. AI가 투자 상담을 하는 시대에 웬 수기 대출? 주판에 어울릴 법한 수기 대출이 뜬금없이 등장한 이유는 코로나19 바이러스 탓이었다.

정부가 코로나 금융 지원을 대대적으로 실시했지만 은행권의 전산 개발이 제때 이뤄지지 못한 까닭이었다. 정부는 코로나로 큰 피해를 입은 사업자들을 대상으로 6개월 이상 이자 상환 유예, 분할 납부 등의 긴급 대책을 실시했다. 매출이 반 토막 날 위기에 처한 사업자들에게 임시적으로 숨통을 틔워준 셈이다.

그런데 정부의 대책과 별개로 금융권에서는 관련 전산 시스템이 완전히 구비되지 않아서 은행원들이 어쩔 수 없이 손으로 대출 기록을 적어야 했다. 지금으로부터 6000년 전 수메르 문명에서 인류 최초의 문자가 사용됐다. 이름하여 쐐기문자인데, 물건의 수를 파악하려는 수메르인의 노력에서 문자가 만들어졌다는 게 정설이다. AI를 활용하는 2020년이라지만 수기를 병행하는 은행원들이 6000년 전 수메르인과 얼마나 큰 차이가 있을까?

더 놀라운 점은 전산 시스템을 새로 갖추는데 수개월이 걸렸다는 사실이다. '그깟 대출 몇 개월 연장하는 시스템 만드는 데 그리 긴 시간이 필요한가?'라고 할 수도 있지만 디지털 세계가 원래 그렇다. 디지털이 낳은 최신 작품인 AI의 세계 역시 원래 그렇다. 전에 없었던 일을 하려면, 시나리오에 등장하지 않았던 계산을 하려면 한참 걸린다.

반면 인간은 그야말로 적응의 화신이다. 계획했던 일이 틀어져도 순간 당황할 수 있지만, 금세 새로운 길을 찾아낸다. 우리 인류는 늘 그래 왔다. 따라서 AI 시대에도 통하는 일자리 후보군으로 '언제 어떤 일이 벌어질지 알기 힘든 업무'를 리스트에 추가해도 좋을 듯하다. 그런 측면에서 야구, 축구, 농구, 배구 같은 인기 스포츠 종목의 프로 선수는 한동안 밥그릇 걱정 하지 않아도 될 것이다. 단 코로나 바이러스 같은 전염병은 돌지 않아야 하겠지만.

13장

완벽에 가까운 투자

매달 커피와 담배에 들어가는 돈을 주식에 투자하면 3만 원대 주식 4주를 살 수 있다. 하지만 세계 세 번째 갑부 워런 버핏은 이렇게 말할 것이다. "그 돈으로 책을 사서 봐라! 난 책 덕에 100 조 원을 벌었다니까."

수명은 길어지고, 돈의 가치는 떨어지고

우리나라 노동자의 실질 월급은 200만~250만 원인 경우가 가장 많다. 월 150만 원 내외인 노동자도 적지 않은 게 현실이다. 월급 200만~250만 원 받는 노동자가 월급의 중앙값이기 때문에 이들을 중산층으로 보는 게 합당하다. 참고로 중앙값은 평균

값과는 의미가 다른데, 노동자 100명을 월급 순으로 줄을 세웠을 때 50번째 사람이 받는 돈이라고 보면 된다. 평균값보다 더 현실적인 평균값인 셈이다. 중앙값인 이들의 월급은 연봉으로 따지면 2400만~3000만 원인데, 이 돈은 어디에 있을까?

그전에 잠깐 부자들을 살펴보자. 상위 1퍼센트든 10퍼센트든 부자인 것은 분명하니 굳이 이들이 얼마를 버는지 재확인할 필요는 없을 것 같다. 중요한 건 이들이 번 돈은 대부분 산으로 땅으로 집으로 금으로 주식으로 흘러간다는 점이다. 물론 은행에 예금으로 맡기는 사람들도 적지 않지만 지나치게 안전성을 추구하는 경향이거나 산, 땅, 집, 금, 주식으로 돈을 쏟기 전에 잠깐 쉬어가는 코스일 가능성이 크다.

그렇다면 서민과 중산층은 어떤가? 십중팔구 현금성 자산이 대부분이다. 의식주 해결하기도 버거워서 돈이 남아도는 일이 일단 거의 없다. 조금 남는 돈이 있더라도 부자들처럼 부동산이나 금, 주식에 투입하기에는 민망할 정도다. 무엇보다 돈의 가치가 급락하는 인플레이션 탓에 서민과 중산층의 실질 자산 가치는 떨어지고 있다. 짜장면 값은 거의 매년 오르지만 짜장면 자체는 큰 변화가 없다. 맛, 양, 영양가는 5년 전이나 10년 전이나 큰 차이가 없지만 현재 5000원인 짜장면은 5년 전 3500원, 10년 전 2500원이었다. 같은 물건이지만 가격이 오르는 현상이 인플레이션이다.

두 차례의 세계대전으로 하이퍼 인플레이션을 겪은 독일도 그렇지만 우리나라도 비슷한 경험을 했다. 한국전쟁이 발발한 직후는 물론 전쟁이 끝난 다음에도 한동안 돈의 가치가 급락했다. 전쟁이 났는데 돈이 무슨 소용인가. 당장 손에 쥐고 있는 쌀, 감자, 옷감, 소, 땅문서가 최고 아니겠는가. 당시 평생 모은 돈이 쓰레기가 되는 경험을 했던 현금 부자들이 적지 않았다. 인플레이션이 시작됐거나 과열되면 현금 자산 비중이 상대적으로 큰 서민이 손해를 볼 수밖에 없다.

안타깝게도 다수의 서민과 중산층은 현금 외 자산에 투자하는 방법을 잘 모르는 게 사실이다. 무엇보다 현금 외 자산에 투자해볼까 하다가도 '괜히 나섰다가 원금마저 까먹으면 어쩌나' 하는 두려움 탓에 다시 은행으로 발길을 돌린다. 그런데 우리가 명심해야 할 큰 변화 2가지가 있다. 늘어난 수명과 짧아진 정년. 누구나 아는 이야기지만 이를 기반으로 한 투자 환경의 변화에 대해서는 많은 사람들이 알고 있지 않은 듯하다.

2018년 통계청 자료에 따르면 대한민국 국민의 평균 수명은 82.7세(여성 85.76세, 남성 79.7세)다. 그런데 1980년대 한국인 평균 수명은 69.5세(여성 70세, 남성 69세)로 13.2세나 짧았다. 한 세대 만에 수명이 대폭 늘어난 것이다. 더 놀라운 점은 20년 뒤인 2040년 한국인 평균 수명은 90세로 예측된다는 것이다. 이는 여성은 90대 초반, 남성은 80대 후반까지 산다는 의미다.

IMF 사태가 일어나기 전인 1990년대 중반만 하더라도 직장인들의 평균 정년은 57~60세였다. 하지만 현재 60세까지 회사에 다니는 사람은 매우 드물다. 오너의 가족이거나 경영진이 아닌 이상 50세를 채우기도 버겁다. 실제로 취업 포털 잡코리아가 2년 전 직장인 781명을 대상으로 현업에서 느끼는 은퇴 예상 연령을 조사했더니 평균 50.2세로 나타났다. 현재 직장인들은 최대한 오래 버텨도 아버지 세대에 비해서는 10년이나 빨리 은퇴해야 한다는 뜻이다.

　　정리해보자. 2020년을 기준으로 30년 전보다 평균 수명은 13세나 늘었지만 반대로 평균 정년은 10년 짧아졌다. 수명이 늘어나니 정년도 늘어야 큰 문제가 안 생기는데 이게 무슨 날벼락인가. 특히 앞서 살펴본 대로 일코노미, 플랫폼 비즈니스, 중고 시장, AI 같은 경제의 큰 개념들이 보편화되고 일상화되면 정년이라는 단어 자체가 사라질 가능성이 크다.

　　이를 돈을 써야만 생존할 수 있는 일반적인 소시민의 상황에 대입해보자(의식주를 스스로 해결할 수 있는 자연인은 예외다. 하지만 산도 사유지인 곳이 많고 요즘 자연인들은 전기도 사용하기 때문에 100퍼센트 자급자족이라고 보기는 어렵다). 국가에서 기본소득을 보장하지 않는 이상 스스로 돈을 벌어서 살아야 한다. 하지만 정년은 계속 짧아지고 수명은 계속 늘어나니 결과적으로 쓸 수 있는 돈을 계속 벌어야 한다. 정년이 짧아져서, 정년의 개념이 없어져서 회사

〈달라진 투자 환경 3종 세트〉

를 더 이상 다닐 수 없는데 돈을 어떻게 버나? 그렇다. 회사를 다 닐 수 있을 때, 즉 상대적으로 젊었을 때 번 돈을 토대로 투자에 나서야 한다.

참 아이러니하지 않은가. 제로 금리, 팬데믹, 강대국들의 무역 분쟁 같은 투자에 그다지 반갑지 않은 상황들이 연이어 또는 함 께 나타나는 상황에 오히려 더 적극적으로 투자를 해야 한다니. 그렇다면 우리의 관심은 자연스럽게 '수명 증가+ 정년 단축+ 인 플레이션'에 맞서는 혹은 이들 '3종 세트'의 폐해를 최소화할 수 있는 합리적인 투자 방법을 찾는 것으로 이어진다.

결국은 주식

앞서 살펴본 부자들의 자산 비중, 즉 투자 포트폴리오에서 실마 리를 찾아보는 건 어떨까? 부동산과 금, 주식 같은 실물자산에 투자해서 부자가 된 건지 부자이기 때문에 실물자산에 투자할 수 있었던 것인지를 따지는 건 지금 이 시점에서 중요하지 않다. 역사가 이를 증명하기 때문이다.

1926년부터 2015년까지 미국의 우량 주식 수익률은 배당금을 포함해 연평균 10퍼센트였다. 90년이라는 긴 세월을 감안하면 굉장히 우수한 성적이라 볼 수 있다. 하지만 같은 기간 미국 국채와 금은 연간 5퍼센트, 부동산은 4퍼센트, 정기 예금은 3퍼센트의 수익률을 거두는 데 그쳤다. 물론 여기에서 인플레이션율을 빼면 실질 수익률은 각각 7, 2, 1, 0퍼센트에 수렴한다.

실질수익률에 주목하자. 주식의 경우, 매년 7퍼센트의 우수한 수익률을 90년간 지속했다. 매우 안정적이라고 인식되는 국채와 금은 현재 최고 수준의 정기 예금 금리에 그쳤다(일부 은행에서 월급 계좌 만들고 신용카드 발급해주고 개인정보 취급 동의하고 은행 앱 깔아서 가입하고 이통사 특정 요금제 가입하면 5퍼센트대가 가능하다. 물론 월 납입액은 10만 원대인 경우가 대부분이지만). 반면 부동산과 현금자산은 가지고 있어봤자 큰 재미를 못봤다고 볼 수 있다. 미국만 그럴까? 프랑스, 독일, 영국, 일본 같은 전통적인 선진국으로 분류되는 나라에서도 미국과 비슷한 수준의 수익률을 나타냈다.

여기서도 다시 한 번 부자는 왜 계속 부자가 되고 서민은 왜 계속 서민으로 머물 가능성이 큰지 알 수 있다. 부동산이 살짝 우리 기대에서 벗어나긴 했지만 주식, 채권, 금은 국가를 막론하고 가장 많은 수익을 안겨준 투자 대상임이 확인됐다. 그것도 인플레이션이라는 변수를 충분히 반영해도 말이다.

결국 개천에서 용 날 정도는 아니더라도 검증됐으면서 실질적으로 투자 수익률이 가장 높은 주식 투자에 눈을 돌릴 수밖에 없다. 무엇보다 부동산, 집, 금을 사려면 세금을 많이 내야 하고 목돈이 들지만 주식은 500원짜리부터 수백만 원짜리까지 선택의 폭이 넓고 거래 비용도 상대적으로 저렴하다. 그렇다고 섣불리 주식 투자에 나섰다가는 '바보'되기 십상이다. 우리는 주위에서 제법 많은 '바보'들을 봐왔다.

7.7퍼센트와 1.6퍼센트. 두 숫자를 주목하자.

2019년 코스피 수익률과 2019년 평균 예금은행 저축성 수신 금리다. 즉, 작년 주식시장에 투자했다면 7.7퍼센트의 수익률을 올릴 수 있었지만 은행에 맡겼다면 1.6퍼센트의 이익을 봤을 거라는 뜻이다. 작년의 경우, 미국과 중국이 지리멸렬하게 무역 전쟁을 하는 통에 주가 상승률이 그다지 높지 않았지만 최근 2~3년으로 한정하면 연간 수익률은 15퍼센트 내외다. 금리와의 차이는 더 크게 벌어진다.

중요한 포인트는 장기적으로 봤을 때 주식은 꾸준히 오른다는 것이다. 물론 2013년, 2014년처럼 마이너스 수익률을 거둘 수도 있지만 전체적으로 봤을 때 플러스 성장을 한다. 그것도 은행 예금 금리보다는 높은 수준으로 말이다. 2015년과 2016년은 코스피 수익률과 은행 예금 금리가 비슷한 수준이었다. 하지만 2016년을 기점으로 간극이 벌어지고 있다. 2017년에는 그 차이가 더 커져서 약 16퍼센트나 됐다.

무엇보다 예금은 세금 문제에서 자유롭지 못하다. 지금 같은 저금리 시대에도 뗄 건 다 떼어간다. 이자 소득세가 14퍼센트고, 여기에 이자 소득세의 10퍼센트를 농어촌 특별세(농특세)로 또 내야 한다. 농특세는 농어업의 경쟁력 강화, 농어촌 생활 환경 개선, 농어민 후생복지 사업 등에 필요한 재원을 조달하기 위한 세금이라 기쁜 마음으로 낼 수 있지만, 그래도 낮은 금리를 생각하면 안타까운 건 어쩔 수 없다.

대주주가 아닌 일반적인 투자자가 상장 기업의 주식을 사면 세금이 없다. 팔 때만 거래 대금의 0.3퍼센트를 세금으로 내면 된다. 아파트, 땅, 금 같은 현물 거래 시 내야 하는 세금과는 차원이 다르다. 아파트 양도세만 해도 차익의 25퍼센트, 토지는 최대 40퍼센트의 양도세가 나오고 금은 수수료 5퍼센트에 부가세 10퍼센트가 붙는다. 아파트는 양도세 외에도 부동산 중개 수수료, 재산세도 내야 하고, 장기적으로는 집값이 내려갈 수밖에 없는 상황이다.

무엇보다 향후 글로벌 시장은 물론이고 국내 시장의 동향을 예측했을 때 주식은 유리한 투자 수단이다. 지금까지 살펴본 예금 금리, 아파트, 토지 같은 상품보다는 경쟁 우위에 있다. 주식이 합리적인 투자 대상인 구체적인 근거를 또 들어보자. 물가 상승률이 좋은 예다. 말 그대로 물건값이 얼마나 올랐는지를 나타내는 수치인데, 2020년 같은 특이한 경우를 제외하면 대체로 2퍼센트대다. 반면 예금 금리는 최근 3년 전부터 1.5퍼센트대에서 조금씩 오르거나 내리고 있다. 즉, 월급을 한 푼도 쓰지 않고 저금해도 실질적으로는 0.5퍼센트 손해를 보는 것이다.

물가 상승률과 금리의 불편한 진실과 더불어 우리가 받는 월급 인상률도 마찬가지다. 일반 기업 직장인이든 공무원이든 우리나라의 경우 월급 인상률은 1~2퍼센트대인 경우가 대부분이다. 불황에 민감한 업종에 종사할 경우 수년째 월급이 동결된 사례도 허다하다.

다시 정리해보자. 자산을 불리려면 기본적으로 이미 내가 보유한 자산의 가치가 줄어들지 않아야 한다. 은행 예금만 있다면 이자율이 물가 상승률보다 높아야 하고, 아파트가 전 재산이라면 집값 상승률이 물가 상승률과 기회비용인 은행 금리를 눌러야 한다. 하지만 현실에서 월급만 모아서 부자됐다는 사람, 아파트 한 채만으로 부자됐다는 사람을 만나기는 매우 어렵다.

"내 인생에서 돈은 중요한 가치가 아니다"라고 하는 사람도 물론 있다. 하지만 거의 없다. 그렇다면 솔직하게 돈의 가치를 인정하고 가급적 합리적인 방법으로 자산을 불려야 하는데, 그 방법이 주식이라는 데 많은 이가 공감할 것이다. 그런데 이 대목에서 이런 궁금증이 생길 수 있다. '주식했다가 집안 거덜 냈다' '가정이 파탄났다' 이런 이야기를 쉽게 듣는다. 이렇듯 결과만 놓고 보면 처참하게 실패한 사람들도 적지 않다. 하지만 이런 사람들에게는 공통점이 있다.

'투자보다는 투기를 했다.'
'정상적인 기업의 가치를 고민한 것이 아니고 주변 누군가의 카더라 통신에 의존했다.'
'성급했고 몰빵 투자를 했다.'

주식이 투기가 아닌 투자가 되려면 장기적으로 기업의 성장성과 가치를 염두에 두고 접근해야 한다. 하루에도 10퍼센트, 15퍼센트, 때로는 플러스 마이너스 30퍼센트가 오르내리는 종목이 분명히 있다. 그런데 그런 종목을 찾으려고 하루 종일 주식만 쳐다보고 있을 수는 없는 노릇이다. 다들 각자의 생업이 있는데. 그런 행동이야말로 투기의 첫 걸음이다.

늘어난 수명만큼 투자 시간도 길어져야 한다

장기적인 관점에서 주식 투자를 해야 하는 이유는 SK하이닉스만 봐도 이해할 수 있다. SK가 인수하기 전 하이닉스는 2003년 3월 감자를 할 정도로 큰 어려움을 겪었다. 감자는 회사가 갖고 있는 자본금을 줄이는 행위다. 이는 주주들이 보유하고 있는 주식 수를 줄이면서 이뤄지는데, 그만큼 기업이 스스로 매우 좋지 않은 상황임을 알리는 또 다른 표현 방식이다.

감자까지 할 정도로 어려웠던 하이닉스는 이후 상품 개발과 판매에서 약간의 반전을 이뤘고, SK그룹이 인수한 다음 마침내 '포텐'이 터졌다. 감자 이후 주당 가격이 1000원대였던 SK하이닉스는 2015년 마침내 4만 원대에 올라섰고 2020년 들어서면서 10만 원대를 찍었다. 감자 이후 1000원대에서 10만 원대까지 오르는 데 17년이 걸렸지만 수익률은 100배에 육박한다. 언제 들어가고 언제 빠지느냐에 따라 수익률은 천차만별이지만 장기적으로 투자에 접근한다면 누구나 플러스 성적표를 쥘 수 있다는 계산이 나온다.

SK하이닉스뿐 아니라 삼성전자처럼 변화에 뒤처지지 않고 지속적으로 성장하기 위해 노력하는 회사는 장기적으로 봤을 때 분명 좋은 투자처가 될 수 있고, 우량한 기업들에 꾸준히 투자하면 크게 후회할 일이 없다는 게 주식 전문가들의 공통된 의견이다. 다만 장기적으로 투자할 여유와 인내심, 자금이 항상 부족한 게 문제일 뿐이다(내가 산 주식만 떨어지고 남이 산 주식만 오르는 것처럼 느껴지지만 장기적으로는 내가 사든 남이 사든 대체로 주가는 오른다).

그런 점에서 2020년 3월부터 시작된 '동학개미운동'은 나름 의미가 있다. 동학개미운동은 쉽게 말해 개인투자자로 불리는 개미들이 삼성전자, SK하이닉스, 현대차 같은 우량주 중심으로 주식을 대거 매입한 것을 말한다. 그간 개미들이 이른바 테마주에 올인하던 과거의 행태와 큰 차이가 있다. 테마주는 주식시장에 새로운 사건이나 현상이 발생해 증권 시장에 큰 영향을 주는 일이 나타날 때 이런 현상에 따라 움직이는 종목군을 뜻하는데 바이오, 태양광, 전기차 배터리 테마주가 대표적이고 정치인 같은 유명인들의 이름을 딴 ○○○ 테마주도 흔히 볼 수 있다.

기존의 개미들이 주식에 투자했을 때는 테마주 위주였기 때문에 돈을 잃을 가능성이 매우 컸다면 이번 동학개미운동의 경우 우량주 비중이 매우 크기 때문에 예전 같은 비극이 일어날 가능성은 작다. 테마주의 특성인 '새로운 사건이나 현상'은 나타날 때는 주가에 큰 도움이 되지만 시들해지기 시작하거나 아예 사라지면 주식 가치는 0에 수렴한다. 이런 주식에 올인했다면 집안을 거덜 낼 수밖에 없다.

동학개미운동으로 개인투자자의 성향이나 성과 자체가 달라지고 있지만 그래도 주식 투자는 주식 투자다. 여전히 리스크가 큰 편에 속하는 투자 방식이다. 우량주라고는 하지만 한때 노키아나 소니 역시 대표 우량주였음을 기억하자. 삼성전자보다 더 많은 휴대전화를 팔았던 노키아였지만 스마트폰으로 제때 사업

핵심을 바꾸지 못하자 급기야 주식 가치는 20분의 1 토막이 났다. 그렇기 때문에 주식 초보 투자자들은 일단 저가주에 관심을 갖는 게 좋다.

주식 가격은 전체 시가총액을 발행주식 수로 나눈 것이다. 1만 원짜리 케이크 1개를 열 조각으로 나누면 한 조각에 1000원이다. 반면에 같은 케이크를 5조각으로 나누면 한 조각에 2000원이다. 1만 원짜리 케이크가 나누어진 개수가 적고 많다고 해서 본연의 가치인 개당 1만 원이 변하지는 않는다. 1주당 가격보다는 전체 시가총액으로 기업의 가치를 평가하는 게 합리적이다.

따라서 주당 5만 원이 되지 않는 주식, 즉 저가주는 거래가 편해 활발하게 움직이게 마련이다. 단기적으로 투자할 수밖에 없어도, 마이너스 이익률을 올렸다고 해도 크게 부담이 되지 않는다. 주식 투자도 손해를 봐야 배울 수 있는 법. 개인적으로는 주당 3만 원대 주식을 권한다. 4000원짜리 스타벅스 아메리카노 한 잔을 매일 마시면 한 달에 12만 원이고 담배를 하루에 한 갑(4500원) 피우면 한달에 13만 5000원이다. 커피와 담배에 들어가는 돈을 주식에 투자하면 다달이 네 주를 살 수 있다.

애주가들을 위해 하이트진로를 소환해보자. '테라' 맥주와 '참이슬' 소주로 서민들의 사랑을 받는 기업인데, 2020년 3월까지 주당 가격이 2만 6000~3만 2000원대에서 움직였다. 전형적인 저가주이지만 시가총액은 무려 1조 9000억 원에 이른다. 게다가 최근 몇 개월 동안에도 2만 6000~3만 2000원의 가격 변동폭, 즉 6000원의 차이가 있을 만큼 은근히 변화무쌍하다.

2만 6000원일 때 하이트진로 주식을 사서 3만 2000원일 때 팔았다고 하자. 주당 이익률이 20퍼센트대 초반인데 정기예금의 10배 수준이다. 3만 2000원일 때 사서 2만 6000원일 때 나오는 반대 경우도 있지만, 이는 선택의 문제다. 잠시 손해 봤더라도 다시 인내심을 갖고 기다리면 3만 원대로 점프한다. 장기적으로는 말이다. 설사 주가가 빨리 오르지 않는다 해도 내가 즐겨 마시는 술이 테라고 참이슬이라면 '내가 매출을 올리고 있으니 곧 주가도 오르겠지' 하는 마음으로 지켜보는 건 어떨까(하이트진로 영업사원들은 '테슬라'라는 신조어를 만들어냈다. '테라+참이슬' 조합의 소폭인데 이처럼 자신의 회사 알리기에 혼신을 다하는 기업인만큼 주가 걱정은 크게 하지 않아도 되지 않을까. 신조어나 유행어를 만든다고 해서 다 뜨는 게 아닌데 테슬라를 띄운 걸 보면 조직력과 커뮤니케이션 능력이 대단하다!).

이기는 개미

헨드릭 베셈바인더 애리조나주립대 교수에 따르면 1926~2015년 주식 투자자에게 돌아간 수익 가운데 절반은 전체 상장사의 0.33퍼센트로부터 나왔다. 전체 수익의 4분의 3은 1.1퍼센트 미만에서 비롯됐다. 이 기간 동안 상위 4퍼센트 이내인 1000개 사가 미국 증시의 전체 수익을 냈다. 즉, 나머지 96퍼센트는 투자자에게 손해를 안겼다는 얘기다.

다시 정리하면 100개 종목에 투자했을 때 이익을 내는 기업은 불과 4곳이고 1000개 기업 중 3곳만이 압도적인 이익을 올렸다는 뜻이다. 여러분은 4퍼센트 확률을 적중시킬 자신이 있는가? 0.3퍼센트의 대박 확률이 만만하게 여겨지는가?

미국의 통계를 인용했지만 국내 증시도 큰 차이는 없다. 현재 코스피200에서 무려 30퍼센트의 비중을 차지하는 기업은 삼성전자다. 한 회사가 코스피를 대표하는 종목 200개 중 3분의 1을 차지할 정도로 막강한 영향력을 가지고 있다. 즉, 삼성전자 주가가 하락하면 삼성전자가 아닌 기업의 주가도 억울하게 떨어질 가능성이 작지 않다는 뜻이다.

"삼성전자 주식만 사면 되는 것 아니냐"고 따질 수도 있다. 2018년 삼성전자가 액면분할을 했다. 주당 가격이 너무 비쌌기 때문이다. 2020년 삼성전자 주가는 주당 5만~6만 원대인데 이를 분할 전으로 환산하면 약 300만 원이다. 사면 무조건 오르는 삼성전자 주식이기 때문에 주당 300만 원을 쓸 수 있는 사람이 많을까? 알면서도 사기가 힘들다. 하지만 코스닥이나 코넥스에는 주당 1000~2000원대 주식이 즐비하다. 가격이 싸기 때문에 만만해 보이고, 따라서 매입량도 늘리기 쉽다.

뷔페 식당에 가면 자신도 모르게 많이 먹는 것처럼 주가가 싸다고 생각하면 많이 사게 된다. 그러다 삼성전자 주가가 조금 떨어지거나 미중 무역전쟁이 계속된다는 뉴스가 나오거나 코로나19 바이러스 확진자가 더 늘었다는 소식이 들리면 그 주식의 가격은 곤두박질친다. 그래서 개미는 늘 돈을 잃는다. 하지만 주위의 개미가 재미를 봤다는 소문이 들리면 또 주식을 산다.

그나마 삼성전자나 SK하이닉스처럼 장기적으로 투자하면 손해 볼 가능성이 적은 주식을 사면 다행인데 '하루 만에 주가 20퍼센트 급등' 같은 자극적인 소스가 자주 나오는 주식에만 눈길이 간다. 하루 만에 주가가 20퍼센트 급등한다는 건 하루 만에 주가가 20퍼센트 급락할 수도 있다는 뜻임을 알면서도 모른 척한다. 어쩌면 '나한테는 그런 불상사가 일어나지 않을 것'이라고 믿을 가능성이 크다.

초보 개미들이 가장 흔하게 저지르는 실수는 매몰 비용의 오류다. 개인이 일단 어떤 선택을 하면 그것이 만족스럽지 못하더라도 이전에 투자한 것이 아깝거나 그것을 정당화하기 위해 더욱 깊이 개입하는 의사 결정 과정을 뜻한다.

예를 들어, 1만 2000원을 내고 극장에 영화를 보러 갔다. 30분이 지났는데도 영화가 너무 재미없다면 바로 나오는 게 합리적이다. 하지만 적지 않은 사람들이 들인 돈이 아깝다며 두 시간이 넘는 시간 동안 극장에 앉아 재미없는 영화를 다 보고 나온다

(시급 1만 원짜리 아르바이트를 하면 2만 원을 벌 수 있는 기회이기도 하다. 즉, 이 경우 기회비용까지 감안하면 3만 2000원의 손해를 본 셈이다). 주식 투자도 마찬가지다. 내가 특정 주식을 5만 원 주고 샀는데 석 달 만에 4만 원, 6개월 만에 3만 원이 됐다면 더 떨어지기 전에 팔고 나와야 한다.

하지만 초보 개미들은 대부분 6개월이라는 시간과 주당 2만 원의 손실을 걱정하면서 계속 버틴다. 심지어 2만 원이 떨어졌으니 이제 오를 차례라면서 추가로 주식을 매입하는 사람들도 적지 않다. 여기서 우리는 투자자들이 착각하는 1가지 요소를 짚어볼 필요가 있다. '6개월 동안 주가가 떨어졌으니 이제 오를 때'라고 판단하는 것 자체가 비합리적이라는 건 차치하자.

더 중요한 건 이를 반대의 의미로 해석하는 사람들도 많다는 점이다. 즉, '이제 오를 때'라고 판단하지 않고 '이제 더 떨어질 때'라고 생각해야 주식을 매도할 수 있다. 특히 매도 행렬에 들어선 사람들 다수는 최근의 급락장 이후에 들어와서 약간의 차익을 남긴 부류일 가능성이 크다. 이들 입장에서는 지금 파는 게 손실을 줄이는, 그나마 취한 이익을 유지하는 길이다. '바닥 밑에 지하'라는 표현이 나오는 이유이기도 하다. 동학개미운동이 리스크가 클 수 있는 대목이기도 하다. 초중반에 들어왔다가 후반에 한자릿수 수익을 얻은 뒤 팔고 나가는 사람들이 늘어나면 주가가 폭락할 수 있다.

놀랍게도 개미 중에는 주식 매매 타이밍을 짧게 하면서 박리를 취하는 방식으로 돈을 버는 사람들도 있다. 데이 트레이더 또는 단타 투자자가 그들이다. 샀던 가격보다 조금이라도 떨어질 기미가 보이면 바로 팔아서 손해를 최소화하고 가격이 조금이라도 오르면 차익 실현 매물이 대거 등장해 주가가 떨어질 가능성이 있기 때문에 역시나 바로 팔아버리는 방식을 구사한다.

하지만 일반 직장에 다니는 사람이, 국민을 위해 봉사해야 하는 공무원이, 집안일하고 아기 돌보고 몸 불편하신 부모님 챙겨야 하는 전업 주부들이 단타할 시간이 있을까? 이들이 단타를 한다면 이들이 맡은 업무는 어떻게 되나? 특히나 요즘에는 스마트폰으로도 실시간으로 주식을 매매할 수 있다. 모바일 기기의 발달로 어느 곳에서나 쉽게 주식 투자를 할 수 있기 때문에 그만큼 주식으로 인한 손실도 누구에게나, 더 많이, 더 자주 일어날 수 있다.

정리해보자. 돈을 불리려는 욕심은 누구에게나 있다. 자본주의 사회에서 이런 성향은 긍정적인 면으로 분류된다. 당장 연애를 하거나 결혼하려고 해도 돈 많은 사람이 유리한 게 사실이다. 투자 대상으로 봤을 때 가장 합리적인 것은 주식이다. 수익성, 거래 비용, 투자 기간 등 거의 모든 부문에서 부동산, 예금, 금, 채권, 비트코인보다 우위에 있다.

다만 주식이 우위를 갖는 건 제대로 된 기업에 투자할 때, 중

장기적으로 접근할 때다. 조금만 욕심을 부려도 큰 손해를 볼 수 있는 분야가 바로 주식이다.

돈이 따박따박 들어오는, 멀티에셋인컴

투자의 정석은 다음 격언으로 정리된다.

"계란을 한 바구니에 담지 마라."

하나의 상품, 하나의 종목에 올인하지 말라는 뜻이다. 주식, 채권, 실물, 부동산 등 다양한 상품에 투자해야 리스크를 낮추면서 적절한 수익을 올릴 수 있다는 얘기다.

1968년 멕시코올림픽 높이뛰기에서는 역대급 선수가 등장해 금메달을 목에 걸었다. 주인공은 미국의 딕 포스베리. 포스베리가 등장하기 이전에는 모두가 같은 방식으로 높이뛰기를 했다. 바를 향해 달리다가 곧바로 점프하는 방식이었다. 이는 우리가 일상에서 높지 않은 장애물을 만났을 때 뛰어넘는 방식과 같은 것으로, 상식이자 보편화된 노하우였다.

포스베리 역시 올림픽에 참가하기 전까지는 다른 선수와 같은 방식으로 높이뛰기를 했지만 경쟁자들을 이기기는커녕 지역 예선 탈락을 걱정하기 바빴다. 그런데 어느 날 문득 이런 생각이 들었다. '바에 걸리는 부분은 다리, 가슴, 배인데 이들 부위가 걸

리지 않게 넘을 방법은 없을까? 혹시 정면이 아닌 배면, 즉 등으로 바를 넘으면 되지 않을까?'

비장의 무기를 장착한 포스베리는 올림픽에서 전 세계인들에게 새로운 높이뛰기 방식을 선보였다. 결과는 2.24미터 세계 신기록 달성이었다. 이후 높이뛰기 선수들은 대부분 포스베리의 배면뛰기 방식을 채택했고 평균 10센티미터의 기록 향상을 이뤄냈다.

거꾸로 점프한다는 발상 자체가 매우 혁명적인데, 이런 생각을 이끌어낸 계기는 지나치게 단순했다. '다리, 배, 가슴이 바에 닿지 않으려면?' 그럼 이 시대의 투자자들도 '계란을 한 바구니에 담지 마라'는 전통적 방식 대신 새로운 방법이 필요하지 않을까? 그래서 등장한 게 멀티에셋인컴Multi Asset Incom이다.

말 그대로 '돈이 따박따박 들어오는 다양한 자산'인데 좀 더 세련되게 표현하면 정기적인 현금 수익을 기대할 수 있는 다양한 자산에 투자함으로써 상대적으로 변동성은 낮추고 안정적인 수익을 기대할 수 있는 신개념 투자 방식이다. 오르는 종목, 내리는 종목을 섞어서 위험을 분산하는 방식도 나쁘진 않지만 '대부분 플러스 상태를 얻을 수 있는 자산은 없을까' 하는 역발상에서 나온 것이다. 상가나 주택의 월세, 배당주, 멀티에셋인컴펀드, 리츠 등이 대표적인 예다.

상가나 주택의 월세는 굳이 설명이 필요 없을 만큼 쉬운 개념

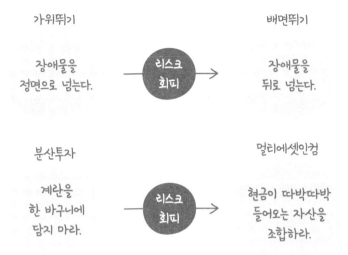

가위뛰기   배면뛰기

장애물을   리스크   장애물을
정면으로 넘는다.   회피 →   뒤로 넘는다.

분산투자   멀티에셋인컴

계란을   리스크   현금이 따박따박
한 바구니에   회피 →   들어오는 자산을
담지 마라.   조합하라.

이다. 다만 월세를 받으려면 투자자가 주인이 돼야 하는데 건물이나 주택을 매입하는 데 드는 목돈과 관리-유지 비용을 계산해봐야 한다. 게다가 코로나19 바이러스 같은 뜻밖의 변수가 발생하면 공실이 늘어나 따박따바 들어오던 월세가 자취를 감출 수도 있다. 공실이 있더라도 건물에 들어가는 각종 비용과 세금, 세입자를 찾는 데 드는 돈은 사라지지 않기 때문에 리스크가 아주 낮다고는 볼 수 없다. 코로나19 바이러스 탓에 식당, 피트니스센터 등 사람들이 몰리는 곳은 매출이 급락했기 때문에 이런 일들이 자주 생기면 월세 받을 생각은 접어야 한다.

그렇다면 배당주로 눈을 돌려보자. 기업이 일정 기간 영업 활

동을 해서 벌어들인 이익을 주주들에게 나누어주는 주식을 뜻한다. 배당 금액이 은행의 정기예금 이자보다 커서 높은 수익이 기대되는 종목들이 주로 배당주에 해당한다. 우리가 흔히 사는 주식, 즉 보통주는 기업이 이익을 내든 그렇지 않든 따로 배당금을 주지 않는 경우도 많지만 배당주는 영업이익에 따른 배당금은 물론 주가 상승 시 시세차익도 거둘 수 있어서 일반주보다 매력적이다. 게다가 보통주에 비해 상대적으로 주가 변동이 덜해 안정적이다.

그런데 신문이나 방송에 등장하는 주식 종목 중에 배당주라고 적힌 것을 본 적 있는가? 없을 것이다. 왜냐면 우선주에 배당주의 개념이 포함되기 때문에 우선주, 즉 '(우)'라는 표식으로 보여지기 때문이다. 우선주는 기업의 배당, 이자는 물론 재산을 나눌 때 기준이 되는 주식이다. 즉 배당주를 원하는 투자자는 우선주를 고르면 된다. 다만 의결권, 즉 주주총회에서 주주가 지닌 권리는 행사할 수 없다. 쉽게 말해, 보통주가 가장 많은 사람은 그 기업의 주인이 되지만 우선주가 가장 많은 사람은 그저 그 기업의 손님일 뿐이다.

참고로 2019년 고배당주를 살펴보자. 시가총액 상위 100종목 가운데 대체로 금융주들의 배당률이 높았다. KB금융, 신한지주, 하나금융, 우리금융, DGB금융 등이 6~8퍼센트대다. 삼성화재, 미래에셋대우, 삼성카드, 메리츠금융지주 등은 4~6퍼센트선이다. 익숙한 기업인 SK텔레콤, KT, KT&G 등도 5퍼센트대의 배당률을 자랑했다. 삼성전자와 SK하이닉스는 이들 기업보다는 낮은 1~2퍼센트대의 배당을 지급했다.

현재 각 산업계의 동향을 유심히 들여다보면 어느 정도 고배당주를 추측할 수 있다. 코로나19 같은 바이러스나 전염병이 창궐하면 사람들의 이동이 급감해 자동차 사고가 당연히 줄어들 것이다. 따라서 자동차보험, 운전자보험, 실비보험을 취급하는 보험사는 실적이 향상될 가능성이 크고 배당 역시 늘어나지 않을까? 비슷한 예로 대면 접촉을 자제해야 하는 상황이 발생하면 학생들이 학교에 가지 못해 온라인으로 수업을 해야 한다. 이때 컴퓨터, 노트북, 헤드셋, 이어폰, 키보드, 스피커 등을 만드는 기업의 실적은 크게 나아질 것이다.

하지만 배당주를 포함한 우선주의 단점도 알아야 한다. 안정적이라는 뜻은 그만큼 보통주에 비해 수익이 낮을 수밖에 없다는 의미이기도 하다. 물론 배당금이 이를 어느 정도 상쇄하지만, 기업의 이익이 미미하거나 적자인 경우 배당금이 나오지 않을 가능성이 크다. 무엇보다 주식을 팔 때 곤란해질 수 있다. 보통주에 비해 발행량이 적기 때문인데 유통량이 적다 보니 매물로 나와도 언제 팔릴지 장담하기 어렵다. 금방 팔리는 아파트와 달리 한참 기다려야 하는 빌라와 비슷한 셈이다.

더불어 배당주는 배당하기 직전까지 주식을 가진 사람에게

만 의미가 있다. 배당을 하기 전에 팔면 배당을 받을 수 없다. 배당 시기는 기업마다 다르기 때문에 미리 확인해야 한다. 또 배당이라고 해서 다 현금을 주는 건 아니다. 현금으로 배당하는 방식, 주식으로 배당하는 방식이 있으니 역시 사전에 알아봐야 한다.

다행히 적지 않은 금융기관에서 배당주의 장점은 최대한 살리고 단점은 희석시키는 각종 펀드를 내놓고 있다. 배당금이 많은 기업들만 묶은 펀드, 배당을 자주하는 기업들만 고른 펀드 등이 존재한다. 1년에 한 번 정도 배당하는 국내 기업과 달리 미국 기업들은 분기마다 배당하는 경우가 잦고, 매달 하는 기업들도 있다. 아니나 다를까 미국 기업 가운데 이처럼 자주 배당을 하면서 배당금도 적지 않은 곳만 묶어서 운용하는 펀드도 있다. 펀드처럼 금융기관이 운용하는 상품들은 별도의 세금은 물론 운용 보수를 지급해야 하기 때문에 수익률에서 전체 비용을 제하는 계산을 잘 해야 한다.

리츠REITs는 부동산 간접 투자 상품이다. 공모해서 투자자들로부터 자금을 모은 뒤 부동산과 부동산 관련 유가 증권에 투자한 뒤 운용 수익을 투자자들에게 배당한다. 리츠의 수익률은 5퍼센트대 이상을 기대하는데, 이 상품 역시 멀티에셋인컴펀드의 다양한 버전들이 존재하는 만큼 금융기관 상품에 투자하는 것을 추천한다.

인류가 진화하면서 기술도 진화하고 투자 대상도 진화할 것이다. 그런데 정말 중요한 사실이 하나 있다. '요즘은 이런 투자 방식이 재미가 좋다' 같은 소문이나 사실이 늘 새롭게 나타나고 사라진다는 점이다. 다이어트 방법은 1만 가지를 넘는다고 한다. 이게 무슨 의미일까? 1만 가지 가운데 그 어느 하나도 정확하고 확실한 효과를 내지 못했다는 뜻이다. 더불어 1만 가지 방식이 어느 정도 효과를 볼 만큼 사람의 체질이 다양하다는 의미이기도 하다.

투자도 마찬가지다. 다이어트 비법 못지않은 다양한 방식과 수단이 존재한다. 그만큼 어느 것 하나 확실한 성공을 보장하지 않는다는 뜻이고, 저마다 맞는 투자 방식이 따로 존재한다는 뜻이다. 정주영-이병철 회장이 돈을 많이 벌었다고 해서 그들이 했던 방식을 답습해봤자 소용 없다.

다이어트에 성공한 뒤 요요 현상이 거의 나타나지 않는 사람은 드물다. 그만큼 자신에게 맞는 다이어트 방식을 찾기 어렵다. 특정 방식으로 큰돈을 벌었지만 그 돈을 오랫동안 가지고 있는 사람 역시 드물다. 결국 돈을 불리려면 자신에게 맞는 방식을 몸소 부딪치면서 찾는 수밖에 없다. 내가 산 책에서 이를 찾기는 거의 불가능하다!

완벽에 가까운 투자

안타깝게도 돈을 왕창 벌 수 있는 완벽한 투자법은 없다. 손꼽히는 부자로 알려진 제프 베조스 아마존 창업자, 빌 게이츠 마이크로소프트 창업자 같은 사람들도 투자를 잘해서 돈을 번 게 아니다. 자신들이 몸담은 회사의 가치를 높이는 데 큰 역할을 했을 뿐이다(당연히 이들도 운칠기삼이지만 운이 따를 수 있는 조건을 만들어 놓았다는 차이가 있기 때문에 운삼기칠이라고 볼 수도 있다). 회사의 일개 구성원인 우리 같은 평범한 사람들에게는 전혀(?) 해당 사항이 없는 일이다.

하지만 완벽에 가까운 투자법이 하나 있다. 바로 자기계발이다. 예전 동네 오락실 입구에 쓰여 있던 지능 개발보다 더 큰 개념인 자기계발. '잘나가다가 왜 삼천포?'라고 반문할 독자들이 적지 않을 텐데, 가장 확실한 근거이자 성공 사례로 주식의 귀재이자 억만장자인 워런 버핏이 있다('아재 오브 아재'이면서 '갑부 오브 갑부'가 말했으니 저자에게 시비는 걸지 말자). 빌 게이츠, 제프 베조스와 함께 세계 3대 부자에 이름을 올리는 갑부 중에 갑부인 그는 대놓고 말했다. "성공하려면, 부자가 되려면 자기계발에 투자하라!"

버핏은 알고 보면 온-오프라인을 통틀어 은근히 강연 활동을 자주 한다. 가장 많이 받는 질문 중 하나가 "학교를 마치고 갓 사회에 진입하는 청년에게 어떤 조언을 하겠느냐" 따위다. 그러면 버핏은 머뭇거리지 않고 "현재 자산을 50퍼센트 이상 늘리는 가장 쉬운 방법을 일러주겠다"고 운을 띄운다.

그런데 버핏이 재산을 빠른 속도로 불려주는 비결로 공개한 것이 알고 보면 힘이 빠질 수 있는 노하우다. 바로 "소통 능력을 키우는 것"이기 때문이다. 소통 능력에 대해서는 귀가 따갑게 들어왔는데 도대체 이게 돈과 무슨 관련이 있단 말인가? 버핏의 답변을 들어보자.

"한 남자가 이상형 여성을 만났다. 용기가 있었던 남자는 여성의 뒤를 밟았고 더 큰 용기를 내서 윙크를 했지만 아무런 피드백을 받지 못했다. 윙크한 곳이 너무 깜깜했기 때문이다. 의사소통 능력이란 게 그렇다. 세상의 모든 진리와 비밀을 알고 있다 해도 이를 제대로 전달하지 못하면 아무 일도 일어나지 않는다."

의사소통을 제대로 하지 못하는 것은 가만히 있는 것이나 마찬가지이기 때문에 더 많은 사람들과 공감하고 교류할 수 있는 능력을 키우라는 주문이다. 이를 위해 버핏은 말하기는 물론 쓰기 능력을 키우라고 강조한다. 알고 보니 버핏에게도 비슷한 트라우마가 있었다. 그는 지금과 달리 고교, 대학 시절 사람들 앞에서 말하는 것을 두려워했다. 버핏은 당시 상황을 "토할 것 같았다"고 회상했다. 하지만 버핏은 용기를 내서 리더십 훈련 기관인 데일 카네기에서 대중 연설 강좌를 성실하게 들었고, 많은 사람들 앞에서도 떨리지 않고 핵심 메시지를 전할 수 있게 됐다.

버핏이 소통 능력 향상을 얼마나 중요하게 생각하고 있는지는 그의 사무실에 가보면 알 수 있다. 현재 그의 사무실에는 졸업장이 자랑스럽게 전시돼 있는데 이 증서는 어디를 졸업했다는 문서일까? 참고로 버핏은 세계 최고의 경영대학으로 불리는 유펜(펜실베이니아대) 와튼스쿨과 컬럼비아대 경제학 석사 출신이다. 하지만 그의 사무실에 걸린 증서는 놀랍게도 데일 카네기 수료증이다! 두 명문 대학의 졸업장은 존재 여부조차 알 수 없다.

말하기와 쓰기를 향상시키는 최고의 방법은 다양한 책을 많이 읽고 이를 기반으로 토론과 대화를 자주 하는 것이다. 가능하다면 명문장을 필사하는 노력도 해봄 직하다. 경제브리핑 불편한진실 같은 우량 팟캐스트를 자주 접하면서 다양한 사람들의 생각을 들어보는 것도 좋은 선택이다.

자기계발을 위한 다양한 방법이 있지만 가성비, 가심비 모두를 만족시키는 건 독서다. 몸을 건강하게 해서 병원비나 약값이 덜 들게 하는 것도 굉장히 중요하지만, 독서로 마음의 근육을 튼튼하게 만드는 것도 중요하다. 이것이야말로 우리가 말하는 성공에 가까워질 수 있는 방법이기 때문이다. 데이 트레이더들은 장이 열리기 전부터 해외 주식시장 동향을 분석하는 것을 시작으로 오후 내내 컴퓨터 앞에 앉아 있어야 한다. 몸과 마음이 건강해지기 힘든 조건이다.

다시 버핏의 사례를 든다. 버핏은 주식 투자, 특히 가치투자의 대가로 통한다. 가치투자는 쉽게 말해 가치가 있는 주식에 투자를 하는데 멀리 보고 간다는 특징이 있다. 하루, 월, 반년, 1년 같은 단기적인 기준이 아니라 10년, 30년, 50년까지 바라본다는 차이가 있다. 앞서 설명한 중장기적 관점에서의 접근보다 더 길게 보고 회사의 가치를 더 치열하게 따지는 방식이다.

버핏이 이끄는 투자 회사 버크셔 해서웨이는 실제로 1965년부터 주식 투자를 시작했는데 해서웨이 전신인 버핏투자조합까지 치면 시작연도가 1957년까지 거슬러 올라간다. 사업보고서를 펼치면 가장 먼저 나오는 것이 이 회사의 주당 장부가치와 S&P500지수 상승률을 비교한 표다. 이 표의 출발연도는 1965년인데 무려 45년 전이다. 또 버핏은 '버핏 투자조합'의 수익률을 보여주는 표도 가지고 있다. 이 표의 시작연도가 1957년이니 자그마치 62년 전이다. 한 인간이 60년을 살아도 온갖 흑역사가 존재하는데 투자 회사의 60년 기록을 여전히 간직하고 있는 이유가 뭘까?

투자 기간만 환갑이 넘는 버핏은 실제로 "10년 이상 보유할 주식이 아니면 10분도 가지고 있지 마라"고 강조한다. 그의 주식 투자 핵심 비법은 "흙 속의 진주까지는 아니더라도 반쯤 드러난 진주 정도만 되면 오래 가지고 있어라!" 정도 되겠다. 한 번 들으면 누구나 이해하고 실행할 수 있을 듯하지만 거의 실행하지 못하는 방식이 가치투자다.

그렇다면 버핏은 어떻게 지금까지도 가치투자를 철칙으로 여기고 있을까? 버핏의 스승은 벤저민 그레이엄이다. 경제학자로는 케인스나 프리드먼만큼 대중들에게 잘 알려져 있지 않지만, 증권 분석의 창시자이자 가치투자의 시조다. 버핏은 스승인 그레이엄에게 배우면서 스승이 쓴《현명한 투자자》《증권분석》이라는 책을 지문이 닳을 정도로 읽었다. 1949년 출간된《현명한 투자자》는 지금도 아마존 투자 분야에서 베스트셀러 상위권을 지키고 있다.

현재 버핏의 철칙인 가치투자, 안전 마진 등의 개념 역시《현명한 투자자》에 오롯이 쓰여 있다. 스승의 책을 안 사면, 읽지 않으면 혼나는 탓에 억지로 읽었을 가능성도 있지만 결과적으로는 독서가 '신의 한 수'가 됐다. 버핏이《현명한 투자자》라는 책을 읽었기 때문에 오늘날 전 세계 세 번째 부자가 됐다고 하면 지나친 과장일까. "책이 밥 먹여주냐"는 말 함부로 하지 말자. 버핏이 "책 덕에 나는 100조 원을 벌었다"며 화를 낼지도 모른다!

 함께 들으면 좋은 경불진 에피소드

 제로 금리시대 오히려 더
투자에 신경써야 하는 이유

고수익의 비합리성

코로나19 바이러스 덕(?)에 주가 상한가를 기록 중인 기업으로 넷플릭스가 있다. 사회적 거리 두기가 해외는 물론 우리나라에서도 시행되면서 많은 사람들이 집에 머물며 재미있게 시간을 보낼 수 있는 수단을 찾다가 넷플릭스에 안착한 것이다.

넷플릭스 드라마 가운데 뜨거운 인기 덕에 올해 시즌 4를 달리고 있는 〈종이의 집〉이 있다. 천재 교수 1명과 공범 8명이 인질극을 벌이면서 경찰과 대치한 채 벌이는 고도의 심리전이 백미다. 그런데 이들 범죄 집단이 인질들과 머물고 있는 곳이 매우 특이하다. 바로 스페인 조폐공사다. 조폐공사는 돈을 만드는 곳인데 범죄 집단이 조폐공사에 들어간 이유는? 그곳에 엄청난 돈이 있기 때문이다(가끔은 이렇게 바보라고 할 만큼 직관적이고 순수한 사고가 큰일을 해내기도 한다).

'은행 강도'라는 말에서도 알 수 있듯이 큰돈을 훔치려면 은행에 가는 게 일반적인데, 이들은 통이 훨씬 더 큰 모양이다. 스페인과 한국의 경제 규모는 큰 차이가 나지 않기 때문에 한국은행을 예로 들어보자. 보통 한국은행은 추석이나 설 대목에 5조 원의 화폐를 공급한다. 물론 조폐공사에서 제조한 돈을 한국은행이 시중에 푸는 방식이다.

그렇다면 〈종이의 집〉 강도들이 스페인 조폐공사가 가장 많은 돈을 만들어낼 때 침입했을 가능성이 크다고 하면 무려 5조 원의 돈을 훔치기 위해 전대미문의 짓을 벌였다고 볼 수 있다. 평생 5억 원을 만져보기도 힘든데 하물며 5조 원이라니……

13장에서는 투자에 대해 알아봤다. 투자는 수익과 위험이라는 2개의 바퀴로 지탱되는 자전거나 마찬가지인데 투자자의 성향에 따라 어떤 바퀴가 더 커질지 결정된다. 물론 수익은 크고 위험은 낮은 투자 상품이 베스트다. 하지만 현실에서 그런 상품은 존재하지 않는다. 반대로 수익은 거의 나지 않으면서 위험은 엄청 큰 상품 역시 없다고 보는 게 합당하다.

그렇다면 이참에 독자 여러분이 은행 강도 아니 조폐공사 강도가 됐다고 상상해보자. 자신의 얼굴이 드러나지 않는 가면과 빨간색 트레이닝복을 입은 채 총을 들고 경찰을 상대로 인질극만 잘하면 5조 원을 벌 수 있다. 강도가 총 9명이니 1인당 5000억 원이 넘는 돈을 챙길 수 있다. 참고로 세계에서 가장 많은 연봉을 받는 프로 스포츠 선수 가운데 한 사람으로 리오넬 메시(FC